KCC
인적성검사

PREFACE

우리나라 기업들은 1960년대 이후 현재까지 비약적인 발전을 이루었다. 이렇게 급속한 성장을 이룰 수 있었던 배경에는 우리나라 국민들의 근면성 및 도전정신이 있었다. 그러나 빠르게 변화하는 세계 경제의 환경에 적응하기 위해서는 근면성과 도전정신 이외에 또 다른 성장 요인이 필요하다.

한국기업들이 지속가능한 성장을 하기 위해서는 혁신적인 제품 및 서비스 개발, 선도 기술을 위한 R&D, 새로운 비즈니스 모델 개발, 효율적인 기업의 합병·인수, 신사업 진출 및 새로운 시장 개발 등 다양한 대안을 구축해 볼 수 있다. 하지만, 이러한 대안들 역시 훌륭한 인적자원을 바탕으로 할 때에 가능하다. 최근으로 올수록 기업체들은 자신의 기업에 적합한 인재를 선발하기 위해 기존의 학벌 위주의 채용을 탈피하고 기업 고유의 인·적성검사 제도를 도입하고 있는 추세이다.

KCC에서도 업무에 필요한 역량 및 책임감과 적응력 등을 구비한 인재를 선발하기 위하여 고유의 인적성검사를 치르고 있다. 본서는 KCC 채용대비를 위한 필독서로 KCC의 인적성검사의 출제경향을 철저히 분석하여 응시자들이 보다 쉽게 시험유형을 파악하고 효율적으로 대비할 수 있도록 구성하였다.

신념을 가지고 도전하는 사람은 반드시 그 꿈을 이룰 수 있습니다. 처음에 품은 신념과 열정이 취업 성공의 그 날까지 빛바래지 않도록 서원각이 수험생 여러분을 응원합니다.

STRUCTURE

출제예상문제

적중률 높은 영역별 출제예상문제를 상세하고 꼼꼼한 해설과 함께 수록하여 학습효율을 확실하게 높였습니다.

인성검사 및 면접

성공취업을 위한 인성검사와 면접기출을 수록하여 취업의 마무리까지 깔끔하게 책임집니다.

CONTENTS

KCC 소개

KCC의 기업소개 및 채용안내 등 관련 자료를 수록하여
서류와 면접에 대비할 수 있도록 하였습니다.

KCC 소개

01 회사소개

1 회사개요

KCC의 모태는 1958년 세워진 금강스레트공업으로, 창업자는 현대그룹 창업자인 정주영 명예회장의 막내 동생인 정상영 명예회장이다. 현대자동차그룹, 현대중공업그룹 등 현대그룹에서 계열 분리된 그룹과 달리 KCC는 범 현대가 기업 가운데 처음부터 독자 노선을 걸었던 회사이다. 정상영 회장은 유학을 권했던 정주영 회장의 권유를 거절하고 독자적으로 금강스레트공업을 세운 뒤 도료와 유리 등 건축자재 사업을 시작하였으며, 1970년 새마을운동 시작과 함께 슬레이트(지붕 천장 등에 사용되는 돌판) 수요가 급증하면서 금강스레트공업의 사업도 확장되었다. 1973년 주식을 증권거래소에 상장하였으며, 1974년 울산에 유기화학 업체인 고려화학㈜을 세우게 되었다. 1976년 금강스레트공업은 회사 이름을 ㈜금강으로 변경하였고, 고려화학은 1985년 주식을 증권거래소에 상장하였다. 1989년 6월 건설사업 부문을 분리해 금강종합건설(케이씨씨건설의 전신)을 세웠으며, 같은 해 8월 금강레저, 1990년 ㈜고려시리카, 1996년 금강화학㈜을 각각 신설하였다.

2000년에는 주력 기업인 금강과 고려화학을 합병하고 회사 이름을 금강고려화학으로 정했으며, 2001년 프로농구단 KCC이지스를 창단하였다. 금강고려화학은 2005년 회사 이름을 ㈜KCC로 변경하였다.

2000년 이후 정상영 명예회장은 그룹 경영권을 2세들에게 넘겼고, 장남 정몽진 회장은 2000년 고려화학과 금강이 합병할 때 그룹 회장에 올랐다. 차남 정몽익 사장은 2006년부터 KCC의 대표이사 사장을 맡았고, 3남 정몽열 사장은 2002년 케이씨씨건설 사장에 선임돼 회사를 이끌고 있다. 2002년 3월 코리아오토글라스㈜에 안전유리사업부를 영업양도하고, 중국 현지법인 금강화공북경유한공사를 세우고, 2004년 11월 ㈜이케이씨씨를 흡수합병하였다. 2006년 9월 터키 현지법인, 9월 인도 현지법인에 이어 2007년 6월 베트남 현지법인을 세웠으며, 7월에는 충남 대산에 대죽 2공장을 준공하였다. 2008년 5월 폴리실리콘 파일럿공장을 신설했고, 2010년 11월 아르케솔라㈜를 흡수합병, 2011년 12월 '7억불 수출의 탑'을 수상하였다. 2012년 12월 선박도료, VI용 세라믹 3개 부문이 세계일류상품에 선정되었으며, 2013년 5월 KAM을 자회사로 편입하였고, 2014년 4월 2014 한국 산업 브랜드 파워(K-BPI) 창호재 부문에서 1위를 차지하였다.

회사의 주요 사업 분야는 유기화학과 무기화학이고, 유기화학 분야에서는 도료, 폴리염화비닐(PVC), 실리콘 등을 생산하고 있으며, 무기화학 분야에서는 건축자재, 유리 등을 생산하고 있다. 울산, 언양, 여천, 여주, 전주, 문막, 아산, 세종, 대산, 김천 등지에 생산시설이 있으며, KCC그룹은 (주)케이씨씨건설, (주)금강레저, 케이씨씨자원개발(주), 코리아오토글라스(주) 등 27개의 계열회사를 두고 있다.

2 KCC 사업내용

(1) 건축내장재

천장재, 보온단열재, 석고보드

(2) 창호재

일반창호, 발코니창호, 시스템창호

(3) 인테리어 장식재

바닥장식재, 인테리어필름

(4) 유리

건축용 유리, 기능성 유리, 자동차 유리

(5) 도료

건축용 도료, 자동차용 도료, 선박용 도료, 플랜트용 도료, 공업용 도료

(6) 홈씨씨인테리어

매장(인천점, 울산점), 전시판매장(서초본점 등), 홈씨씨인테리어 파트너

(7) 실리콘

실란트, 실리콘오일, 화장품용실리콘오일, 실리콘에멀젼, PSA, HTV, LSR, RTV, FS

(8) 첨단소재

유기소재(EMC), 무기소재(AM, DCB), 복합소재

3 경영이념

(1) 경영이념

더 좋은 삶을 위한 가치 창조

(2) 비전

글로벌 TOP 수준의 환경친화적 경영과 기술력을 확보한 초일류기업

• 글로벌 TOP – Global TOP

• 환경친화적 – Eco-friendly

• 기술력 – Technology

(3) 전략목표

① 안전 성장 … 고부가가치 창출과 재무 건전성 확보를 통한 안정 성장 지향

② 선진 경영 … 지속적 혁신과 효율적 조직운영을 통한 선진경영 추구

③ 글로벌 인재 육성 … 적극적인 교육투자를 통한 글로벌 인재육성

④ 최첨단 기술 리더십 … 끊임없는 기술혁신을 통한 최첨단 기술 리더십 구축

4 CI

(1) 컨셉

평행사변과 워드마크(WORDMARK)는 안정적이고 합리적인 기업 문화와 대고객 커뮤니케이션의 극대화를 상징한다. 특히, 평행사변형의 창조적이고 진취적인 형태는 KCC그룹의 기업문화가 역동적이고 활발하게 발전하고 있음을 나타낸다.

(2) 알파벳의 의미

바깥으로 돌출된 K자의 파격적인 빨간색은 강렬한 기업 비전과 발전성의 극대화를 상징하는 임팩트 마크(IMPACT MARK)이고, 다소 부드러운 듯 하면서도 친근해 보이는 CC는 KCC그룹의 대 고객 서비스 정신을 극대화 하고자 하는 KCC그룹의 고객 만족 경영 의지를 담고 있다.

5 KCC 윤리규범

KCC는 선진경영과 인재육성을 경영이념으로 고객만족을 최우선으로 생각하며 상호신뢰와 협력을 토대로 21C 세계 초일류기업을 목표한다. 이에 우리는 모든 임직원이 지켜야 할 올바른 행동과 가치판단의 기준으로서 윤리규범을 제정하고 그 실천을 다짐한다.

(1) 기본윤리

① 조직인으로서 올바른 가치관을 확립하고 항상 정직하고 공정한 자세를 견지하며 건전한 기업문화를 조성하기 위해 노력한다.

② 높은 윤리적 가치관을 가지고 개인의 품위와 회사의 명예를 유지할 수 있도록 항상 노력한다.

③ 바람직한 인재상을 스스로 정립하고 끊임없는 자기계발을 통해 이에 부합되도록 꾸준히 노력한다.

④ 일상생활 및 직무와 관련하여 사회로부터 지탄받을 수 있는 비도덕적, 비윤리적 행위를 하지 않는다.

(2) 직무에 관한 윤리

① 모든 직무는 원칙에 따라 정직과 신뢰를 바탕으로 공정하게 수행한다.

② 관계부서 및 동료 간에 예의를 갖추고 적극적인 협조와 원활한 의사소통으로 업무 효율성을 높인다.

③ 주어진 직무를 수행함에 있어 제반 국내외 관련 법규를 준수하며 위법한 행위를 하지 않는다.

④ 위법한 행위를 인지하였을 경우 이를 즉시 회사에 통보한다.

⑤ 타인이 개발한 정보 및 제품에 대한 권리를 존중한다.

⑥ 회사가 체결하는 계약상 의무를 성실하게 이행한다.

⑦ 고객의 의견에 항상 귀를 기울이며 고객과의 약속은 반드시 지킨다.

⑧ 고객의 정당한 요구에 신속, 성실하게 응답하여 고객에게 최고의 상품과 최상의 서비스를 제공하기 위해 노력한다.

⑨ 회사의 재산을 보호하고 거래과정에서 발생된 정보 및 업무상 지득한 회사의 기밀사항에 대하여 철저한 보안을 준수한다.

(3) 직무활동에 따른 윤리

① 모든 회사 업무와 행위에 대해 사내규정에 따라 정확하게 기록, 보고하여 업무의 누수를 방지한다.

② 직무와 관련하여 판단의 공정성을 저해할 수 있는 어떠한 형태의 금전적 이익도 이해관계자로부터 취하지 않으며 상식적 관례를 넘어선 선물과 접대행위를 하지 않는다.

③ 개인의 이익을 위해 회사의 재산을 무단 사용하지 않으며 업무 수행 시 발생한 정당한 비용에 대해서만 보상받는다.

④ 회사와 개인의 이해가 상충되는 어떠한 행위나 관계를 금지한다.

6 제품

(1) Market

① 전자/가전/전기 … 'KCC의 기술력으로 가전제품 및 전기 · 전자 소재의 품격을 높이다'
집 안 구석구석 손길과 눈길 닿는 곳부터 보이지 않는 곳까지 어디서든 KCC의 기술력을 느낄 수 있다. 쉽게 긁히지 않는 냉장고 표면, 거친 진동에도 끄떡없는 세탁기 부속품, TV · 컴퓨터 · 냉장고 등 전자기기 내부에 있는 소재 등 KCC 제품으로 완성할 수 있다.

② 자동차 … '자동차 내부의 고급스러움과 고품격 외관을 완성하다'
자동차의 외관은 외부 환경에 직접적으로 노출되기 때문에 KCC의 다양한 제품들은 자동차의 고품격 외관을 결정짓는 데 주요한 역할을 한다. 자동차 부품 곳곳에 KCC의 다양한

제품이 적용되어 기능성을 높이고 차량 내부의 고급스러운 분위기를 연출하는데 큰 역할을 하고 있다.

③ 선박·해양 플랜트 … 'KCC 선박·해양 플랜트용 제품, 해양 산업의 근간이 되다'
해수와의 마찰 저항을 낮춰 연료비를 절감해주는 방오 도료부터 넓은 바다를 항해하는 선박 내 화재 확산을 방지하는 보온단열재까지 다양하게 적용되고 있다.

④ 플랜트 … '극한 부식 환경으로부터 플랜트 설비를 보호하다'
플랜트 시장에 적용되는 KCC 도료는 강교, 발전, 석유화학 산업에 적용되는 수많은 시설물의 부식방지, 유지관리 및 성능향상을 위한 필수 자재이다. 또한 내화도료는 화재로부터 철골 구조물을 보호한다.

⑤ 건축 … 'KCC의 기술력! 친환경적이고 세련된 실내 공간을 만들다'
최근 건축물의 트렌드는 자연 친화적이면서 세련된 디자인에 초점을 맞춘 건축자재의 고급화이다. 삶의 질이 향상되고 생활공간에 대한 인식이 변화하면서 나타난 현상이다. 거주자의 건강에 무해하며 고급스러운 외관을 자랑하는 KCC 건축용 제품을 살펴본다.

⑥ 산업 기타 … '기계 설비 내구성을 높이는 KCC의 기술력, 일상 속에 스며든 KCC 실리콘'
산업 현장에서 찾아볼 수 있는 KCC의 제품들은 기계 설비에 적용되는 도료에서부터 소재까지 그 종류가 매우 다양하다. 또한 우리 일상 속 손길이 닿는 다양한 생활용품에서 KCC 실리콘을 발견할 수 있다.

(2) Product

① <u>도료</u>

㉠ **건축도료** : 건물 내 외부용 도료와 DIY/인테리어 도료, 탄성 방수도료, 바닥 마감도료 등 현대 건축의 다양한 특성과 용도에 맞춰 개발된 건축용 도료는 내구력이 뛰어나 건축물의 수명을 연장시키며 다채로운 색상으로 건축물의 외관을 아름답게 장식해 준다.

㉡ **중방식도료** : 해수 또는 청수로부터 철재의 표면이 부식되지 않도록 보호하고, 해중생물의 부착을 방지하는 선박용 도료와 산업시설, 교량, 각종 발전소 등에서 사용되는 플랜트용 도료는 설비의 부식방지, 유지관리 및 성능향상을 위한 필수요소이다.

㉢ **분체도료** : 100% 고형분의 특성으로 차별화 된 외관과 기능성을 나타내며, 산업 내외장용, 가전 부품용, 자동차 부품용, 강관/리바/전기절연용 등 다양한 용도로 적용 가능한 환경 친화적 도료이다. 국내 최초로 분체도료를 개발해 냄으로써 새로운 시장을 개척해 낸 KCC는 이제 국내를 넘어 세계 시장으로 진출해 새로운 미래를 설계해 나가고 있다.

② 일반공업도료 : 공업도료는 철이나 비철금속 등에 다양한 기능을 발휘하는 도료로, 피도장물의 내구성 향상은 물론 다채로운 색상과 미려한 외관 표현을 통해 제품의 가치를 높인다. 자동차 도료는 자동차의 외관을 아름답게 하며, 수명을 연장시킬 뿐 아니라 강화 되어가는 환경 규제 등에 대응하여 국내 최초 자체 기술로 저공해 수용성 페인트를 개발해 생산하고 있다.

㉤ PCM도료 : PCM(Pre-Coated Metal)용 도료는 금속을 가공하기 이전의 균일한 평판에 도장하기 때문에 복잡한 모양의 금속을 도장할 때보다 생산성이 월등히 높다. 도장이 완료된 강판은 나중에 절단, 성형 조립을 통해 각종 제품으로 거듭난다. 주로 냉장고, 세탁기, 전자레인지, 에어컨 외관 등에 적용한다.

㉥ 자동차도료 : 자동차의 Body를 구성하는 강판의 방청성을 확보하고 태양광의 자외선, 산성비, 염분, 기름, 화학약품 등의 외부환경에 대한 내구성을 가짐으로써 자동차를 보호하고 자동차에 미려한 외관을 부여하기 위해 자동차에 도장되는 도료를 말하며 전착, 중도, 베이스코트, 클리어코트의 다층구조를 통하여 도막의 성능 향상과 고품질을 구현한다.

㉦ 플라스틱도료 : KCC 플라스틱용 도료는 뛰어난 내후성 및 내한성으로 각종 전자제품의 외장용으로 애용된다. 일상생활의 필수품인 스마트폰에도 플라스틱용 도료를 사용하고 있다.

② 유리 … 최첨단 시스템과 최신 공법으로 제조하는 KCC 유리는 실내 온도를 쾌적하게 유지하여 냉난방 비용을 절약하는 경제성을 갖췄다. KCC의 유리 제품 중 대표적인 고효율 로이 유리로는 e-GLASS와 e-MAX가 있으며, e-GLASS의 내구 성능을 높인 신제품 e-GLASS HD 또한 에너지 절감 효과가 뛰어나다.

③ 창호

㉠ PVC창호 : '93년 자체기술 및 세계굴지의 플라스틱 창호 제조업체인 독일의 PLUS-PLAN 사와 기술 제휴하여 기존 PLASTIC 창호의 문제점 및 미비점이 개선, 보안된 창호재이며, 원자재와 부자재의 품질을 개선하여 SLIM한 구조로 월등한 기능 및 품질을 나타내고 있다. PVC창호는 단열성, 방음성, 기일성, 수밀성, 내풍압성 등 우수한 성능을 나타내어 유럽의 경우 전체 창호 시장의 60 ~ 70%를 차지하고 있으며, 국내에서는 40% 이상을 PVC창호가 차지하고 있다.

㉡ 커튼월 : 건물의 하중을 부담하지 않는 비내력벽의 총칭으로 통상 건물의 외부를 금속재, 유리, 석재, 판넬 등을 사용하여 구성하는 막벽 또는 달아매는 벽을 말한다. 커튼월은 외부로 부터의 비나 바람을 막고 소음이나 열을 차단하는 벽체로서의 기본 기능 외에도 공기단축, 경량화, 가설공사 간소화, 고성능 등의 특성을 갖고 있다. 최근에는 다양한 소재와 공법이 개발되어 초고층 건축에 필수적인 외장 건축 요소로 자리 잡고 있다.

ⓒ 태양광 : 태양광발전사업뿐만 아니라, 에너지 사업전반으로 사업영역을 확대하고 있다. 또한, 신재생에너지 및 기후변화와 관련된 분야의 사업을 위해 에너지시스템 진단경험을 갖춘 국내외 박사, 기술사 등의 전문 인력으로 사업단을 구성하고 고객의 에너지 분야의 경제적 가치를 높이기 위한 서비스를 제공한다.

④ 바닥재 … 자연을 지향하는 사람의 마음을 담아 천연의 느낌이 우러나는 공간 아름다움이 세상을 변화시킨다. KCC는 복잡한 주거환경에 알맞은 다양한 기능과 디자인을 갖춘 각종 바닥재와 인테리어 마감재들을 생산, 공급하고 있다. KCC바닥재는 튼튼하고 실용적이면서 미적 감각이 살아 있는 선명하고 세련된 디자인으로 우리의 환경을 보다 쾌적하고 편안하게 만들어 준다.

⑤ 홈씨씨인테리어 … 전문가가 체계적인 트렌드 분석을 통해 제안해 드리는 홈씨씨인테리어는 고객이 쇼핑하듯 손쉽게 마감재를 선택하고, 홈씨씨인테리어 전시장을 통해 인테리어 스타일을 직접 보고 경험할 수 있는 인테리어 전문 브랜드이다.

⑥ 내외장재

㉠ 석고보드 : 국내 유효자원인 FGD 석고(배연탈황석고)를 주원료로 하여 물과 혼화 재료를 섞어 표면을 원지로 피복·성형한 건축 내장용 판재이다. KCC 석고보드는 두 장의 석고보드 원지 사이에 안정된 결정상태의 석고가 판상으로 성형되어 있는 것으로 내장재의 구비조건인 불연, 단열, 차음 성능이 뛰어나다. 또한 다양한 건식공법으로 공기단축은 물론 시공비를 절감할 수 있으며, 국내 유일의 경량화 공법인 CD-TECH(Controlled Density Technology)의 적용으로 현대건축물의 조립화 및 경량화 추세에 적합할 뿐 아니라 경제성도 뛰어나다. KCC 석고보드의 종류에는 가장 일반적으로 널리 쓰이는 일반석고보드, 욕실·부엌 등 습기가 많은 장소에 사용하는 방수석고보드, 내화·차음구조 등에 사용되는 방화석고보드, 곰팡이 번식과 증식을 억제하는 방균석고보드, 소음방지의 차음석고보드가 있다. 또한, 높은 강도가 요구되는 부위에 적용 가능한 고강도석고보드, 내수성 및 곰팡이 저항성능이 우수한 전방수석고보드 등 다 기능성 석고보드 제품 및 소비자의 요구에 적합한 신제품을 지속적으로 개발하여 공급할 것이다.

㉡ 석고텍스 : KCC 석고텍스 PLUS는 배연탈황석고로 제조한 석고보드 원판을 가공 후 도장한 무석면 불연 천장판으로 경제적이며, 시공성, 내구성이 우수한 제품이다. KCC 석고텍스 PLUS만의 새로운 DOT 무늬에 고백색의 깨끗한 색상을 적용하여 기존 텍스 대비 고급스러운 천장 연출이 가능한 제품으로 사무실, 학교, 병원, 상가 등의 건축물에 적합하다.

ⓒ **마이톤/마이텍스** : 순수 자연광석으로 제조되는 Mineral Wool을 주원료로 하여 판싱으로 제조 성형한 고급 불연 흡음 천장재이다. 종래의 시멘트판에 비해 무게가 1/3에 불과하여 대형판으로 제조되며, 다양한 무늬, 패턴의 제품이 생산되기 때문에 건축물의 천장을 더욱 고급스럽게 장식할 수 있다. 또한, T-Bar, T&H-Bar, M-Bar, 파라모듈 시스템 등 다양한 시공 시스템을 통해 개성 있는 공간 연출이 가능하며, 흡음성능 0.5 이상의 NRC값을 확보한 우수한 흡음천장재로서 실내소음이 많은 사무실, 병원, 호텔, 상가 등에 적합한 제품이다.

ⓓ **뷰티클** : KCC Beauticle은 Beautiful + Cubicle의 합성어로 또 하나의 생활공간이자 문화공간인 화장실에 아름다움을 더하여 친환경 웰빙 라이프를 꿈꾸는 현대인들에게 편안함과 아늑함, 쾌적함을 제공하고자 하였다.

⑦ **보온단열재**

ⓐ **세라크울** : 초고온 내화단열재인 세라크울(Cerakwool)은 1,000℃ 이상의 초고온에서 안정적이고 우수한 품질을 유지한다. 석유 화학, 철강 등의 산업용 내부 단열재, 배기 정화 장치 등에 적용되며 고온에서도 열전도율이 낮다. 특히 KCC 세라믹 파이버 (Ceramic Fiber)는 일반 제품과 친환경 제품으로 나뉘고, 최고 사용 온도가 일반 제품은 1,430℃, 친환경 제품은 1,260℃에 이르며 국내외 플랜트 시장에서 안전성을 인정받았다.

ⓑ **미네랄울** : 미네랄울은 무기질 광석을 주원료로 하며 산업용으로 가장 널리 통용되는 단열재이다. 화력·복합 화력발전소, 플랜트 내의 배관과 각종 기기들, 선박 내 방화 및 내화 구조물 등에 적용된다.

ⓒ **그라스울** : 그라스울은 유리 원료를 고온에 녹여 이를 섬유화한 뒤 일정 형태로 만든 무기질의 인조 광물 섬유 단열재이다. 유연하고 부드러운 섬유가 섬세하게 집면돼 있어 단열과 흡음 성능이 뛰어나다. 건축용뿐만 아니라 LNG 탱크 등 산업용으로도 적용되고 있다.

⑧ **접착제**

ⓐ **건축용 실리콘** : 실란트는 각종 자재의 조인트나 갈라진 틈에 대한 수밀, 기밀을 유지하기 위하여 충진되는 물질을 말하며, 자재에 대한 우수한 접착성 및 탄성을 가지고 자재를 고정시켜 건축물의 내구성을 증진시키는 목적으로 사용되어 지는 제품이다. KCC는 국내 유일의 종합 실란트 생산업체로서 실리콘계, 폴리우레탄계, 폴리설파이드계, 변성 실리콘계, 아크릴계 등 다양하고 우수한 품질의 실란트를 생산 판매하고 있으며 건축물의 수명을 연장시키는 고품질/친환경 제품의 개발과 설계에서 시공, 감리까지 KCC만의 노하우를 제공하는 통합 솔루션 SYSTEM을 구축하여 고객들에게 제공하고 있다.

ⓛ DGU : 습기경화형 우레탄계 자동차 유리고착용 실란트로서 최신 자동연속 생산설비로 생산되는 우수하고도 균일한 품질의 제품이다. 차체에 자동차 유리의 부착을 위한 " Direct Glazing" 방법은 차체의 무게를 경량화 하고 승객의 안전을 위해서 가장 보편적 으로 사용되고 있다. 승객의 안전을 위하여 국내 자동차 업체에서는 미연방규격인 FMVSS212 규격에 준하여 충돌시험을 실시하여 DGU 제품의 최종공급 승인을 부여하 고 있으며 KCC DGU 제품은 국내 HMC, KMC, GM대우, 쌍용자동차, 르노삼성자동차 에서 승인을 획득하였다.

ⓒ Film : 현대적인 감각과 특수표면 처리 기술을 조화시켜 섬세한 무늬와 다양한 색상으로 자연스러운 외관이 연출되며, 자연이 갖고 있는 원목 그대로의 생동감, 아름다움 그리 고 고급스러운 느낌을 표현하였다. 특히, 미려한 색상, 표면질감의 조화로 완성된 디자 인과 높은 품질은 소비자의 다양한 취향을 만족시켜 드릴 것이다.

ⓔ LEB : 에폭시 수지 기반의 반도체용 접착제인 LEB(Liquid Epoxy Bond)는 반도체의 칩 을 기판에 부착해 전기적인 신호가 전달될 수 있도록 한다. 컴퓨터나 모바일 기기 내 반도체 부품인 D-RAM, NAND에 적용되며 접착력이 높고 내열성과 내수성이 강하다는 특징이 있다.

ⓜ 석고본드 : 석고보드를 콘크리트 벽이나 콘크리트 블럭, 시멘트 벽돌, 조적벽 등에 부착 할 때 사용되는 분말형 접착제로서 물에 반죽하여 사용된다.

⑨ 소재

㉠ 유기소재 : EMC(Epoxy Molding Compound)는 반도체 봉지재로써, 휴대폰, 냉장고, TV 등 일반 가전제품과 산업용 장비, 자동차에 이르기까지 반도체가 쓰이는 대부분의 제품 에 사용된다. IT 기술의 발달과 함께 첨단 기술력이 반영된 전자제품이 증가함에 따라 전 세계 반도체 시장이 확대되고 있으며 EMC의 수요도 증가하는 추세이다.

㉡ 무기소재 : 세라믹에 금속을 접합하는 기술인 AM(Alumina Metalizing)은 세라믹과 금 속을 일체화해 전기를 제어하는 역할을 한다. 특히 KCC의 VI(Vacuum Interrupter)용 세라믹 튜브(Ceramic Tube)는 세계 1위의 점유율을 자랑하며 KOTRA가 관한 세계일류 상품에 8년 연속 선정되기도 했다. VI는 고압전기의 흐름을 차단하는 안전장치로 '절연 스위치'라고 할 수 있는데, 송 · 배전 시스템과 풍력 발전 시스템, 전기자동차 충전소, 고속열차 등에 적용된다.

㉢ 장섬유 : 장섬유는 1,500℃ 이상의 고온에서 유리를 녹여 섬유처럼 만든 필라멘트 (Filament)를 표면처리한 10 ~ 23㎛ 굵기의 제품이다. 복합소재로 부품 속에 적용되어 눈에 잘 띄지 않지만 깨지기 쉬운 플라스틱의 기능을 강화하는 역할을 한다. LCD TV 및 모니터의 백 패널(Back Panel)뿐만 아니라 전기 · 전자, 자동차, 토목 · 건축 등 산 업 전반에서 광범위하게 사용된다.

ⓔ RTV : 실리콘 RTV는 내후성, 온도 안정성, 절연성 등이 우수한 물성을 갖고 있다. 이러한 특성으로 전자제품의 절연 재료, LED용 소재는 물론 자동차, 비행기, 우주 항공 분야에 이르기까지 일상에서 첨단 산업까지 사용 범위가 넓다.

⑩ 실리콘

ⓐ Silane/fluid : 실리콘 오일은 무색투명, 무취한 액체로 저점도에서부터 고점도에 이르기까지 다양하여 사용 용도에 따라 점도를 선택할 수 있다. 내열성, 내한성, 내수성, 내약품성이 우수하며 낮은 표면장력, 우수한 전기절연성, 생리적 비활성, 온도에 대한 점도변화가 작은 특징을 가지고 있다. 실리콘 오일은 기계, 전자, 화학, 섬유, 종이, 건축, 토목 및 화장품 산업분야에 이르기까지 폭넓게 사용되고 있으며, 특히 윤활유, 전기절연유, 열매유, 광택제, 소포제, 섬유유연제, 발수제, 화장품 첨가제로 다양하게 사용되고 있다. 변성 실리콘 오일은 폴리에테르, 알킬, 아크릴, 에폭시 등의 다양한 유기기를 도입한 제품으로 일반적인 실리콘 오일의 장점에 유화성, 발수성, 타 유기원료와의 상용성 및 화학 반응성 등의 기능이 향상된 제품이다. 화장품 첨가제, 수지개질제, 이형제, 정포제, 도료용 첨가제 등에 사용된다.

ⓑ Emulsion : 무색, 무취, 무미 상태의 실리콘은 인체에 무해하고, 때론 비단결같이 부드러운 감촉을 더해주기도 하며 내열, 내한, 난연 등 우수한 특성을 가지고 있다. 이 같은 실리콘의 장점 덕분에 KCC 실리콘은 화장품, 생활용품부터 전기전자 제품, 자동차, 건축물에까지 없어서는 안 될 소재로 사용되고 있다. 실리콘 에멀젼은 실리콘 오일, 물, 계면활성제, 그리고 기타 첨가제로 구성된다. 실리콘 오일은 그 자체로 사용하기도 하지만 다양한 고객의 요구 사항에 부응하기 위해 여러 가지 형태로 가공된다. 실리콘 오일을 물에 분산한 실리콘 에멀젼도 그 중 하나로 용매로 유기용제 대신 물을 사용하기 때문에 친환경적이다. 실리콘 에멀젼은 주로 헤어 샴푸, 컨디셔너 등의 제품에 적용된다.

ⓒ HTV : HTV(High Temperature Vulcanization)는 고온 경화형 실리콘 고무의 하나로 경화되기 전 상태가 고체 상태인 실리콘 고무이며, 다양한 방법으로 성형이 가능하고, 유기계 고무보다 내열, 내한, 내약품, 난연 등 우수한 특성을 가지고 있어 전기·전자 산업뿐만 아니라 자동차, 우주 항공, 주방 생활용품, 건축, 산업용, 의료용 등 다양한 산업 분야에 폭넓게 사용되고 있다.

ⓓ LSR : LSR(Liquid Silicone Rubber, 액상 실리콘 고무)는 고온 경화형이며, 점도가 낮고 유동성이 좋아 사출 성형에 의한 자동화 생산이 가능하다. 다양한 코팅 방법으로 의복 및 산업 재료를 코팅할 수 있으며 특히 무독성이어서 유아용품, 주방용품, 안경 코 받침 등 피부나 음식과 접촉되는 제품에 폭넓게 사용되고 있다. 또한 우수한 내열성, 절연성 및 기계적 강도를 갖고 있어 자동차 부품, 전자 부품, 전기절연품, 사무기기 부품 등 산업 전반에 사용된다.

ⓜ PSA / PRC : PSA(Pressure Sensitive Adhesive, 감압점착제)는 실리콘의 우수한 내열, 내한성 및 내수성, 절연성, 내오존성, 저연소성, 화학적 불활성, 비오염성을 이용하는 고온에서 녹아내리지 않고 극저온에서도 유연성과 접착성을 지니는 고기능 점착제이다. 특히, 유기접착제가 잘 붙지 않는 폴리에틸렌, 폴리프로필렌, 폴리에스텔, 불소수지, 실리콘 고무 등에 탁월한 접착력을 가진다. PRC(Paper Release Coatings, 종이이형제)는 우수한 박리성, 발수성, 내한성, 내열성, 내습성, 화학적 안정성, 피착재질에 의한 강한 잔류 접착성, 윤활성 등의 특성으로 박리지의 제조에 사용되고 있다. 그 용도는 테이프, 라벨 등의 박리지에는 물론 필름이나 합성고무 등에도 박리성능을 부여하는 코팅재료로도 폭넓게 사용되고 있다.

02 채용안내

1 KCC인재상과 KCC WAY

KCC
인재상

K Knowledge
기본에 충실하고, 조직방향과
일치하는 전문지식을 가진사람
Professional on Basic
Acceptance

C Challenge
불굴의 의지와 창의력으로
실천하는 사람
Creativity
Will of Iron

C Courage
고객과 조직에 정직하고,
사명감과 책임감을 갖는 사람
Honesty
Responsibility

KCC WAY

꾸준히
성실

함께
협동

새롭게
창의

2 인사제도

KCC는 모든 구성원의 가치와 역량을 소중히 생각하며 구성원에게 최고의 자부심을 주기 위하여 합리적 인사제도를 실시하고 있다.

(1) 직급체계, 평가, 보상

① 직급체계 ··· 직원 개개인의 역량에 따른 합리적 처우와 보상을 위해 5단계 직급체계를 운영하고 있다.

| 사원 | ⇨ | 대리 | ⇨ | 과장 | ⇨ | 차장 | ⇨ | 부장 |

② 평가제도

  ㉠ 매년 초 모든 구성원이 연간 목표를 수립하며, 회사는 구성원 모두가 성공적으로 목표를 달성할 수 있도록 중간평가 등을 통한 피드백을 제공한다.

  ㉡ 이후 개인의 역량과 업무성과를 바탕으로 한 '성과중심, 역량중심 평가'를 통해 구성원의 강점과 약점을 파악하고 이에 대한 피드백을 제공함으로써 글로벌 인재로의 성장기회를 제공한다.

③ 보상체계

  ㉠ 객관적이고 공정한 평가결과를 바탕으로 누적식 연봉제 실시와 연간 업무성과에 따른 성과급 지급을 통해 '역량과 성과에 따른 합리적 보상의 원칙'을 실현하고 있다.

  ㉡ 구성원이 창출한 뛰어난 성과에 대해 적절한 보상을 하기 위해 '임직원 포상제도'를 실시하고 있다.

(2) 복리후생

① 의료비 지원 ··· 본인, 배우자 및 자녀의 의료비를 지원하여 정신적 · 경제적 부담을 덜어준다.

② 경조사 지원 ··· 경조사 발생 시 직원과 함께 기쁨과 슬픔을 나누기 위하여 경조휴가를 부여하고 경조금, 경조화환(조화), 장례물품을 지원한다.

③ 주택자금 대부 ··· 직원의 생활안정을 위하여 무주택 사원에 대하여 장기 저리로 주택자금을 대부한다.

④ **건강검진 실시** … 직원들이 건강한 삶을 영위할 수 있도록 매년 직원 건강검진을 실시하고 있다.

⑤ **WORK-LIFE BALANCE** … 즐거운 직장생활 영위를 위하여 심리 상담 프로그램 운영, 정시 퇴근 운동 실시, 장거리 근무자의 주말 귀향비 지원 등의 배려를 하고 있다.

⑥ **사택 / 기숙사 운영** … 거주지로부터 멀리 떨어져 근무하는 직원에게 사택 / 기숙사를 지원한다.

⑦ **퇴직연금제도** … 직원의 노후 및 생활보장을 위해 퇴직연금제도를 도입, 운영하고 있다.

⑧ **자기계발 지원** … 직원의 자기계발을 위하여 사내 외국어강좌(영어, 중국어, 일본어 등)와 사이버강좌(외국어, 자격증, E-MBA)를 운영하고 있다.

⑨ **자녀학자금 지원** … 자녀 교육에 다른 경제적 부담을 덜어주기 위하여 고등학생 이상 자녀 의 학자금을 지원한다.

⑩ **Refresh Support** … 콘도미니엄과 휴가비를 지원하여 몸과 마음의 재충전을 돕고 있다.

⑪ **휘트니스 센터운영** … 건강증진을 위하여 헬스장, 수영장, 축구장 등을 운영하고 있다.

⑫ **동호회 지원** … 다양한 동호회 활동을 통한 여가 선용 및 친목 도모를 지원하고 있다.

(3) 인재육성

① 인재육성 방향
  ㉠ KCC의 핵심가치와 핵심역량을 개발할 수 있는 지식 함양 기능의 교육
  ㉡ 업무 수행 성과를 도출할 수 있는 문제해결 및 커뮤니케이션 기능의 교육
  ㉢ 글로벌 비즈니스를 선도할 수 있는 Global 리더 양성 기능의 교육

② 인재육성 체계
  ㉠ **핵심리더 양성** : KCC 핵심가치와 핵심역량을 갖춘 KCC 핵심리더 양성
   • 국내외 학술연수/MBA
   • 국내외 업무연수
  ㉡ **우수인재 발굴** : KCC의 미래를 이끌어나갈 글로벌 리더 조기 발굴, 체계적인 육성
   • 핵심가치 공유
   • Leadership 역량
   • 직무역량/공통역량
  ㉢ **글로벌 인재 육성** : 글로벌 비즈니스 및 외국어 역량을 갖춘 글로벌 인재로 성장
   • 외국어 교육
   • 글로벌 비즈니스역량

3 채용안내

(1) 공통 자격요건

① 4년제 정규대학 졸업자 및 19년 2월 졸업예정자

② 全학기 평점 B학점 이상 (3.0 / 4.5만점 기준)

③ TOEIC 700점 이상 또는 토익스피킹 5급(또는 OPIC IL) 이상(해외대 출신자는 성적무관)

④ 병역필 또는 면제자

⑤ 기타 해외여행에 결격사유 없는 자

(영어성적은 최근 2년 내 취득하여 유효한 성적에 한하여 인정)

(2) 우대사항

① 지방근무 가능자(전국 12개 공장, 19개 영업소 보유하여 지방근무 가능자 적극 우대함)

② 이공계 석사학위 소지자

③ 화학/화공 전공자

④ 2개 국어 이상 능통자

⑤ 재경분야 지원자는 회계과목 다수 이수자

⑥ 관련 자격증 소지자

⑦ 국가보훈대상자 - 관련 법령에 의거하여 우대

(3) 전형방법

① 1차 ⋯ 서류전형

② 2차 ⋯ 인/적성검사 전형

③ 3차 ⋯ 면접전형(PT/인성) 및 채용검진

④ 4차 ⋯ 최종합격

KCC, 한국품질만족지수(KS-QEI) 2년 연속 6관왕 쾌거

-KCC 바닥재 9년 연속, 실란트 7년 연속, 수성도료 및 유성도료 4년 연속, 코팅유리 및 천장재 2년 연속 1위-
-업계 제품 전문가와 소비자가 품질 우수성, 이용자 만족도 등 평가하여 시상-
-친환경성 강화, 엄격한 품질관리로 친환경 건축자재 시장 선도-

KCC가 지난 18일 열린 '2018 한국품질만족지수(KS-QEI)' 인증수여식에서 바닥재, 실란트(실리콘), 수성도료, 유성도료, 코팅유리, 천장재 등 6개 부문에서 1위를 차지했다.

KCC는 PVC바닥재 부문에서 9년 연속, 실란트(실리콘) 부문에서 7년 연속, 유성도료와 수성도료 부문에서 4년 연속, 석고텍스 천장재 부문에서 2년 연속 1위를 수상하는 등 건축자재 업계에서의 선도적 지위를 다시 한 번 입증했다.

한국표준협회(KSA)에서 주관하고 산업통상자원부 국가기술표준원, 한국품질경영학회가 후원하는 한국품질만족지수(KS-QEI)는 해당 기업의 제품을 구매하거나 이용한 경험자 및 제품 전문가를 대상으로 품질의 우수성 및 만족도를 조사하여 발표하는 종합지표이다. 한국표준협회와 한국품질경영학회가 공동으로 개발한 측정모델로 소비자 의견뿐만 아니라 해당 제품의 전문가 평가를 반영하기 때문에 조사 신뢰성이 높은 지수로 평가 받고 있다.

KCC는 사용품질과 감성품질 등 품질측면에서 소비자들과 전문가에게 좋은 평가를 받았다. 사용품질은 제품의 성능, 신뢰성, 내구성, 사용성, 안전성, 접근성 등 총 6개 항목을 평가하는 것을 말하며, 감성품질은 제품의 이미지, 고객의 제품에 대한 인지성, 얼마나 참신하고 매력적인지 등을 평가하는 신규성 등 총 3개 항목에 대한 점수를 말한다.

KCC 관계자는 "각 분야별 전문가뿐만 아니라 제품을 직접 구매한 소비자들에게 KCC 제품의 품질을 인정받았다는 점에서 큰 의미가 있다. 특히 6개 부문에서 다년간 연속 1위를 차지함으로써 건축자재 업계에서의 선도적인 입지를 다시 한 번 확인했다는 점에서 매우 기쁘다"면서 "향후에도 지속적인 기술 개발과 서비스 개선을 통해 소비자 만족을 충족시키고, 품질 경쟁력을 한층 더 강화해 나갈 계획"이라고 밝혔다.

한편, KCC는 도료, 건축 내외장재, 유리, 창호, 바닥장식재 등 각종 건축, 산업 자재의 공급을 통해 한국 건축, 산업 분야의 발전을 선도해 왔다. KCC는 주력 사업인 도료와 건축 내외장재, 유리 분야에서 실리콘, 소재 산업에 이르기까지 최고 수준의 기술 경쟁력을 갖추며, 견실한 재무구조를 바탕으로 지속적인 성장을 이어가고 있다.

9년 연속 1위에 선정된 PVC바닥재 'KCC숲'은 업계 최초로 바닥재에 편백나무 오일을 첨가해 피톤치드가 방출되는 '숲 그린 편백' 제품을 출시하는 등 소비자의 건강과 안전을 최우선으로 생각한 친환경 바닥재로 바닥재 시장에 친환경 바람을 불어넣고 있다. 더욱이 KCC숲은 라인업 전 제품에 프탈레이트계 가소제를 전혀 사용하지 않고 새집증후군 유발 물질로 알려진 포름알데히드(HCHO), 휘발성유기화합물(TVOC) 등도 방출 기준치 이하로 안전한 제품이다. 또 한국공기청정협회의 친환경 건축자재 인증인 HB(Healthy Building Material) 마크도 전 제품 최우수 등급으로 보유하고 있으며, 한국환경산업기술원의 환경표지인증도 획득했다.

KCC숲 시리즈는 가정용 PVC 바닥재로 두께에 따라 숲 그린 (1.8mm), 숲 블루 (2.0mm), 숲 옥 (2.2mm), 숲 청아람 (2.5mm), 숲 소리향 (3.0mm), 숲 소리순 (4.5mm), 숲 소리휴 (6.0mm) 등 라인업을 갖추고 있어 소비자의 주거 환경에 맞게 선택할 수 있다.

50년이 넘는 탄탄한 역사와 노하우를 지닌 국내 최고 품질의 KCC 페인트는 '수성도료' 와 '유성도료' 부문에서 모두 1위를 차지하며 페인트 관련 전 부문을 석권했다. KCC의 친환경 대표 페인트인 '숲으로'는 물을 바탕으로 한 수성도료다. 아파트, 주거 시설, 공장, 학교, 병원 등 다양한 곳에 두루 적용된다. 최근 셀프 인테리어에 대한 관심이 높아지면서 DIY용 페인트 9종을 라인업 해 출시한 '숲으로 홈앤' 제품도 고객들의 호평을 받으며 시장에서 자리 잡아 가고 있다. 유성도료 부문에서는 건물 내외부용 일반 도료를 비롯해 탄성 방수도료, 건물의 철골, 기둥 등에 도장해 화재 때 철골을 지켜주는 내화도료 같은 고기능 특수도료 등 다양한 제품을 갖추고 있다. KCC 유성도료의 우수한 방수력, 방염 능력 등은 부동의 국내 1위를 지키고 있다. 특히 국내 최고 품질에 경제성까지 갖춘 내화도료 '화이어마스크'는 건축물에 도장돼 화재 시 철골을 지켜줘 건물 붕괴와 화재 확산을 방지해준다. 화재 발생 시 고온에서 세라믹 재질의 단열층이 기존 두께의 50배 이상 부풀어 올라 화재로 인한 불길과 열을 효과적으로 차단시키는 것이다. 이는 건물 철골로 열이 전달되는 것을 막아 준다.

국내 최초로 탄소표지인증 2단계(저탄소인증)를 취득한 국내 1위 친환경 실란트 '코레실'은 우수한 품질과 소비자가 손쉽게 구매할 수 있는 유통망을 갖추고 있으며, 제품의 이미지, 인지도 등 모든 평가 항목에서 높은 점수를 받아 소비자에게 1위에 선정됐다. 또한 KS 규격에 맞는 품질은 물론 정량 포장으로 소비자의 이익을 보증하고 있고, 업계 최초로 건강친화형 주택건설 기준에 준하는 용도별 친환경 제품을 완비해 시장을 선도하고 있다.

KCC의 코팅유리는 실내 에너지 유출을 막고 실내 온도를 쾌적하게 유지한다. 유리 표면에 은(Ag)을 코팅해 단열, 빛 차단 등의 효과가 있으며 온도 조절뿐 아니라 냉·난방비용 절감에도 도움을 줘 '에너지 세이빙 유리'라고도 한다. 단열 성능이 우수해 겨울철 난방비를 줄여주고 결로 예방 효과가 뛰어난 장점을 지닌 'e-Glass' 제품, 여기에 내구성을 높인 'e-Glass HD' 제품, 높은 단열 성능뿐만 아니라 태양열 차단 성능까지 지닌 복합 고기능성 유리인 'e-Max' 제품 등 KCC는 다양한 스펙 라인업으로 이미 유리 시장에서 오랫동안 인정받아오고 있다.

건물의 천장에 시공하는 천장재인 KCC '석고텍스'도 작년에 이어 1위에 선정됐다. 원재료인 석고의 뛰어난 마감성과 우수한 가공성을 활용한 제품으로 환경부의 환경표지인증까지 갖추고 있는 친환경 불연 천장재다. 이 제품은 사무실과 학교, 병원, 상가, 공장, 지하주차장, 지하철 역사, 지하도 등 모든 시설물에 적합하도록 개발됐다. 석고텍스의 주재료인 석고보드는 치수 안정성이 매우 뛰어나 온도나 습도가 변해도 수축 또는 변형되는 경우가 거의 없고 시공 후 뒤틀릴 염려도 없다.

-2018. 9. 20

KCC, 국내 최대 규모 도시형 태양광발전소 준공

-용인 중앙연구소 신축 종합연구동에 건물 외벽면 활용, 3,150개 태양광 모듈 설치-
-1.1MW 규모 발전설비로 연간 373세대 사용 가능한 1.3GWh 전력 생산 가능-
-여주, 대죽, 김천 등 전국 10개 공장에 이어 11번째 자체 태양광 발전소 구축으로 연간 23GWh 이상 전력 생산-
-한국에너지공단과 친환경 미래에너지 발굴·육성 및 홍보 업무 협약 체결-

최근 신재생에너지 발전 사업을 적극 추진하고 있는 KCC가 용인에 위치한 자사 중앙연구소에 국내 최대 규모의 외벽면 활용 도시형 태양광발전소를 준공했다고 19일 밝혔다. 이번 태양광발전소 준공으로 KCC는 김천, 대죽, 여주 등 전국 생산공장들에 설치된 10개의 발전소에 이어 11번째 자체 태양광발전소를 갖게 됐다. 경기도 용인시에 위치한 중앙연구소 종합연구동에 설치된 도시형 태양광발전소는 발전 용량 1,134kW(약 1.1MW) 규모로, 3,150개의 태양광 모듈로 구성됐으며, 건물 외벽면을 활용한 태양광발전설비 중에서는 국내 최대 규모를 자랑한다. 특히 해당 건물은 이번에 신축한 종합연구동으로, 초기 설계 단계부터 태양광발전소를 염두에 두고 심혈을 기울여 건설해 최대 발전 효율을 낼 수 있도록 했다. 연간 발전량은 1,344.3MWh(약 1.3GWh)의 전력 생산이 가능한데, 이는 일반 가정 373세대가 1년간 사용할 수 있는 용량이다. 또한 한 해 627톤의 이산화탄소(CO_2) 배출을 저감할 수 있게 됐다.

이날 준공식에는 KCC 중앙연구소 이정대 소장과 한국에너지공단 신재생에너지센터 이상훈 소장 등 관계자들이 참석했으며, 양 사간 '친환경 미래 에너지 발굴·육성 및 홍보를 위한 업무 협약'이 체결됐다. 이 협약을 통해 양 사는 ▲재생에너지 대규모 사업 추진 ▲재생에너지 3020 이행계획의 유휴부지 활용 태양광 사업 홍보 ▲친환경 미래에너지 홍보, 교육 및 체험 프로그램 운영 ▲친환경 에너지 보급 및 산업육성 등을 위해 상호 협력할 것을 약속했다.

특히 KCC는 이번 협약을 통해 중앙연구소에 설치된 태양광발전소를 미래에너지 기술 교육과 체험의 장으로 운영함으로써 신재생에너지 보급 확산에 앞장서기로 했다. 친환경 미래에너지 사업을 적극 육성하여 국가의 에너지 전환 정책에 힘을 보태기로 한 것으로, KCC가 가진 에너지솔루션 사업 역량을 바탕으로 정부가 추진하는 '재생에너지 3020 이행 계획'에 보조를 맞춘다는 계획이다.

KCC는 태양광발전을 중심으로 풍력, 바이오매스 등 신재생에너지 분야에 많은 관심을 갖고 연구·개발을 활발히 진행하고 있다. 특히 자체적으로 전국 사업장에 태양광발전시설을 설치해 운영하며 태양광발전 사업 역량을 확대하고 있다. KCC가 이처럼 태양광발전 사업에 적극 나서고 있는 것은 ▲태양광이 안전하고 청정한 에너지라는 점, ▲공장, 건축물 등 시설물을 활용한 공간 활용의 효율성 때문이다. 태양광 에너지는 화석 에너지와 비교해 고갈될 가능성도 없고 공해, 대기오염의 문제에서 자유롭다. 태양광발전소가 임야에 마구 설치되어 자연경관을 해치고 자연재해로 인한 피해가 발생할 수 있으나, 시설물을 활용하면 이러한 문제를 해결할 수 있다.

KCC는 태양광발전사업의 프로젝트 개발부터 프로젝트 파이낸싱, 엔지니어링, O&M까지 토털 솔루션을 제공하고 있다. 다수의 태양광발전시스템(EPC) 시공 경험이 있으며, 이번에 준공한 중앙연구소를 포함해 김천공장, 대죽공장, 여주공장 등 총 11개 사업장에서 지붕형 태양광발전사업을 진행하고 있다. 이처럼 KCC가 생산하는 전기는 연간 23GWh에 이르며, 이는 월 300kWh 사용 기준으로 했을 때 총 6540세대의 연간 전력을 충당할 수 있는 수준이다. 이러한 사업개발 노하우를 토대로 고객에게 설계, 인허가, 시공 및 운영관리까지 태양광발전 토털 비즈니스를 제공한다.

KCC 관계자는 "중앙연구소에 준공한 도시형 태양광발전소가 재생에너지 보급 확산에 기여할 수 있는 용인시의 친환경 에너지 랜드마크로서 자리잡기를 기대한다."며 "향후 한국에너지공단 신재생에너지센터와 협력해 태양광발전을 비롯해 건축물 에너지 효율화를 통한 미래에너지 발굴 및 관련 산업 육성에 앞장설 계획"이라 전했다.

-2018. 7. 19

KCC, 동반성장지수 평가 3년 연속 '최우수' 받아

-3년 연속 최우수 등급으로 '동반성장 최우수 명예기업' 선정-
-동반 성장 및 상생을 위한 다양한 지원 내용에 높은 점수 받아-
-협력사가 스스로 성장하고 자립할 수 있도록 실질적인 도움 주고자 해-

KCC가 동반성장지수 기업별 평가에서 3년 연속 최우수 등급을 받아 '동반성장지수 최우수 명예기업'에 선정됐다.

동반성장위원회는 지난 6월 27일 제51차 동반성장위원회를 열고 '2017년도 동반성장지수' 평가 결과를 발표했다. 동반성장지수 평가는 대·중소기업 간 동반성장과 공정거래의 수준을 계량화한 지표로, 매년 동반성장위원회의 '중소기업 체감도 설문조사'와 공정거래위원회의 '공정거래 협약이행평가'를 합산해 산정한다.

올해는 181개 대기업과 중견기업을 대상으로 동반성장지수를 평가했다. KCC는 27개사와 함께 가장 높은 최우수 평가를 받았다. 지난 2015년 최우수 평가를 받은 이후 3년 연속 최우수 등급을 달성하면서 '동반성장 최우수 명예기업'에도 이름을 올렸다.

특히 '공정거래 협약이행평가'에서 최우수 평가를 받을 수 있었던 것은 공정거래 질서 구축에 힘쓰고 동반 성장을 위해 다양한 프로그램을 운영한 결과라는 분석이다. 이에 KCC는 단순히 협력업체를 무조건적으로 지원하기보다는 스스로 성장하고 자립할 수 있도록 실질적인 도움을 주기 위해 노력했다고 부연했다.

먼저 협력업체와 동반자적 관계를 구축해 상호 합리적인 공정거래 질서를 확립하는 데 주력했다. 협력사의 기술보호를 위해 영업비밀 원본증명 발급 비용을 지원, 필요한 경우 KCC의 인력을 협력사에 파견해 안전, 환경 등에 대한 자문도 제공하고 있다. 협력사의 재무구조 등을 분석한 경영진단 서비스 및 협력사 품질개선을 위한 성과공유제 등과 같은 다양한 지원도 아끼지 않고 있다.

이와 더불어 협력사와의 공정한 거래를 위하여 공정거래위원회에서 배포한 표준하도급계약서를 사용하고, 동반성장 협약업체에게 매입대금 지급 시 전액 현금 및 10일 이내 지급을 준수하고 있다. 만약 협력업체가 설비를 구입하거나 운영자금이 필요한 경우 무이자 대출도 지원하고 있다.

KCC 관계자는 "협력사와의 상생을 위해 여러 가지 제도 개선 및 지원을 강화해 가고 있는 가운데 KCC가 3년 연속 동반성장지수 최우수 등급을 받아 최우수 명예기업으로 선정된 것에 대해 영광으로 생각한다."며, "동반성장 최우수 명예기업으로서 앞으로도 공정거래 및 동반성장 문화 확산에 선도적인 역할을 수행하겠다."고 밝혔다.

-2018. 7. 2

KCC 바닥재 3년 연속 '한국산업 브랜드파워 1위'

-'2018 한국산업브랜드파워(K-BPI) 가정용 바닥재' 부문 1위-
-편백나무 오일 함유, 논슬립 기능 강화로 친환경성과 안정성 모두 우수-
-주거용 바닥재 전제품 HB 마크 최우수 등급 보유-

KCC가 한국능률협회컨설팅(KMAC)이 주관하는 '2018 한국산업 브랜드파워(K-BPI : Korea Brand Power Index)' 조사에서 3년 연속 가정용 바닥재 부문 1등 브랜드에 선정됐다.

한국산업브랜드파워(K-BPI) 조사는 브랜드가 가지고 있는 영향력을 조사, 지수화 하는 것으로, 소비자들의 각 브랜드에 대한 인지도와 충성도(로열티) 파워를 측정해 발표하는 평가제도이다. 이번 조사에서 KCC는 인지도와 충성도를 포함한 K-BPI 총점에서 2위 브랜드와 40점 이상 차이 나는 성적으로 가정용 바닥재 부문에서 여러 경쟁 업체를 제치며 1위를 차지, 소비자들에게 '바닥재'로 가장 인정받는 브랜드임을 입증했다.

KCC 바닥재 브랜드인 'KCC 숲'은 소비자의 안전과 건강을 생각한 고기능성 제품 라인업으로 믿고 사용할 수 있는 제품이라는 점에서 높은 점수를 받았다. 특히, KCC는 브랜드 충성도 조사 7개 항목 중 '최초인지도', '보조인지도', '충성도', '이미지', '이미지', '선호도' 등 여섯 가지 항목에서 모두 업계 최고 점수를 받았다. KCC 바닥재가 지금까지 소비자들로부터 높은 인지도를 형성하며 많은 사랑을 받고 있으며, 국내 바닥재 브랜드에서 최고의 브랜드파워를 형성하고 있음을 나타낸다.

이번 1등으로 선정된 'KCC 숲'은 우수한 품질에 고객의 건강까지 생각한 친환경 주거용 바닥재로, 숲이 가지는 평화로움, 여유, 맑은 공기가 함께하는 쾌적함의 이미지를 담은 브랜드이다. KCC 숲 시리즈는 크게 PVC 바닥재와 마루바닥재로 나뉜다. PVC 바닥재는 두께에 따라 숲 그린편백(1.8T), 숲 블루(2.0T), 숲 옥(2.2T), 숲 청아람 세이프(2.5T), 숲 소리향 세이프(3.0T), 숲 소리순(4.5T), 숲 소리휴(6.0T) 등 라인업을 갖추고 있어 소비자의 주거환경에 맞게 선택할 수 있다. 특히 국내 최초로 PVC 바닥재 전 제품에 편백나무에서 추출한 편백오일과 미끄럼방지(논슬립) 기능을 적용했으며, 숲 청아람 세이프, 숲 소리향 세이프 제품에는 불에 잘 타지 않는 난연 성능도 부여해 사용자를 위한 안정성과 친환경성을 향상시켰다. 마루바닥재로는 숲 강화마루, 숲 합판마루, 숲 강마루 등이 있으며, PVC 바닥재와 더불어 모든 제품에 HB(Healthy Building Materials) 마크 최우수 등급을 보유하고 있다.

이번 수상에 대해 KCC관계자는 "고객들에게 가장 영향력 있고 인정받는 브랜드로 3년 연속 평가 받았다는 점에서 매우 기쁘다."며 "향후에도 지속적으로 고객의 다양한 수요에 맞춰 KCC 만의 고기능성 및 친환경 성능을 갖춘 바닥재 제품을 지속적으로 선보여 나갈 것"이라고 밝혔다.

-2018. 3. 28

출제예상문제

적중률 높은 영역별 출제예상문제를 상세하고 꼼꼼한 해설과 함께 수록하여
학습효율을 확실하게 높였습니다.

출제예상문제

01 언어영역(인문계)

┃1~2┃ 다음 〈조건〉을 보고 각 문제의 내용이 〈조건〉에 비추어 논리적으로 참이면 '참', 거짓이면 '거짓', 참·거짓을 알 수 없으면 '알 수 없음'을 선택하시오.

<조건>
- 현명한 사람은 거짓말을 하지 않는다.
- 건방진 사람은 남의 말을 듣지 않는다.
- 거짓말하지 않으면 다른 사람의 신뢰를 얻는다.
- 남의 말을 듣지 않으면 친구가 없다.

1

현명한 사람은 다른 사람의 신뢰를 얻는다.

① 참   ② 거짓   ③ 알 수 없음

> ✿TIP 조건에 대해 전체적으로 정리를 하면
> 현명한 사람→거짓말을 하지 않는다.
> 건방진 사람→남의 말을 듣지 않는다.
> 거짓말을 하지 않으면→다른 사람의 신뢰를 얻는다.
> 남의 말을 듣지 않으면→친구가 없다.
> 현명한 사람→거짓말을 하지 않는다. →다른 사람의 신뢰를 얻는다.

2

친구가 있으면 건방지다.

① 참   ② 거짓   ③ 알 수 없음

※ **TIP** 위 조건들의 대우를 살펴보면

거짓말을 하면 현명하지 않은 사람이다.

남의 말을 들으면 건방지지 않은 사람이다.

다른 사람의 신뢰를 얻지 못하면 거짓말을 한다.

친구가 있으면 남의 말을 듣는다.

따라서 친구가 있으면 건방지지 않은 사람이다.

┃3~5┃ 다음 〈보기〉의 내용에 비추어 문제의 내용이 논리적으로 참이면 '참', 거짓이면 '거짓', 참·거짓을 알 수 없으면 '알 수 없음'을 선택하시오.

3

〈보기〉

- 갑, 을, 병, 정 네 사람의 절도용의자가 심문을 받고 있다.
- 네 사람 중 단 한 사람만이 진실을 말한다.
- 절도범은 한 명이다.
- 네 사람이 주장하는 내용은 다음과 같다.

- 갑 : 을이 절도를 하였다.

- 을 : 정이 절도를 하였다.

- 병 : 나는 훔치지 않았다.

- 정 : 을은 거짓말을 하고 있다.

절도를 한 사람은 병이다.
---

① 참   ② 거짓   ③ 알 수 없음

※ **TIP** ㉠ 갑이 진실인 경우

갑에 의해 을은 절도범이 된다.

그러나 병의 말이 거짓말이므로 병이 훔쳤다는 말이 되는데 갑의 말과 모순된다.

㉡ 을이 진실인 경우

을에 의해 정은 절도범이 된다.

그러나 병의 말이 거짓말이므로 병이 훔쳤다는 말이 되는데 을의 말과 모순된다.

㉢ 병이 진실인 경우

을의 말과 정의 말이 모순된다.

㉣ 정이 진실인 경우

갑과 을에 의해 을과 정은 절도를 하지 않았다. 병은 거짓말을 하고 있으므로 병은 절도범이다.

ANSWER 〉 1.① 2.② 3.①

4

〈보기〉

- 이씨는 김씨보다 앞에 있다.
- 최씨는 김씨보다 뒤에 있다.
- 박씨는 최씨 바로 앞에 있다.
- 홍씨는 제일 뒤에 있다.
- 박씨 앞에는 두 명이 있다.

최씨는 이씨보다 뒤에 있다.

① 참   ② 거짓   ③ 알 수 없음

✻ TIP 제시된 조건 중 첫 번째와 두 번째는 변수가 생길 수 있는 것이나, 세 번째와 네 번째 조건을 통해 확실한 위치를 추론할 수 있다.

5

〈보기〉

- A는 B보다 나이가 적다.
- D는 C보다 나이가 적다.
- E는 B보다 나이가 많다.
- A는 C보다 나이가 많다.

B가 가장 나이가 많다.

① 참   ② 거짓   ③ 알 수 없음

✻ TIP 첫 번째 내용과 세 번째 내용, 네 번째 내용에 의해 E > B > A > C임을 알 수 있다. 두 번째 내용에서 D는 C보다 나이가 적으므로 E > B > A > C > D이다.

▌6~7▐ 〈보기〉를 보고 각 문제에 제시된 문장의 참·거짓, 알 수 없음을 판단하시오.

〈보기〉
• 함께 있던 A, B, C, D 네 명의 아이 중 하나가 꽃병을 깼다.
• 세 명은 진실을 말하고, 한 명은 거짓을 말했다.
• A는 D가 깨지 않았다고 했으나 B는 D가 꽃병을 깼다고 했다.
• C는 B가 깼다고 했고, D는 A가 깨지 않았다고 말했다.

6
거짓말을 한 사람은 A이다.

① 참   ② 거짓   ③ 알 수 없음

❀TIP A와 B의 말이 다르므로 둘 중에 한 명은 거짓말을 하고 있다. A가 거짓말이라면, D가 깬
것이 되는데 C의 말과 모순되므로 A는 거짓말을 하고 있지 않다.

7
거짓말을 한 사람은 B이다.

① 참   ② 거짓   ③ 알 수 없음

❀TIP B가 거짓말이라면 D는 깨지 않았고, C의 말에 의해 B가 깼다는 것을 알 수 있다. 따라서
거짓말을 한 아이는 B이다. B가 거짓을 말했다면 C의 말에 의해 B가 꽃병을 깼음을 알 수
있다.

ANSWER 〉 4.① 5.② 6.② 7.①

▍8~10▍ 다음 문제의 〈보기 1〉을 보고 〈보기 2〉에 제시된 문장의 참·거짓, 알 수 없음을 판단하시오.

8

〈보기 1〉

- 모든 A는 B이다.
- 모든 B는 C이다.
- 어떤 D는 B이다.
- 어떠한 E도 B가 아니다.

〈보기 2〉
어떤 C는 B이다.

① 참   ② 거짓   ③ 알 수 없음

�_TIP 두 번째 조건에 의해 '어떤 C는 B이다.'가 성립하므로 참이 된다.

9

〈보기 1〉

- 파란색을 좋아하는 사람들은 항상 술을 마신다.
- 파란색을 좋아하지 않는 사람은 한 달에 소설책을 한 권 이상 읽지 않는다.
- 내 친구들은 모두 파란색을 좋아한다.

〈보기 2〉
나는 한 달에 소설책을 2권 읽으므로 파란색을 좋아하지 않는다.

① 참   ② 거짓   ③ 알 수 없음

�_TIP 두 번째 조건의 대우는 '한 달에 소설책을 한 권 이상 읽으면 파란색을 좋아한다.'가 된다.

10

〈보기 1〉

• 아버지는 비가 오면 큰아들의 나막신이 잘 팔릴 것이므로 좋지만 작은아들이 걱정된다.
• 아버지는 비가 오지 않으면 작은아들의 짚신이 잘 팔릴 것이므로 좋지만 큰아들이 걱정된다.
• 비가 오거나 오지 않거나 둘 중 하나일 것이다.

〈보기 2〉
비가 오거나 오지 않거나 아버지의 걱정은 있다.

① 참   ② 거짓   ③ 알 수 없음

✿TIP 아버지는 비가 오면 작은아들이 걱정되고, 비가 오지 않으면 큰아들이 걱정될 것이다.

▎11~20 ▎ 주어진 지문을 읽고 다음에 제시된 문장이 참이면 ①, 거짓이면 ②, 주어진 지문으로 알 수 없으면 ③을 선택하시오.

11

고열, 기침 등 독감과 비슷한 증상을 보여 독감 혹은 감기라고 오해하기 쉽지만 가와사키병은 고열을 동반한 혈관질환이다. 정확한 원인은 알 수 없지만 자가 면역 반응에 의해 심장의 관상동맥에 동맥류를 일으키는 경우 사망에까지 이를 수 있어 위험한 질환이다. 주로 한국, 일본, 미국 등 환태평양지대 국가의 5세 이하의 어린이에서 발병률이 높다. 국내 발병률이 2005년 10만명당 108.7명 이었지만 최근 112.5~118.3명까지 증가했다고 가와사키병 연구회는 발표하였다. 독감과 매우 비슷한 증상을 갖고 있어 가와사키병은 초기에 고열을 비롯해 경우에 따라 기침, 설사, 복통, 두통, 소화장애가 나타나는 등의 증상을 가지고 있다. 그렇기 때문에 이 질환을 진단받는 아이들은 대부분 처음에 독감으로 생각해 해열제를 먹다가 다른 증상이 동반된 이후에 진단되는 경우가 많다.

11-1 가와사키병은 발병하면 죽는 불치의 병이다.   ① ② ③

11-2 가와사키병은 6세 이상은 걸리지 않는 병이다.   ① ② ③

11-3 가와사키병은 초기 진단이 어려운 병이다.   ① ② ③

✴**TIP** 11-1. 가와사키병은 자가 면역 반응에 의해 심장의 관상동맥에 동맥류를 일으키는 경우에 사망에까지 이를 수 있어 위험한 질환이라고 나타나 있으나 치료를 할 수 없다는 내용은 알 수 없으므로 알 수 없는 내용이다.

11-2. 5세 이하의 어린이에게 발병률이 높을 뿐이지 6세 이상은 걸리지 않는다는 것은 알 수 없는 내용이다.

11-3. 가와사키병은 대부분 처음에 독감으로 생각해 해열제를 먹다가 다른 증상이 동반된 이후에 진단되는 경우가 많으므로 초기 진단이 어려운 병이다.

12

독도는 과거 조선시대부터 지금까지 끊임없이 한국과 일본이 서로 자신의 땅이라고 주장하고 있는 지리적, 경제적으로 매우 중요한 땅이다. 독도는 지리적으로 러시아의 남쪽, 일본의 북동쪽, 한국의 동쪽에 위치해 있기 때문에 군사적으로 전략적 요충지이다. 또한 독도의 인근해역은 청정해역으로 한류와 난류가 만나고 있어 연안어장과 대화퇴어장이 형성되어 있어 황금어장을 이루고 있다. 독도가 한국 땅이라는 주장은 여러 역사 자료에도 나온다. 세종실록지리지에는 울릉도를 본도라 하고 당시 독도의 명칭인 우산도를 울릉도의 속도라 하였고, 삼국사기 신라본기 4 지증마립간 512년 기사로 지증왕 13년 6월에 우산국이 귀복하고 해마다 토산물을 바치게 되었다는 내용이 나온다. 또한 일본 정부의 자료로는 1877년 3월 20일 조, 태정관 지령문서에 품의한 취지의 다케시마(울릉도) 외 일도(독도) 지적 편찬의 건에 대하여 본방(일본)은 관계가 없다는 것을 심득할 것이라는 내용이 있어 당시 일본도 독도가 한국의 땅이라는 것을 공적으로 기록하고 있다.

12-1 독도는 과거 한때 일본 땅이었다. ① ② ③

12-2 독도 인근해역은 어종이 풍부한 황금어장이다. ① ② ③

12-3 독도는 구석기 시대부터 사람들이 살던 섬이다. ① ② ③

✤**TIP** 12-1 세종실록지리지와 삼국사기, 태정관 지령문서 등을 통해 과거 독도가 한국 땅임을 나타내고 있다.
   12-2 독도의 인근해역은 청정해역으로 한류와 난류가 만나고 있어 연안어장과 대화퇴어장이 형성되어 있어 황금어장을 이루고 있다.
   12-3 주어진 지문을 통해서는 알 수 없다.

13

인터넷은 처음에는 군사 목적으로 미국에서 개발하였다. 하지만 냉전 시대가 끝나고 많은 사람들이 동시에 사용할 수 있다는 장점으로 인해 현재는 군사 목적보다는 다양한 커뮤니케이션의 목적으로 사용되고 있다. 특히 채팅이나 메일 등을 통해 멀리 있는 사람들에게도 앉아서 바로 바로 소식을 묻거나 대화를 할 수 있고 심지어는 다수의 사람들이 하나의 채팅방에서 글을 올리며 대화를 할 수 있다. 인터넷은 기본적으로 익명으로 사용되다 보니 자연히 범죄에도 이용되기 일쑤고 무책임한 발언을 남발하는 경우도 있다. 따라서 인터넷을 사용하기에 앞서 기본적인 예절을 지키는 연습부터 해야 할 것이다.

13-1 인터넷은 처음부터 채팅 목적으로 개발되었다. ① ② ③

13-2 현대 사람들은 인터넷을 통해 외국 친구들과 안부를 주고받는다. ① ② ③

13-3 처음 인터넷을 개발한 사람은 인터넷을 인해 큰돈을 벌었다. ① ② ③

✿**TIP** 13-1 인터넷은 처음에는 군사 목적으로 개발되었다.
13-2 채팅이나 메일을 통해 외국 친구들과 안부를 주고받을 수 있다.
13-3 지문을 통해서는 알 수 없는 내용이다.

14

정치권력의 남용과 사회적 부정부패를 감시하고 비판하는 언론의 기능은 건전한 여론 형성 기능과 함께 국민의 알 권리 충족을 위한 필수 조건으로 인식되어 왔다. 미국의 경우 언론의 감시·비판 기능을 파수견(watchdog)에 빗대어 표현하는데, 이를 헌법적으로 보장되는 것으로 인식하고 있다. 이러한 파수견 기능은 개인의 표현의 자유가 아닌 언론 기관의 표현의 자유를 의미한다. 즉 개인의 기본권적 특성보다는 언론 기관에 부여되는 제도적 권리의 특성을 지닌다.

14-1 파수견 기능은 개인의 표현의 자유를 의미한다. ① ② ③

14-2 언론의 상업주의적 폐해가 있다고 하더라도 국가 권력의 남용보다는 폐해가 덜하기 때문에 파수견 기능은 보호되어야 한다. ① ② ③

14-3 보다 적극적인 파수견 기능을 위해서 국가 기관에 대한 접근권을 강화해야 한다.
① ② ③

✿**TIP** 14-1. 파수견 기능은 개인의 표현의 자유가 아닌 언론 기관의 표현의 자유를 의미한다.
14-2. 주어진 지문으로는 알 수 없는 내용이다.
14-3. 주어진 지문으로는 알 수 없는 내용이다.

15

자본 구조가 기업의 가치와 무관하다는 명제로 표현되는 모딜리아니-밀러 이론은 완전 자본 시장 가정, 곧 자본 시장에 불완전성을 가져올 수 있는 모든 마찰 요인이 전혀 없다는 가정에 기초한 자본 구조 이론이다. 이 이론에 따르면, 기업의 영업 이익에 대한 법인세 등의 세금이 없고 거래 비용이 없으며 모든 기업이 완전히 동일한 정도로 위험에 처해 있다면, 기업의 가치는 기업 내부 여유 자금이나 주식 같은 자기 자본을 활용하든지 부채 같은 타인 자본을 활용하든지 간에 어떤 영향도 받지 않는다. 모딜리아니-밀러 이론은 현실적으로 타당한 이론을 제시했다기보다는 현대 자본 구조 이론의 출발점을 제시하였다는 데 중요한 의미가 있다.

15-1 모딜리아니-밀러 이론은 현대 자본 구조 이론의 출발점을 제시하였다.　① ② ③

15-2 상충 이론이란 부채의 사용에 따른 편익과 비용을 비교하여 기업의 최적 자본 구조를 결정하는 이론이다.　① ② ③

15-3 모딜리아니-밀러 이론은 완전 자본 시장을 가정한다.　① ② ③

❀**TIP** 15-1. 주어진 지문의 내용과 일치한다.
　　　　15-2. 주어진 지문으로는 알 수 없는 내용이다.
　　　　15-3. 주어진 지문의 내용과 일치한다.

ANSWER 〉 13-1.② 13-2.① 13-3.③ 14-1.② 14-2.③ 14-3.③ 15-1.① 15-2.③ 15-3.①

16

> 조선왕조의 정치가 양반관료체제로 귀결된 것은 지배 신분층의 확대라는 역사적 변화과 밀접하게 관련되어 있다. 중소 지주층의 대부분이 신분적으로 관인이 될 수 있는 자격을 획득한 조건 아래서 그들의 정치 참여 욕구를 수렴하려면, 체제의 운영 방식이 보다 많은 수의 참여를 가져와야 했다. 고려시대에 비하여 관료제도가 더 발달하고 관료의 선발 방식으로서의 과거제도가 활성화된 까닭이 바로 여기에 있다. 정치체제의 기반이 그러한 역사적 조건을 가진 이상, 국체가 왕정으로 내세워졌다 하더라도 전제왕권은 일시적인 것에 그치지 않을 수 없었다.

16-1 조선왕조의 정치가 양반관료체제로 귀결된 이유는 양반들의 막강한 권력 때문이었다.
① ② ③

16-2 조선시대는 고려시대에 비하여 관료제도가 더 발달하였다. ① ② ③

16-3 조선시대는 양인들도 과거시험에 응시할 수 있는 자격을 가졌다. ① ② ③

> ✿TIP 16-1. 조선왕조의 정치가 양반관료체제로 귀결된 것은 지배 신분층의 확대라는 역사적 변화과 밀접하게 관련되어 있다.
> 16-2. 고려시대에 비하여 관료제도가 더 발달하고 관료의 선발 방식으로서의 과거제도가 활성화된 까닭이 바로 여기에 있다.
> 16-3. 주어진 지문으로는 알 수 없는 내용이다.

17

> 파시즘과 유사한 정치 행태들과 진정한 파시즘 사이의 경계를 명확하게 긋지 않고는 파시즘을 제대로 이해할 수 없다. 고전적 독재가 시민들을 단순히 억압해 침묵시킨 것과 달리, 파시즘은 대중의 열정을 끌어모아 내적 정화와 외적 팽창이라는 목표를 향해 국민적 단결을 강화하는 기술을 찾아냈다. 이 점에서 파시즘은 민주주의가 실패함으로써 나타난 아주 새로운 현상이다. 따라서 민주주의 성립 이전의 독재에는 '파시즘'이라는 용어를 사용하면 안 된다. 고전적 독재는 파시즘과 달리 대중적 열광을 이용하지 않으며 자유주의 제도를 제거하고자 하지 않는다.

17-1 파시즘은 시민들을 단순히 억압해 침묵시킨 것이다. ① ② ③

17-2 파시즘은 민주주의의 실패로 인해 나타난 현상으로 고전적 독재와는 다르다. ① ② ③

17-3 민주주의 성립 이전의 독재에는 파시즘이라는 용어를 사용하면 안 된다. ① ② ③

> ✿TIP 17-1. 고전적 독재가 시민들을 단순히 억압해 침묵시킨 것과 달리, 파시즘은 대중의 열정을 끌어모아 내적 정화와 외적 팽창이라는 목표를 향해 국민적 단결을 강화하는 기술을 찾아냈다.
> 17-2. 주어진 지문의 내용과 일치한다.
> 17-3. 주어진 지문의 내용과 일치한다.

18

어떤 동위원소들은 우라늄처럼 붕괴하여 다른 원소가 되기도 한다. 이와 달리 붕괴하지 않는 동위원소를 '안정적 동위원소'라고 한다. 원소들 중에 안정적 동위원소를 갖지 않는 것은 20가지인데 자연에 존재하는 전체 원소의 약 4분의 1에 해당한다. 각 원소들이 가지는 동위원소의 수를 조사해보면 중요한 규칙성을 발견할 수 있다. 홀수의 원자번호를 갖는 원소보다는 짝수의 원자번호를 갖는 원소가 훨씬 많은 동위원소를 가지고 있으며, 몇 가지 사례를 제외하고는 원자번호가 짝수인 원소는 원자량도 짝수가 된다는 것을 알 수 있다. 안정적 동위원소를 갖지 않는 원소 가운데는 베릴륨만이 원자번호가 4로 짝수이고 나머지 원소는 모두 홀수의 원자번호를 가지고 있다.

18-1 자연에 존재하는 전체 원소는 약 80가지이다.　① ② ③

18-2 붕괴되는 동위원소를 '안정적 동위원소'라고 한다.　① ② ③

18-3 원자번호가 짝수인 모든 원소는 원자량도 짝수가 된다.　① ② ③

❀**TIP** 18-1. 원소들 중에 안정적 동위원소를 갖지 않는 것은 20가지인데 자연에 존재하는 전체 원소의 약 4분의 1에 해당한다고 하였으므로 자연에 존재하는 전체 원소는 약 80가지라는 것을 알 수 있다.

18-2. 붕괴하지 않는 동위원소를 '안정적 동위원소'라고 한다.

18-3. 몇 가지 사례를 제외하고는 원자번호가 짝수인 원소는 원자량도 짝수가 된다는 것을 알 수 있다.

19

최근 미국 국립보건원은 벤젠 노출과 혈액암 사이에 연관이 있다고 보고했다. 직업안전보건국은 작업장에서 공기 중 벤젠 노출 농도가 1ppm을 넘지 말아야 한다는 한시적 긴급 기준을 발표했다. 당시 법규에 따른 기준은 10ppm이었는데, 직업안전보건국은 이 엄격한 새 기준이 영구적으로 정착되길 바랐다. 그런데 벤젠 노출 농도가 10ppm 이상인 작업장에서 인명피해가 보고된 적은 있지만 그보다 낮은 노출 농도에서 인명피해가 있었다는 검증된 데이터는 없었다. 그럼에도 불구하고 직업안전보건국은 벤젠이 발암물질이라는 이유를 들어, 당시 통용되는 기기로 쉽게 측정할 수 있는 최소치인 1ppm을 기준으로 삼아야 한다고 주장했다.

19-1 법규에 따른 벤젠 노출 농도는 10ppm이고 한시적 긴급 기준은 1ppm이다.   ① ② ③

19-2 직업안전보건국은 법규에 따른 기준인 10ppm이 지속되기를 원했다.   ① ② ③

19-3 대법원은 직업안전보건국이 제시한 1ppm의 기준이 지나치게 엄격하다고 판결하였다.
   ① ② ③

✷**TIP** 19-1. 주어진 지문의 내용과 일치한다.
      19-2. 당시 법규에 따른 기준은 10ppm이었는데, 직업안전보건국은 이 엄격한 새 기준이 영구적으로 정착되길 바랐다.
      19-3. 주어진 지문으로는 알 수 없는 내용이다.

20

분명 인간은 의식주라는 생물학적 욕구와 물질적 가치의 추구 외에 정신적 가치들을 추구하며 사는 존재이다. 그렇다고 이것이 그대로 인문학의 가치를 증언하는 것은 아니다. 그 이유는 무엇보다 인문적 활동 자체와 그것에 대한 지식 혹은 인식을 추구하는 인문학은 구별되기 때문이다. 춤을 추고 노래를 부르거나 이야기를 하는 등의 제반 인간적 활동에 대한 연구와 논의를 하는 이차적 활동인 인문학, 특히 현대의 인문학처럼 고도로 추상화된 이론적 논의들이 과연 인간적 삶을 풍요롭게 해주느냐가 문제이다.

20-1 인간이 정신적 가치들을 추구하는 존재라는 것이 인문학의 가치를 증언한다. ① ② ③

20-2 인문적 활동 자체와 인문학은 구별되는 개념이다. ① ② ③

20-3 현대의 인문학은 인간적 삶을 풍요롭게 해주고 있다. ① ② ③

※**TIP** 20-1. 분명 인간은 의식주라는 생물학적 욕구와 물질적 가치의 추구 외에 정신적 가치들을 추구하며 사는 존재이다. 그렇다고 이것이 그대로 인문학의 가치를 증언하는 것은 아니다.

20-2. 인문적 활동 자체와 그것에 대한 지식 혹은 인식을 추구하는 인문학은 구별된다.

20-3. '현대의 인문학처럼 고도로 추상화된 이론적 논의들이 과연 인간적 삶을 풍요롭게 해주느냐가 문제이다.'라고 제시되어 있기 때문에 풍요롭게 해주는지는 알 수 없다.

ANSWER 〉 19-1.① 19-2.② 19-3.③ 20-1.② 20-2.① 20-3.③

21

바이러스란 스스로는 증식할 수 없고 숙주 세포에 기생해야만 증식할 수 있는 감염성 병원체를 일컫는다. 바이러스는 자신의 존속을 위한 최소한의 물질만을 가지고 있기 때문에 거의 모든 생명 활동에서 숙주 세포를 이용한다. 바이러스를 구성하는 기본 물질은 유전 정보를 담은 유전 물질과 이를 둘러싼 단백질 껍질이다.

1915년 영국의 세균학자 트워트는 포도상 구균을 연구하던 중, 세균 덩어리가 녹는 것처럼 투명하게 변하는 현상을 관찰했다. 뒤이어 1917년 프랑스에서 활동하던 데렐은 이질을 연구하던 중 환자의 분변에 이질균을 녹이는 물질이 포함되어 있다는 것을 발견하고, 이 미지의 존재를 '박테리오파지'라고 불렀다. 박테리오파지는 바이러스의 일종으로 '세균을 잡아먹는 존재'라는 뜻이다.

박테리오파지는 증식을 위해 세균을 이용한다. 박테리오파지가 세균을 만나면 우선 꼬리 섬유가 세균의 세포막 표면에 존재하는 특정한 단백질, 다당류 등을 인식하여 복제를 위해 이용할 수 있는 세균인지의 여부를 확인한다. 그리고 이용이 가능한 세균일 경우 갈고리 모양의 꼬리 섬유로 세균의 표면에 단단히 달라붙는다. 세균 표면에 자리를 잡은 박테리오파지는 머리에 들어 있는 유전 물질만을 세균 내부로 침투시킨다. 세균 내부로 침투한 박테리오파지의 유전 물질은 세균 내부의 DNA를 분해한다. 그리고 세균의 내부 물질과 여러 효소 등을 이용하여 새로운 박테리오파지를 형성할 유전 물질과 단백질을 만들어 낸다. 이렇게 만들어진 유전 물질과 단백질이 조립되면 새로운 박테리오파지가 복제되는 것이다.

〈보기〉
박테리오파지는 세균을 숙주 세포로 삼아서 기생하는 바이러스이다. (옳다)

① ○   ② ×

✿**TIP** ① 바이러스는 숙주 세포에 기생해야만 증식할 수 있다고 하였고, 박테리오파지는 바이러스의 일종이라고 하였으므로 '옳다'라고 한 것은 옳다.

22

CPU나 램은 내부의 미세 회로 사이를 오가는 전자의 움직임만으로 데이터를 처리하는 반도체 재질이기 때문에 고속으로 동작이 가능하다. 그러나 HDD는 원형의 자기디스크를 물리적으로 회전시키며 데이터를 읽거나 저장하기 때문에 자기디스크를 아무리 빨리 회전시킨다 해도 반도체의 처리 속도를 따라갈 수 없다. 게다가 디스크의 회전 속도가 빨라질수록 소음이 심해지고 전력 소모량이 급속도로 높아지는 단점이 있다. 이 때문에 CPU와 램의 동작 속도가 하루가 다르게 향상되고 있는 반면, HDD의 동작 속도는 그렇지 못했다.

그래서 HDD의 대안으로 제시된 것이 바로 'SSD(Solid State Drive)'이다. SSD의 용도나 외관, 설치 방법 등은 HDD와 유사하다. 하지만 SSD는 HDD가 자기디스크를 사용하는 것과 달리 반도체를 이용해 데이터를 저장한다는 차이가 있다. 그리고 물리적으로 움직이는 부품이 없기 때문에 작동 소음이 작고 전력 소모가 적다. 이런 특성 때문에 휴대용 컴퓨터에 SSD를 사용하면 전지 유지 시간을 늘릴 수 있다는 이점이 있다.

〈보기〉
HDD는 데이터 처리 방식의 한계 때문에 속도의 향상이 더딘 편이었다. (그르다)

① ○   ② ×

✿**TIP** 'HDD는 원형의 자기디스크를 물리적으로 회전시키며 데이터를 읽거나 저장하기에, 자기디스크를 아무리 빨리 회전시킨다 해도 반도체의 처리 속도를 따라갈 수 없다. ~ 이 때문에 HDD의 동작 속도는 그렇지 못했다.'라는 내용을 통해 보기의 내용을 '그르다'라고 한 것은 옳지 않다.

23

　　대상을 있는 그대로 재현하는 데 중점을 두었던 과거의 작가들과 달리 현대의 많은 작가들은 자신이 인식하고 해석한 세계를 표현하는 것에 중점을 두었다. 그중, M. C. 에서는 기하학적 표현을 활용하여 공간에 대한 자기만의 새로운 인식을 표현한 작가이다.

　　에서는 먼저 '평면의 규칙적 분할'을 활용하여 2차원의 평면 구조를 표현하는 것에 관심을 가졌다. 우선 그는 새, 물고기 등 구체적이고 일상적인 사물들을 단순화하여 평면 구조를 표현하기 위한 기본 형태로 설정했다. 이것을 반복하여, 상하좌우로 평행 이동시키거나 한 지점을 축으로 다양한 각도로 회전시키기도 하고, 평행 이동한 후 거울에 비친 것처럼 반사시키기도 하면서 분할된 평면을 빈틈없이 채웠다. 또한 기본 형태를 점점 축소하거나 확대하는 과정을 반복하여 평면을 무한히 분할하는 듯한 효과를 주어 평면이 가진 무한성을 드러내고자 하였다.

〈보기〉

에서는 대상을 있는 그대로 재현하기 위해 기하학적 표현을 활용하였다. (알 수 없다.)

① ○　　　　　　　　　　　　　② ×

❀**TIP**　'대상을 있는 그대로 재현하는 데 중점을 두었던 과거의 작가들과 달리'를 통해 에서가 대상을 있는 그대로 재현하지 않았음을 알 수 있으므로 '알 수 없다'라고 한 것은 옳지 않다.

24

조합 논리 회로이든 순차 논리 회로이든 디지털 회로의 설계는 다양한 논리 게이트들을 얼마나 효율적으로 연결하느냐가 중요하다. 가장 기본적인 논리 게이트로는 NOT 게이트, AND 게이트, OR 게이트가 있다. NOT 게이트는 보통 인버터라 부르며 출력 값이 입력 값과 반대가 되도록 변환한다. 예를 들어 입력 값이 0이면 출력 값은 1이고 입력 값이 1이면 출력 값은 0이 된다. 따라서 입력 가능한 조합은 1과 0, 두 개뿐이다. AND 게이트는 입력 단자를 통해 들어오는 입력 값이 모두 1일 때만 출력 값이 1이고, 만일 한 개라도 0이면 출력 값은 0이 된다. OR 게이트는 입력 값이 어느 하나라도 1이면 출력 값이 1이 되고, 입력 값이 모두 0일 때만 출력 값이 0이 된다. 논리 게이트들의 입력 가능한 조합의 수는 2의 거듭제곱을 따른다. 즉 입력 단자가 2개면 입력 가능 조합은 4개, 입력 단자가 3개면 입력 가능 조합은 8개가 된다.

논리 게이트의 입력과 출력은 전기적 신호가 바뀌는 모습으로 나타낼 수 있다. 아래 그림은 AND 게이트에 입력 신호가 들어왔을 때, 어떤 출력 신호가 나오는지 나타낸 것이다. A와 B의 파형이 각각의 입력 단자에 들어올 때, AND 게이트는 F와 같은 파형을 출력하게 된다. 여기서 파형이란 0과 1에 해당하는 전기적 신호(0V와 5V)가 시간에 따라 연속적으로 바뀌는 모습을 표현한 것을 말한다. 다른 게이트들도 이와 마찬가지로 전기적 신호가 바뀌는 모습을 표현하여 입력 신호와 출력 신호로 나타낼 수 있다.

〈보기〉

NOT 게이트, AND 게이트, OR 게이트에서 입력 값이 모두 0이면 각각의 출력 값은 모두 0이다. (알 수 없다.)

① ○   ② ×

✤**TIP** NOT 게이트, AND 게이트, OR 게이트에서 입력 값이 모두 0이면 각각의 출력 값은 NOT 게이트는 1, AND 게이트는 0, OR 게이트는 0이다.
NOT 게이트는 출력 값이 입력 값과 반대가 되도록 변환하기 때문에 입력 값이 0이면 출력 값은 1이다.
이는 제시된 내용에서 찾을 수 있으므로 '알 수 없다'라고 한 것은 옳지 않다.

25

가사심판이란 가사사건에 대해서 통상의 소송구조와 절차에 의하지 않고 사건의 개성에 가장 적합한 법적 해결을 보기 위해 비송적 절차에 의한 재판을 할 수 있도록 만들어진 제도이다. 이는 그 대상이 가정이나 가족 내의 부부·친자·형제자매 등 애정이나 혈연을 기초로 해서 맺어져 있는 사람들의 인간관계이므로 그 본질상 합리적·계산적으로 처리할 수 없는 감정문제나 인간성이 항상 얽혀 있기 때문이다. 따라서 가사심판은 가족공동관계 전체와의 관련성을 배려하면서도 장래에 상호 협조성이 지속적으로 유지될 수 있도록 하는 인간관계의 회복에 중점을 두는 것이 필요하다.

〈보기〉

우리나라의 가사심판 제도는 사건의 특성상 비송적 절차에 의한 재판을 할 수 있도록 만들어진 세계 유일의 법적 제도이다. (옳다.)

① ○   ② ×

✿**TIP** 제시된 지문을 통해 가사심판 제도가 세계 유일의 법적 제도인지는 알 수 없기 때문에 보기의 설명에 대해 '옳다'라고 한 것은 옳지 않다.

26

경제협력개발기구(일명 OECD)는 회원국간의 경제·사회발전을 모색하고 세계 경제문제에 공동으로 대처하기 위한 정부간 정책논의 및 협의기구로 1948년 유럽경제협력기구(OEEC)가 설립되고 1961년에는 미국·캐나다 등이 가입함에 따라 현재의 OECD로 확대, 개편되었다. 이 기구는 개방된 시장경제, 다원적 민주주의 및 인권존중이라는 3대 가치관을 공유하고 있는 국가들의 정책담당자들이 모여 정책대화를 통해 경험과 의견을 교환하고 있으며 또한 사무국 전문가들의 실증적, 전문적 분석에 기초하여 정책 대화를 하여 상호간 경제정책의 개선을 촉구하거나 국제적 정책협조를 추진하기도 한다. 이 과정에서 동료간 압력을 행사하며 OECD의 정책경험을 비회원국에 전수하고 시민사회에도 전파하고 있다.

〈보기〉

OECD는 회원국의 정책담당자들이 매년 한 자리에 모여 정책대화를 통해 경험과 의견을 서로 교환하는 국제기구이다. (옳다.)

① ○   ② ×

✿**TIP** 제시된 지문을 통해 OECD가 매년 열리는가에 대해서는 알 수 없기 때문에 보기의 설명에 대해 '옳다'라고 한 것은 옳지 않다.

27

간첩이란 적국·가상적국·적대집단 등에 들어가 몰래 또는 공인되지 않은 방법으로 정보를 수집하거나 전복활동 등을 하는 자를 말하는데 첩자·밀정과 같은 뜻으로 쓰이고 있다. 역사상 간첩활동이 학문적으로 체계화된 것은 중국의 춘추전국시대에 완성된「손자병법」제13편 용간에 나타나 있다. 여기에는 간자의 종류와 활용원리가 서술되어 있으며 이것이 세계 최초의 정보수집 및 공작원리로 인정되고 있다. 우리나라에서도 이미 삼국시대부터 정보활동으로 인정될 수 있는 역사적 사례가 있는데 고구려 태무신왕 때 낙랑을 침범하기 위한 왕자 호동의 자명고 파괴작전이나 신라 눌지왕 때 일본에 억류된 왕자를 구출하기 위한 박제상의 파견, 고구려 영양왕 때 살수대첩을 이끈 을지문덕의 적정탐지 등이 그것이라 할 수 있다.

〈보기〉

고구려 장수왕 때 백제의 정세를 살피기 위해 백제로 들어간 고구려 승려 도림에 대한 일화도 우리나라의 정보활동으로 인정될 수 있는 역사적 사례 중 하나라 할 수 있다. (그르다.)

① ○   ② ×

✿**TIP** 제시된 지문을 통해 도림에 대한 일화는 알 수 없기 때문에 보기의 설명에 대해 '그르다'라고 한 것은 옳지 않다.

28

세계군인체육대회는 1948년 조직된 국제군인스포츠위원회의 주관으로 4년에 한 번 회원국을 대표하는 현역 군인들이 참가하여 스포츠맨십을 겨루는 대규모 스포츠 행사로 일명 군인올림픽으로도 불린다. 현재 총 133개국이 회원국으로 가입되어 있으며 우리나라는 1957년에 가입하였다. 이 대회의 정식종목으로는 축구·농구·골프·육상·수영·태권도·복싱 등 25개의 일반종목과 함께 대회 특성상 수류탄 투척·장애물 등의 육군 종목, 구명수영·수륙횡단 등의 해군 종목, 그리고 탈출·사격 등과 같은 공군 종목 등 이색적인 군사종목이 포함되어 있다. 그리고 2015년에는 새로 양궁·배드민턴·야구 등이 도입될 예정이다.

〈보기〉

세계군인체육대회의 정식종목에는 수류탄 투척, 수륙횡단, 탈출 등과 같은 이색적인 군사종목이 포함되어 있다. (알 수 없다.)

① ○   ② ×

✿**TIP** 제시된 지문을 통해 보기의 내용을 알 수 있기 때문에 보기의 설명에 대해 '알 수 없다'라고 한 것은 옳지 않다.

ANSWER 〉 25.② 26.② 27.② 28.②

29

천마도가 그려진 장니는 마구의 일종으로 이는 신라에서 기마풍습이 있었다는 것을 의미하기도 한다. 기마풍습은 북방 이민족들이 중국에 왕조를 세웠던 5호16국시대를 거치면서 동아시아에 널리 확산되는 모습을 보이는데 이는 이전의 전쟁이 보병을 주축으로 하던 것과는 달리 당시의 전쟁이 기마전 양상을 띠는 것과 연관된다. 고구려에서도 4세기 이후 중장기병이 기마를 할 수 있는 마구들이 정비되기 시작하고 4~5세기 고구려에 유입된 이러한 기마문화가 신라로 점차 확산된 것이다. 천마총에 부장된 천마도 장니는 바로 신라에 유입된 새로운 마구 문화의 산물이라고 볼 수 있으며 신라에서는 황남대총 남분에서부터 시작하여 천마총, 그리고 5세기 후반 고분으로 알려진 금령총에 이르기까지 장니에 금속장식이 결합되거나 여기에 그림이 그려지는 등 장니 장식이 성행하였다.

〈보기〉

기마전은 고대 중국의 전투방식 중 하나이며 이것이 활발하게 운용된 것은 5호16국시대 이후이다. (알 수 없다.)

① ○   ② ×

�轮**TIP** 제시된 지문을 통해 기마전이 고대 중국의 전투방식 중 하나라는 사실은 알 수 없기 때문에 보기의 설명에 대해 '알 수 없다'라고 한 것은 옳다.

30

가야금은 우리나라 고유의 대표적인 현악기로 총 12줄로 이루어져 있으며 옛 문헌의 한글표기에는 언제나 '가얏고'라고 되어 있다. 현재 우리가 부르는 가야금이란 말은 한자화된 명칭이다. 「삼국사기」에 의하면 가야국의 가실왕이 6세기에 당나라의 악기를 보고 만들었으며 우륵에게 명하여 12곡을 짓게 하였는데 그 뒤 가야국이 어지러워지자 우륵은 가야금을 가지고 신라 진흥왕에게로 투항하였다고 기록하고 있어 한동안 이를 가야금의 기원으로 받아들였으나 오늘날에는 삼한시대부터 사용된 민족 고유의 현악기가 가실왕 때 중국의 쟁이라는 악기의 영향을 받아 더욱 발전했다는 것을 통설로 하고 있다.

〈보기〉

가야금은 우리나라의 대표적인 현악기에 속한다. (옳다.)

① ○   ② ×

✲**TIP** 제시된 지문을 통해 가야금이 우리나라 고유의 대표적인 현악기라는 사실을 알 수 있기 때문에 보기의 설명에 대해 '옳다'라고 한 것은 옳다.

31

검무는 칼을 휘두르며 추는 춤으로 검기무 또는 칼춤이라고도 하며 그 기원에 대해서는 「동경잡기」와 「증보문헌비고」의 기록이 모두 신라 소년 황창이 백제에 들어가 칼춤을 추다가 백제의 왕을 죽이고 자기도 죽자, 신라인들이 그를 추모하기 위해 그 얼굴을 본떠 가면을 만들어 쓰고 칼춤을 추기 시작한 데서 유래되었다고 기록하고 있다. 이러한 검무는 신라시대를 거쳐 고려 말까지 성행하였다가 조선 초에 이르러 다소 주춤하였고 다만 숙종 때 김만중의 '관황창무'라는 칠언고시를 통해 기녀들에 의하여 가면 없이 연희되었음을 확인할 수 있다. 그리고 경술국치 이후 관기제도가 폐지됨에 따라 기녀들이 민간사회로 나와 그들에 의해 계속 추어졌으나 사회적인 여건으로 인해 단축되고 변질되어 본래의 형태로부터 많이 축소되었다. 현재 비교적 원형을 보존하고 있는 것으로 진주 검무가 있는데 1967년 중요무형문화재 제12호로 지정되었다.

〈보기〉

검무는 신라시대 때 가면을 쓰고 연희되다가 이후 기녀들에 의해 가면 없이 연희되었다. (알 수 없다.)

① ○   ② ×

✿**TIP** 제시된 지문을 통해 보기의 내용을 알 수 있기 때문에 보기의 설명에 대해 '알 수 없다'고 한 것은 옳지 않다.

32

금석문이란 쇠붙이나 돌붙이에다 새긴 글씨 또는 그림을 말하며 이러한 내용을 풀이하여 자체와 화풍을 연구하고 그 시대를 밝혀 인문 발달의 연원을 캐며 역사의 자료로 사용하여 미술·공예·사상 등 여러 방면의 학술적 탐구를 진행하는 것을 금석학이라 한다. 이것은 중국에서 발생하였으며 우리나라에서 이 학문에 눈을 돌리게 된 것은 그리 오래되지 않았다. 문헌으로 전하는 것은 애매한 점도 있고 진실성이 의심스러운 경우도 많이 있지만 금석문은 그 당시 사람의 손에 의하여 직접 이루어진 것이므로 가장 정확하고 진실한 역사적 자료가 된다.

〈보기〉

금석문의 대표적인 예로 중국 은나라 때의 갑골문을 들 수 있다. (옳다.)

① ○   ② ×

✿**TIP** 제시된 지문을 통해 갑골문이 금석문의 대표적인 예가 되는지는 알 수 없기 때문에 보기의 설명에 대해 '옳다'라고 한 것은 옳지 않다.

ANSWER 〉 29.① 30.① 31.② 32.②

33

　　강릉의 관노가면극은 강릉단오제 때 행해지는 탈놀이로 현재 중요무형문화재 제13호로 지정되어 있다. 이 놀이는 우리나라 가면극 전승의 주류를 이루는 산대도감 계통극과는 그 계통을 달리하는 서낭제탈놀이의 하나인데 여기에는 관노가면극 외에도 하회별신굿탈놀이를 들 수 있다. 이러한 서낭제탈놀이들은 제의적 연희의 성격을 갖고 있는 농촌형의 탈춤이라 할 수 있으며 따라서 농악대의 잡색놀이나 무의적인 탈놀이와 함께 토착적인 탈놀이의 기원에 많은 시사를 던져준다. 관노가면극은 본래 대사가 없는 묵극이었다고도 하고 약간의 재담이 있었다고도 한다. 일반 탈춤이 서민들의 울분과 양반들에 대한 반감을 풍자하고 있으나 이 놀이는 연희자들이 원래 관노들이기 때문에 대담하게 양반을 조롱하고 모독하는 내용이 없으며 따라서 대사도 원하지 않았던 것으로 보인다.

〈보기〉

　　서낭제탈놀이의 대표적인 것으로 관노가면극과 하회별신굿탈놀이가 있는데 이 중 현재 중요무형문화재로 지정된 것은 관노가면극 뿐이다. (그르다.)

① ○　　　　　　　　　　　　　② ×

❀**TIP**　제시된 지문을 통해 하회별신굿탈놀이가 중요무형문화재로 지정되었는지 여부는 알 수 없기 때문에 보기의 설명에 대해 '그르다'라고 한 것은 옳지 않다.

34

　　격구는 옛날 무관들과 민간에서 하던 무예의 한 가지로 말을 탄 채 숟가락처럼 생긴 막대기로 공을 쳐서 상대방 문에 넣는 놀이를 말하며 민간에서는 이를 공치기 또는 장치기라고 하였고 중국에서는 타구라고 불렀다. 중국에서는 북방민족인 요나라나 금나라 사람들이 이를 즐겼으며 최치원이 당나라에 머물러 있을 때에도 크게 유행하였다고 전하지만 우리나라에서는 언제부터 격구를 하였는지 확실한 기록이 없다. 이러한 격구는 고려 의종 이후에는 차차 국가적인 오락 행사가 되었으며 특히 궁중에서는 단오절에 이를 성대하게 벌였다. 조선시대에 들어와서는 세종이 격구의 의의를 강조하면서 "격구를 잘 하는 사람이라야 말타기와 활쏘기를 잘 할 수 있으며 창과 검술도 능란하게 된다."고까지 하였다. 특히 조선시대 때는 중요한 무예의 하나로 여겨 정기적인 군대 열병식에서는 반드시 이를 실시하였고 나아가 무과시험의 과목에까지 포함시켰다.

〈보기〉

　　격구가 우리나라에서 언제부터 행해졌는지에 대해 기록한 자료는 현재 찾아볼 수 없다. (알 수 없다.)

① ○   ② ×

&TIP 제시된 지문을 통해 보기의 내용을 알 수 있기 때문에 보기의 설명에 대해 '알 수 없다'라고 한 것은 옳지 않다.

35

> 간송미술관은 우리나라 최초의 사립박물관인데 일제강점기 당시 간송 전형필이 수집한 고미술품을 정리·연구·전시하여 일제에 의해 왜곡된 우리 역사를 바로잡고 민족문화의 자긍심을 되찾고자 설립되었다. 간송미술관은 1938년 전형필이 세운 보화각이 그 전신으로 이후 그 아들들이 대를 이어 1966년 간송미술관과 한국민족미술연구소로 새롭게 발족하였다. 현재 이곳에는 전적·고려청자·조선백자·불상·그림·글씨·부도·석탑 등에 걸쳐 다양한 문화재들이 소장되어 있으며 그 중에는 훈민정음·청자 상감운학문 매병·신윤복필 풍속도 화첩 등 국보 12점, 보물 10점 등의 국가지정문화재와 서울시 지정문화재 4점도 포함되어 있다. 전시회는 회화·서예·도예·서화로 나뉘어 매년 봄·가을 2주일씩 2회 개최하며 이 밖의 상설전시는 하지 않는다. 지금까지 80여 회의 전시회를 통해 약 1천여 점의 소장품이 일반에게 공개되었으며 전시회와 함께 논문집 「간송문화」를 발간하고 있다.

> 〈보기〉
>
> 간송미술관에는 현재 다수의 국보급 및 보물급 문화재들이 소장되어 있는데 이들은 모두 일제강점기에 전형필이 수집한 문화재들이다. (알 수 없다.)

① ○   ② ×

&TIP 제시된 지문을 통해 간송미술관에 소장된 다수의 국보급 및 보물급 문화재들이 모두 일제강점기에 수집된 것인지는 정확하게 알 수 없기 때문에 보기의 설명에 대해 '알 수 없다'라고 한 것은 옳다.

ANSWER 〉 33.② 34.② 35.①

36

태즈메이니아 주머니 너구리 또는 태즈메이니아 데빌은 유대류의 주머니고양이목의 동물로, 태즈메이니아 산 주머니 곰이라고도 한다. 털색은 보통 검은색 또는 암흑다색 바탕이며, 앞가슴에 흰색 달 모양 무늬가 있으며, 목·어깨 등에 작은 흰색 무늬가 있다. 기분 나쁜 울음소리 때문에 '데빌'(악마)이라는 이름이 붙었다. 태즈메이니아 데빌은 주로 오스트레일리아 태즈메이니아 섬에 분포하며, 전반적으로는 북동부에 많다. 이 동물은 건조한 숲과 나무가 많은 곳을 좋아하며 가끔씩 도로 주변에서도 발견된다.

〈보기〉
태즈메이니아 데빌은 그 울음소리로 인해 '데빌'이란 이름이 붙었다. (옳다.)

① ○   ② ×

✿**TIP** 제시된 지문을 통해 태즈메이니아 데빌이 현재 멸종 위기 종으로 분류되어 있는지를 알 수 있기 때문에 보기의 설명에 대해 '옳다'라고 한 것은 옳다.

〈보기〉
태즈메이니아 데빌은 현재 멸종 위기 종으로 분류되어 있다. (그르다.)

① ○   ② ×

✿**TIP** 제시된 지문을 통해 태즈메이니아 데빌이 현재 멸종 위기 종으로 분류되어 있는지를 알 수 없기 때문에 보기의 설명에 대해 '그르다'라고 한 것은 옳지 않다.

〈보기〉
태즈메이니아 데빌은 오스트레일리아 태즈메이니아 섬에 분포하며 태즈메이니아 주머니 너구리 또는 태즈메이니아 산 주머니 곰이라고도 부른다. (알 수 없다.)

① ○   ② ×

✿**TIP** 제시된 지문을 통해 보기의 내용을 알 수 있기 때문에 보기의 설명에 대해 '알 수 없다'라고 한 것은 옳지 않다.

37

8월 10일 미국 샌디에이고 주립대 연구진은 지구에서 약 1400광년 떨어진 거문고자리에서 두 개의 태양 주위를 도는 행성 '케플러-453b'를 발견했다. 케플러-453b는 무게가 지구의 17배가 넘고 직경은 지구의 6.2배나 된다. 태양계로 치면 목성과 같은 덩치가 큰 가스형 행성이라 생명체가 존재할 가능성은 없다. 연구팀은 케플러-453b가 우리 태양의 94%, 20% 크기의 두 항성을 지구날짜로 240일 주기로 공전한다는 사실을 알아냈다. 두 개의 태양이 행성에 어떤 영향을 미치는지에 대해서는 추가 연구를 통해 알아낼 계획이다.

〈보기〉
케플러-453b는 태양 주위를 돌고 있다. (알 수 없다.)

① ○   ② ×

※**TIP** 제시된 지문을 통해 보기의 내용을 알 수 있기 때문에 보기의 설명에 대해 '알 수 없다'라고 한 것은 옳지 않다.

〈보기〉
케플러-453b는 우리 태양의 약 94%, 80% 크기의 두 항성을 지구 날짜로 240일 주기로 공전한다. (그르다.)

① ○   ② ×

※**TIP** 제시된 지문을 통해 보기의 내용이 틀린 사실임을 알 수 있기 때문에 보기의 설명에 대해 '그르다'라고 한 것은 옳다.

〈보기〉
케플러-453b는 무게가 지구의 17배가 넘고 직경은 지구의 6.2배나 되는 가스형 행성으로 생명체가 존재할 가능성이 없다. (옳다.)

① ○   ② ×

※**TIP** 제시된 지문을 통해 보기의 내용이 옳은 사실임을 알 수 있기 때문에 보기의 설명에 대해 '옳다'라고 한 것은 옳다.

ANSWER 〉 36.①②② **37.**②①①

38

빙설기후는 지구 양극에 해당하는 지역에 나타나는데 북반구의 그린란드 내륙과 남반구의 남극대륙이 이에 해당한다. 이 기후는 만년설로 뒤덮여 빙하를 이루기 때문에 빙관기후(Ice cap climate)라고도 불리며 지구의 모든 기후구 중 가장 혹독한 기후구에 속한다. 엄청 낮은 기온과 강한 폭풍이 대표적인 현상이다. 낮은 기온은 빙설로 인한 복사냉각과 함께 해발고도(남극의 평균고도는 2,200m)가 높기 때문이다. 가장 더운 달에도 평균기온이 0도 이하를 보인다. 최한월 평균기온은 영하 51도에서 영하 34도에 이른다. 강한 바람은 급격히 냉각된 중력풍 때문에 생긴다. 남극대륙에서 부는 강력한 폭풍인 블리자드(blizzard)가 좋은 예다. 또한 이 기후대는 지상 고기압이 발달하여 공기가 건조하고 안정적이다. 강수량은 연간 130mm 이하로 사막기후와 비슷하다. 낮은 기온과 건조함으로 인해 식생이 거의 자라지 못한다. 빙설기후지역에 해당하는 북극과 남극의 지리환경을 살펴보면 북극지역은 북미와 유라시아 대륙으로 둘러싸인 해양이다. 통상 북위 66도 이상의 북극권을 말하며 다른 말로 산림성장 한계선, 빙하 남하 한계선, 영구 동토선 이북 등을 지칭하기도 한다. 기후 구분으로는 7월 평균기온이 10℃인 등온선 이북 지역을 말한다. 북극해의 면적은 1,200만㎢로 지중해의 4배 정도이고 평균 수심은 1,200m이다. 그리고 연중 두꺼운 얼음으로 덮여 있다. 하지만 최근에는 지구온난화로 인해 여름철에 얼음이 녹는 지역이 점차 늘어나고 있다. 남극은 남극해로 둘러싸여 있는 대륙으로 대륙 면적은 약 1,310만㎢(한반도의 60배) 정도이다. 남극 대륙 전체 면적의 98% 정도가 두꺼운 얼음과 눈으로 덮여 있다. 이러한 북극과 남극의 가장 큰 차이는 북극은 바다이고, 남극은 대륙이라는 점이다.

〈보기〉
빙설기후는 엄청 낮은 기온과 강한 폭풍이 대표적인 현상으로 최한월 평균기온은 영하 80도에서 영하 51도에 이른다. (그르다.)

① ○   ② ×

❀**TIP** 제시된 지문을 통해 보기의 내용이 틀렸음을 알 수 있기 때문에 보기의 설명에 대해 '그르다'라고 한 것은 옳다.

<보기>

　　최근 지구 온난화로 인해 북극해와 남극대륙의 면적이 빠른 속도로 줄어들고 있어 국제적인 노력이 시급하다. (알 수 없다.)

① ○　　　　　　　　　　　　　　② ×

❀**TIP**　제시된 지문을 통해 보기의 내용은 알 수 없기 때문에 보기의 설명에 대해 '알 수 없다'라고 한 것은 옳다.

<보기>

　　북극과 남극의 가장 큰 차이는 북극은 대륙이고 남극은 바다라는 점이다. (그르다.)

① ○　　　　　　　　　　　　　　② ×

❀**TIP**　제시된 지문을 통해 보기의 내용이 틀렸음을 알 수 있기 때문에 보기의 설명에 대해 '그르다'라고 한 것은 옳다.

39

최근 화석연료의 고갈 그리고 화석연료의 사용에 따른 지구온난화 등에 따라 재생가능에너지(renewable energy)의 중요성과 비중이 점차 높아지고 있다. 재생가능에너지란 자연 상태에서 만들어진 에너지를 일컫는데, 태양에너지, 풍력에너지, 수력에너지, 지열에너지, 생물자원에너지, 조력에너지, 파도에너지 등이 그것이다. 그러나 대부분의 재생가능에너지는 태양에너지의 변형이므로 그 양이 한정되어 있고 태양에너지의 영향을 크게 받는다. 하지만 그럼에도 불구하고 지열에너지는 재생가능에너지 중 태양에너지의 영향을 크게 받지 않는 편에 속한다. 지열(地熱)에너지는 지구가 가지고 있는 열에너지를 지칭하는데 지열에너지의 근원은 지구내부에서 우라늄, 토륨, 칼륨과 같은 방사성 동위원소가 붕괴하면서 내는 열(약 83%)과 지구 내부 물질에서 방출하는 열(약 17%)로 이루어져 있다. 지표에서 지하로 내려갈수록 지온은 상승하는데, 지하 10Km까지의 평균 지온증가율은 약 25~30도/km이다. 한편, 지구내부에서 맨틀대류에 의한 판의 경계에서는 100도 이상의 고온 지열지대가 존재하며 따라서 대부분의 지열 발전소는 판의 경계에 위치하고 있다.

〈보기〉
지열에너지는 재생가능에너지 중에서도 특히 태양에너지의 영향을 상대적으로 덜 받기 때문에 재생가능에너지 중 활용비율이 가장 높다. (그르다.)

① ○   ② ×

✿**TIP** 제시된 지문을 통해 지열에너지가 재생가능에너지 중 활용비율이 가장 높은지는 알 수 없기 때문에 보기의 설명에 대해 '그르다'라고 한 것은 옳지 않다.

> **〈보기〉**
> 　지열에너지는 지구내부에서 방사성 동위원소가 붕괴하면서 내는 열과 지구에서 반사되는 태양복사에너지로 이루어져 있다. (옳다.)

① ○　　　　　　　　　　　　　② ✕

　❀**TIP**　제시된 지문을 통해 보기의 내용이 틀렸음을 알 수 있기 때문에 보기의 설명에 대해 '옳다'라고 한 것은 옳지 않다.

> **〈보기〉**
> 　맨틀대류에 의한 판의 경계에서는 100도 이상의 고온 지열지대가 존재한다. (옳다.)

① ○　　　　　　　　　　　　　② ✕

　❀**TIP**　제시된 지문을 통해 보기의 내용을 알 수 있기 때문에 보기의 설명에 대해 '옳다'라고 한 것은 옳다.

ANSWER 〉 39.②②①

40

금융거래는 자금공급자로부터 자금수요자로 자금이 이동하는 형태에 따라 직접금융과 간접금융으로 구분된다. 직접금융은 자금수요자가 자기명의로 발행한 증권을 자금공급자에게 팔아 자금공급자로부터 자금을 직접 조달하는 거래이고, 간접금융은 은행과 같은 금융 중개 기관을 통하여 자금이 공급자에게서 수요자에게로 이동되는 거래이다. 직접금융의 대표적인 수단으로 주식·채권 등이 있으며 간접금융거래의 대표적인 수단으로 예금과 대출 등이 있다. 간접금융 또는 주거래은행제도는 다음과 같은 특징을 지닌다. 첫째, 은행과 고객기업 간에는 장기적 거래관계가 있다. 둘째, 은행은 고객기업의 결제구좌의 보유나 회사채 수탁업무 등을 통해 시장이나 다른 금융기관이 입수하기 힘든 기업의 내부정보를 얻어 동 기업이 일시적인 경영위기에 봉착했는가 아니면 근본적인 경영파산 상태에 빠져 있는가 등을 분별해낼 수 있다. 셋째, 은행은 위와 같은 기업 감시 활동을 통해 근본적인 경영파산 상태에 놓인 기업을 중도에 청산시키거나 계속기업으로서 가치가 있으나 일시적인 경영위기에 봉착한 기업을 구제할 수 있다. 그 외에도 은행은 다른 금융기관이나 예금자의 위임된 감시자로서 활동하여 정보의 효율성을 향상시킬 수도 있는데, 상대적인 의미에서 이들은 직접금융을 위주로 하는 시장지향형 경제시스템에서 흔치 않은 경험적 사실이라 하겠다.

〈보기〉
금융거래는 자금 이동 형태에 따라 직접금융과 간접금융으로 구분된다. (그르다.)

① ○   ② ×

❀**TIP** 제시된 지문을 통해 보기의 내용이 옳은 사실임을 알 수 있기 때문에 보기의 설명에 대해 '그르다'라고 한 것은 옳지 않다.

〈보기〉

　　직접금융의 대표적인 수단으로 예금과 대출 등이 있으며 간접금융거래의 대표적인 수단으로 주식·채권 등이 있다. (그르다.)

① ○　　　　　　　　　　　　　② ×

❀TIP 제시된 지문을 통해 보기의 내용이 틀린 사실임을 알 수 있기 때문에 보기의 설명에 대해 '그르다'라고 한 것은 옳다.

〈보기〉

　　과거 우리나라 기업의 자금조달 방식을 살펴보면, 주요 선진국에 비해 간접금융이 차지하는 비중이 높았다. (그르다.)

① ○　　　　　　　　　　　　　② ×

❀TIP 제시된 지문을 통해 보기의 내용을 알 수 없기 때문에 보기의 설명에 대해 '그르다'라고 한 것은 옳지 않다.

ANSWER 〉 40.②①②

41

거란도는 발해시대의 주요 대외교통로로서 「신당서」 발해전에는 수도인 상경을 중심으로 하여 각 방면에 이르는 교통로를 설명하고 있는데 그 가운데 부여부는 거란으로 가는 길이라고 하였다. 요나라의 태조가 발해를 공격할 때 먼저 부여성을 함락시킨 뒤 홀한성을 공격한 것이라든가, 부여부에는 항상 날랜 병사를 주둔시켜 거란을 방비하였다는 「신당서」의 기록들로 말미암아 발해와 거란의 교통에는 반드시 부여부를 거쳐야 함을 나타낸 것이다. 그 구체적인 경로는 상경에서 숭령을 지나 부여부에 이르고 여기에서 다시 몇 개의 지역을 거친 다음 거란의 도성인 임황(지금의 임동현)에 이르게 된다. 그러나 부여부에서 임황에 이르는 경로에 대해서는 여러 가지 견해가 있는데 이는 학자마다 부여부의 위치를 서로 다른 곳으로 추정하고 있기 때문이다.

〈보기〉
부여부는 발해에서 거란으로 가는 발해시대 주요 대외교통로 중 하나이다. (알 수 없다.)

① ○   ② ×

❊**TIP** 제시된 지문을 통해 보기의 내용이 옳은 사실임을 알 수 있기 때문에 보기의 설명에 대해 '알 수 없다'라고 한 것은 옳지 않다.

〈보기〉
부여부에서 거란의 도성인 임황으로 가는 경로에 대해서는 여러 가지 견해가 있는데 이는 그만큼 발해와 거란과의 무역이 활발했음을 보여주는 증거이다. (알 수 없다.)

① ○   ② ×

❊**TIP** 제시된 지문을 통해 보기의 내용이 틀린 사실임을 알 수 있기 때문에 보기의 설명에 대해 '알 수 없다'라고 한 것은 옳지 않다.

〈보기〉
거란도에 대한 기록은 「신당서」 발해전에서만 찾을 수 있다. (알 수 없다.)

① ○   ② ×

❊**TIP** 제시된 지문을 통해 보기의 내용을 알 수 없기 때문에 보기의 설명에 대해 '알 수 없다'라고 한 것은 옳다.

42

가락바퀴는 '방추차'라고도 하며 신석기 시대에서 청동기 시대에 걸쳐 사용된 원시적인 방적구 중 하나이다. 즉 짧은 섬유의 경우는 섬유를 길게 이으며 뒤 꼬임을 주어 실을 만들고 긴 섬유의 경우는 꼬임만을 주어 실을 만드는 방적구의 가장 원시적인 형태라고 할 수 있다. 우리나라에서는 황해도 봉산군 문정면 지탑리, 평안남도 용강군 해운면 궁산리, 강원도 양양군 손양면 오산리, 한강 중류의 여주시 점동면 흔암리 유적에서 출토되었다. 가락바퀴는 그 중앙에 둥근 구멍이 뚫려 있는데 그 구멍을 통하여 가락바퀴의 축이 될 막대를 넣어 고정시킨 상태로 만들어서 완성시킨다. 막대의 위쪽 끝에는 갈퀴를 만들어 둔다.

〈보기〉
가락바퀴는 중세에 이르러 물레로 발전하였다. (옳다.)

① ○   ② ×

❈**TIP** 제시된 지문을 통해 보기의 내용을 알 수 없기 때문에 보기의 설명에 대해 '옳다'라고 한 것은 옳지 않다.

〈보기〉
가락바퀴는 시대와 장소에 따라 그리고 형태에 따라 다양하게 나타난다. (옳다.)

① ○   ② ×

❈**TIP** 제시된 지문을 통해 보기의 내용을 알 수 없기 때문에 보기의 설명에 대해 '옳다'라고 한 것은 옳지 않다.

〈보기〉
여주시 점동면 흔암리 유적은 가락바퀴가 출토된 곳 중 가장 남쪽에 위치한다. (옳다.)

① ○   ② ×

❈**TIP** 제시된 지문을 통해 보기의 내용을 알 수 없기 때문에 보기의 설명에 대해 '옳다'라고 한 것은 옳지 않다.

ANSWER 〉 41.②②① 42.②②②

43

봉수는 햇불과 연기로써 급한 소식을 전하던 전통시대의 통신제도로 높은 산에 올라가 불을 피워 낮에는 연기로, 밤에는 불빛으로 신호하는 방식이었다. 봉수제도는 우역제와 더불어 신식우편과 전기통신이 창시되기 이전의 전근대국가에서는 가장 중요하고 보편적인 통신방법이었는데 역마나 인편보다 시간적으로 단축되었고, 신속한 효용성을 발휘하여 지방의 급변하는 민정상황이나 국경지방의 적의 동태를 상급기관인 중앙의 병조에 쉽게 연락할 수 있었기 때문이다. 보통 봉수제는 국가의 정치·군사적인 전보기능을 목적으로 설치되었는데 우리나라에서 군사적인 목적으로 설치된 봉수제가 처음 문헌기록에 나타난 시기는 고려 중기 무렵이다. 이후 조선이 건국되면서 조선의 지배층들은 고려시대 봉수제를 이어받았는데 특히 세종 때에는 종래에 계승되어 온 고려의 봉수제를 바탕으로 하고 중국의 제도를 크게 참고하여 그 면모를 새롭게 하였다. 하지만 이러한 봉수제는 시간이 지날수록 점점 유명무실하게 되었고 결국 임진왜란이 일어나자 이에 대한 대비책으로 파발제가 등장하게 되었다. 봉수는 경비가 덜 들고 신속하게 전달할 수 있는 장점이 있으나 적정을 오직 5거의 방법으로만 전하여, 그 내용을 자세히 전달할 수 없어 군령의 시달이 어렵고 또한 비와 구름·안개로 인한 판단곤란과 중도단절 등의 결점이 있었다. 반면에 파발은 경비가 많이 소모되고 봉수보다는 전달속도가 늦은 결점이 있으나 문서로써 전달되기 때문에 보안유지는 물론 적의 병력 수·장비·이동상황 그리고 아군의 피해상황 등을 상세하게 전달할 수 있는 장점이 있었다.

〈보기〉
봉수제는 조선시대 초기 그 제도가 확립되어 시간이 지날수록 군사적인 측면에서 큰 역할을 하였다. (알 수 없다.)

① ○   ② ×

✪ **TIP** 제시된 지문을 통해 보기의 내용이 틀린 사실임을 알 수 있기 때문에 보기의 설명에 대해 '알 수 없다'라고 한 것은 옳지 않다.

① ○ 　　　　　　　　　　　② ×

❀TIP　제시된 지문을 통해 보기의 내용은 알 수 없기 때문에 보기의 설명에 대해 '옳다'라고 한
　　　것은 옳지 않다.

① ○ 　　　　　　　　　　　② ×

❀TIP　제시된 지문을 통해 보기의 내용이 옳은 사실임을 알 수 있기 때문에 보기의 설명에 대해 '
　　　그르다'라고 한 것은 옳지 않다.

44

   일반적으로 감기라는 말은 독감을 포함한 상기도 감염증을 총괄하여 지칭하기도 하는데 병리학적으로는 감기와 독감은 병을 일으키는 바이러스의 종류와 그 증세에 있어 차이를 보인다. 감기의 경우, 그 증상은 보통 재채기, 두통, 피로감, 몸이 떨리며 춥고, 목이 아프고, 코의 염증(비염), 콧물 등의 증상이 나타나는데 열은 없으며 이러한 증상이 며칠 정도 지속된다. 초기에는 콧물이 나오기 시작하여 점차 그 양이 많아지고 농도가 짙어지며 기침과 함께 가래가 나오기도 한다. 감기를 일으키는 바이러스는 현재까지 약 1백여 종 이상으로 알려져 있는데 한 가지 바이러스가 경우에 따라서는 여러 가지 다양한 증상을 일으킬 수도 있어 원인이 되는 바이러스를 알아내기가 어렵다. 또한 동일한 증상이라도 원인균은 환자의 연령, 거주지, 발병 시기 및 사회적 조건에 따라 다르다. 그러나 대개의 경우 충분한 휴식을 취하고 적절한 수분섭취로 증상을 완화시켜 주면 통상 3~4일 정도면 증상이 소실되고 저절로 나아지는 질병이다. 감기는 호흡기를 통하여 감염되므로 전염력이 매우 강하다. 따라서 감기가 발생하였을 때는 전염방지를 위한 특별한 위생관리가 필요하다. 치료는 충분한 휴식을 취하고 적절한 수분섭취로 증상을 완화시켜 주며, 콧물·두통 등의 증세를 완화시키기 위한 약물을 복용하거나, 2차 감염을 방지하기 위한 항생제를 복용하는 경우가 있다. 반면 독감은 인플루엔자 바이러스라는 특정한 바이러스의 감염증이다. 인플루엔자는 보통의 감기와는 달리 고열이 나고 전신근육통과 쇠약감이 아주 심하다는 특징이 있으며, 무엇보다도 2차 감염·뇌염·심근염 등의 심각한 합병증의 우려가 있기 때문에 주의를 요한다. 특히 독감에 걸리게 되면 기관지의 점막이 손상되고, 이러한 손상을 통해서 일반세균의 2차 감염이 일어나 세균성 폐렴에 걸릴 가능성이 있다. 독감이 걸린 후의 예후는 이러한 2차 감염이 오는가 여부에 달려 있다. 독감은 소아·노인 등에서 심하게 발병하여 때로는 사망의 원인이 되기도 한다.

〈보기〉
감기는 호흡기를 통하여 감염되므로 특별한 위생관리가 필요하다. (옳다.)

① O   ② ×

❀**TIP** 제시된 지문을 통해 보기의 내용이 옳은 사실임을 알 수 있기 때문에 보기의 설명에 대해 '옳다'라고 한 것은 옳다.

〈보기〉

독감에 걸려 사망한 사람들 중 대다수는 2차 감염으로 생긴 세균성 폐렴이 그 원인이다. (알 수 없다.)

① ○   ② ✕

✿TIP 제시된 지문을 통해 보기의 내용은 알 수 없기 때문에 보기의 설명에 대해 '알 수 없다'라 고 한 것은 옳다.

〈보기〉

감기 바이러스와는 달리 독감 바이러스는 인플루엔자 바이러스라는 특정한 바이러스 이기 때문에 바이러스의 퇴치가 쉬운 편이다. (알 수 없다.)

① ○   ② ✕

✿TIP 제시된 지문을 통해 보기의 내용은 알 수 없기 때문에 보기의 설명에 대해 '알 수 없다'라 고 한 것은 옳다.

45

가마는 조그마한 집 모양으로 생긴 운송수단으로 안에 사람이 들어앉고, 앞뒤에서 두 사람 또는 네 사람이 밑에 붙은 가마채를 손으로 들거나 끈으로 매어 운반한다. 대개 가마뚜껑과 가마바탕 및 가마채로 이루어지고, 여기에 방석이 곁들여진다. 가마의 범주에 드는 것은 연·덩·가교·사인교·보교 등이 있다. 가마가 언제부터 생겨난 것인지는 확실히 알 수 없지만 신라시대 기와에 바퀴 달린 연 비슷한 것이 새겨진 것이나 고구려의 안악3호분 전실 서측 벽에 있는 주인도와 부인도에 호화로운 가마에 앉아 있는 주인과 부인의 모습이 각각 그려져 있는 것으로 보아 이미 삼국시대 이전에 존재했던 것으로 판단된다. 「고려도경」에도 채여·견여 등을 비롯한 고려시대의 가마에 대해 언급되어 있고 조선시대에는 특히 관리들의 품계에 따라 수레나 가마를 타는 데 차등을 두었던 교여지제가 있었다. 이에 따르면, 평교자는 일품과 기로(60세 이상의 노인), 사인교는 판서 또는 그에 해당하는 관리, 초헌은 종2품 이상, 사인남여는 종2품의 참판 이상, 남여는 3품의 승지와 각 조의 참의 이상, 장보교는 하급관원이 탔다. 한편 가마를 타고 대궐의 문 안에까지 들어갈 수 있었던 사람은 삼정승과 조선 말기의 청나라 공사에 한정되었다.

〈보기〉
조선시대 때 60세 이상의 노인들은 평교자를 이용할 수 있었다. (그르다.)

① ○   ② ×

✿**TIP** 제시된 지문을 통해 보기의 내용은 옳은 사실임을 알 수 있기 때문에 보기의 설명에 대해 '그르다'라고 한 것은 옳지 않다.

〈보기〉

조선시대 좌의정은 가마를 타고 대궐의 문 안까지 들어갈 수 있었다. (옳다.)

① ○　　　　　　　　　　　　　　　② ×

❋**TIP** 제시된 지문을 통해 보기의 내용이 옳은 설명임을 알 수 있기 때문에 보기의 설명에 대해 '옳다'라고 한 것은 옳다.

〈보기〉

조선시대에는 관리들의 품계에 따라 수레나 가마를 타는 데 차등을 두는 교어지제가 있었다. (알 수 없다.)

① ○　　　　　　　　　　　　　　　② ×

❋**TIP** 제시된 지문을 통해 보기의 내용이 옳은 설명임을 알 수 있기 때문에 보기의 설명에 대해 '알 수 없다'라고 한 것은 옳지 않다.

46

가마우지는 가마우지과에 속하는 바닷새로 우리나라에는 가마우지 · 민물가마우지 · 쇠가마우지 등 3종이 알려져 있지만 세계적으로는 30종이 보고되어 있다. 몸 색깔은 암수 흑색에 남녹색의 금속광택이 있고, 부리의 주위에서 눈의 주위는 피부가 노출되어 황색 피부의 노출부의 바깥쪽과 얼굴 및 목은 흰색에 녹흑색의 작은 반점이 있다. 가마우지의 알은 담청색에 반점이 없고 표면은 대부분 백색의 석회질로 덮여 있는데 그 모양은 긴 타원형이다. 가마우지류는 집단으로 번식하고 집단으로 이동하는 사회성이 높은 새로 번식기에는 수컷이 집 재료를 모으고 암컷이 집을 짓는데, 주로 바위 위에 지으며 마른풀이나 해초를 주재료로 쓴다. 산란기는 5월 하순에서 7월로 한배의 산란 수는 4, 5개이다. 먹이는 주로 물고기로 어미가 먹이를 집에 가져오면 새끼는 어미의 입속에 머리를 깊이 박고 꺼내 먹는다. 우리나라 · 일본 · 대만 등지에 분포하며, 우리나라에서는 특히 울릉도와 제주도에 많이 서식한다. 「동의보감」에 의하면 가마우지의 성(性)이 냉하고 유독하므로 뜨거운 물이나 불에 덴 데에 약으로 쓰는데 물가의 돌 위에 똥이 자색의 꽃처럼 되어 있어 이것을 긁어모아 기름에 섞어서 바른다고 하였다. 또, 어린이의 감질(젖먹이의 조절을 잘못하여 체하여 생기는 병)에는 이것을 분말로 갈아서 멧돼지 간을 구워 찍어 먹으면 특효가 있다고 하였다.

〈보기〉
가마우지는 우리나라에서 천연기념물로 지정되어 있다. (그르다.)

① ○   ② ×

✿**TIP** 제시된 지문을 통해 가마우지가 우리나라에서 천연기념물로 지정되었는지는 알 수 없기 때문에 보기의 설명에 대해 '그르다'라고 한 것은 옳지 않다.

<보기>
가마우지의 부리는 반점이 없고 표면이 대부분 백색의 석회질로 덮여 있다. (알 수 없다.)

① ○   ② ×

✿**TIP** 제시된 지문을 통해 보기의 내용이 틀린 사실임을 알 수 있기 때문에 보기의 설명에 대해 '알 수 없다'라고 한 것은 옳지 않다.

<보기>
가마우지는 번식기를 제외하고는 보통 단독생활을 한다. (그르다.)

① ○   ② ×

✿**TIP** 제시된 지문을 통해 보기의 내용이 틀린 사실임을 알 수 있기 때문에 보기의 설명에 대해 '그르다'라고 한 것은 옳다.

ANSWER 〉 46.②②①

47

가문비나무는 소나무과에 속하는 고산성 상록침엽수로 감비나무 혹은 당회·어린송·삼송 등으로도 불린다. 특히 어린송이란 나무껍질이 고기비늘 모양을 한 데서 붙여진 이름이다. 높이는 40m, 지름은 1m에 달하고 수피는 비늘처럼 벗겨지며 수관은 원추형이다. 잎은 1, 2㎝ 길이로 편평한 선형이며 끝이 뾰족하다. 수꽃은 황갈색, 암꽃은 자줏빛으로 되어있고 그 길이는 15㎜ 정도이다. 열매는 황록색의 타원체로서 밑으로 처지는데 그 길이는 대략 4~7.5㎝로 실편이 떨어지지 않는다. 가문비나무는 높고 추운 곳이 아니면 좀처럼 살기 힘든 식물로 해발고도 500~2,300m까지의 산지에서 자생하며 전나무·잣나무와 함께 북쪽의 상록침엽수림을 구성하는 나무이다. 이 나무는 민족항일기 이전에는 풍부한 목재자원을 이루고 있었으나, 일본의 수탈로 많이 벌채되었다. 한반도 남쪽지방에서는 지리산을 비롯한 덕유산·설악산 등에서 볼 수 있으며 우리나라뿐 아니라 일본의 북해도와 중국·만주·우수리 등에서도 분포한다.

〈보기〉

가문비나무를 어린송이라 부르는 것은 다른 소나무과의 식물보다 그 크기가 작기 때문이다. (그르다.)

① ○   ② ×

✿**TIP** 제시된 지문을 통해 보기의 내용이 틀린 사실임을 알 수 있기 때문에 보기의 설명에 대해 '그르다'라고 한 것은 옳다.

　가문비나무는 북쪽의 상록침엽수림을 구성하는 나무로 500~2,300m까지의 산지에서 자생한다. (알 수 없다.)

① ○　　　　　　　　　　　　　　② ✕

✿**TIP**　제시된 지문을 통해 보기의 내용이 옳은 사실임을 알 수 있기 때문에 보기의 설명에 대해 '알 수 없다'라고 한 것은 옳지 않다.

〈보기〉
　가문비나무는 일제시대 일본의 수탈로 많이 벌채되었다. (옳다.)

① ○　　　　　　　　　　　　　　② ✕

✿**TIP**　제시된 지문을 통해 보기의 내용이 옳은 사실임을 알 수 있기 때문에 보기의 설명에 대해 '옳다'라고 한 것은 옳다.

48

가훈은 가정의 윤리적 지침으로서 가족들이 지켜야 할 도덕적인 덕목을 간명하게 표현한 것으로 가계·정훈·가규라고도 한다. 가정은 사회생활의 기본적인 바탕이 되는 곳이므로 자녀들이 사회를 보는 눈은 가정에서 형성된 가치관을 통해서 길러지게 된다. 따라서 가훈은 사회의 윤리관에 우선하는 것이며 사회교육에서 기대할 수 없는 독특한 교육적 기능을 가지고 있다. 가훈은 주로 수신제가하는 방법을 가르치는 것으로서 중국에서는 남북조시대 안지추가 지은「안씨가훈」, 당나라 하동 유씨의 가훈, 송나라 사마광의 가범, 주자가훈, 원채의 원씨세범, 원나라 때의 정씨가범, 명나라 때의 곽위애의 가훈, 방씨가훈 등이 유명하다. 특히「안씨가훈」은 가장 대표적인 것으로서 가족도덕을 비롯하여 학문·교양·사상·생활양식과 태도, 처세와 교제방법, 언어·예술에 이르기까지 구체적인 체험과 사례들을 열거하여 자세히 기록하였으며, 시세에 편승하지 않고 조화와 평화, 안전을 중요시하며 소박하고 견실한 가정생활을 이상으로 삼고 있다. 또한 가훈으로서 뿐 아니라 사회·경제를 비롯한 모든 면에서 당시의 풍조를 연구하는 데「안씨가훈」은 가치 있는 자료이다. 우리나라에서는 가훈이 없는 집안이 거의 없을 정도로 보편화되어 있는데 김유신 집안의 '충효', 최영 집안의 '황금 보기를 돌같이 하라.', 신사임당의 '신의·지조·청백·성실·우애', 김굉필의 '인륜', 이언적의 '근검과 절약', 이이의 '화목과 우애' 등은 오랫동안 그들 집안의 생활신조로 이어졌던 대표적인 가훈들이다.

〈보기〉
가훈은 중국의 남북조시대 때 처음 만들어져 우리나라로 전해진 것이다. (알 수 없다.)

① ○   ② ×

✡**TIP** 제시된 지문을 통해 보기의 내용을 알 수 없기 때문에 보기의 설명에 대해 '알 수 없다'라고 한 것은 옳다.

<보기>
　최영 집안의 '황금 보기를 돌같이 하라.'라는 가훈은 오늘날까지도 그들 집안에 전해 내려오고 있다. (그르다.)

① ○　　　　　　　　　　　　　② ×

❀TIP　제시된 지문을 통해 보기의 내용을 알 수 없기 때문에 보기의 설명에 대해 '그르다'라고 한 것은 옳지 않다.

<보기>
　우리나라의 모든 가훈은 중국의 「안씨가훈」을 모델로 삼고 있다. (알 수 없다.)

① ○　　　　　　　　　　　　　② ×

❀TIP　제시된 지문을 통해 보기의 내용을 알 수 없기 때문에 보기의 설명에 대해 '알 수 없다'라고 한 것은 옳다.

ANSWER 〉 48.①②②①

49

　　가문소설은 가문 간의 갈등과 가문 내 구성원 간의 애정 문제 등을 주제로 하여 창작한 고전소설로 방대한 분량의 장편형식으로 이루어져 있다. 가문소설이 조선 후기 정조 때를 전후하여 발전했기 때문에 근대적 성격이 나타나고 있지만 그 중심 내용은 가문 창달을 목적으로 하고 있다. 그 목적의 중요 요소는 대부분 사대부 가문의 복고를 통하여 실학자 및 평민에 맞서는 요소로써 정조 이후 붕괴되어 가는 중앙집권화에의 재건과 퇴폐해 가는 강상(삼강과 오상. 곧 사람이 지켜야 할 도리)의 회복을 위한 목적의식이 뚜렷한 소설이다. 당시 정조의 문풍쇄신운동의 일환으로 유교윤리 회복을 위한 실천을 통해 유가적 질서 회복을 위하여 자생한 것이 보학과 가전문학 사업이었는데 가문소설은 이러한 배경에서 나타난 것이다. 가문소설의 명칭은 가계소설 · 연대기소설 · 세대기소설 · 가족사소설 · 가문소설 등으로도 불리며 또한 별전이 연작되는 시리즈 소설이라는 점에서 연작소설 또는 별전소설 등으로도 불렸다.

〈보기〉
　　가문소설은 정조의 문풍쇄신운동의 일환인 가전문학 사업을 배경으로 나타났다. (알 수 없다.)

① ○　　　　　　　　　　　　　　② ×

❀**TIP**　제시된 지문을 통해 보기의 내용이 옳은 사실임을 알 수 있기 때문에 보기의 설명에 대해 '알 수 없다'라고 한 것은 옳지 않다.

<보기>
가문소설은 목적의식이 뚜렷한 소설로 대부분 가문 창달을 목적으로 하고 있다. (그르다.)

① ○   ② ×

❀**TIP** 제시된 지문을 통해 보기의 내용이 옳은 사실임을 알 수 있기 때문에 보기의 설명에 대해 '그르다'라고 한 것은 옳지 않다.

<보기>
가문소설의 대표적인 작품으로 염상섭의 「삼대」, 최만식의 「태평천하」 등이 있다. (옳다.)

① ○   ② ×

❀**TIP** 제시된 지문을 통해 보기의 내용을 알 수 없기 때문에 보기의 설명에 대해 '옳다'라고 한 것은 옳지 않다.

50

「가곡원류」는 1876년 박효관과 안민영이 편찬한 가집으로 「청구영언」·「해동가요」와 더불어 3대 시조집으로 일컬어진다. 10여종의 이본 가운데 원본에 가깝다고 추정되는 국립국악원 소장본은 표제가 '가사집'이다. 이본에 따라 청구영언·청구악장·해동악장·화원악보 등의 이칭이 있다. 「가곡원류」의 본편은 남창부 665수, 여창부 191수로 총 856수의 시조작품을 싣고 있으며 작품 배열은 오로지 곡조에 따라 30항목으로 분류하였고 작가의 신분차이나 연대순 등은 전혀 고려하지 않았다. 또한 이름이 알려진 작가와 무명씨의 작품도 곡조에 따라 뒤섞여 있는데 다만 작가가 밝혀진 작품은 그 끝에 작가의 성명과 함께 간단한 약력을 소개하였다. 수록작가의 연대적인 범위는 고구려의 을파소에서부터 조선 고종 때의 안민영에 이르기까지 다양하며 작가의 신분계층도 위로는 열성에서 명공석사·기녀에 이르기까지 폭넓게 다루고 있다. 「청구영언」이나 「해동가요」가 시조문학의 중간보고서라면, 이 「가곡원류」는 그 총결산보고서라고 할 만한데 이는 이 책이 편찬된 직후 우리의 전통문학을 잇는 이른바 신문학의 새 물결이 밀어닥쳐 왔기 때문이다. 특히 「가곡원류」는 이본이 10여종이나 될 정도로 그 유포가 광범위하고 각 작품의 파트를 구비한 시조집의 전범이 될 수 있다.

〈보기〉

「가곡원류」는 약 10여종의 이본이 있으며 그 중에서 원본에 가깝다고 추정되는 것은 현재 국립국악원에서 소장하고 있다. (알 수 없다.)

① ○   ② ×

※**TIP** 제시된 지문을 통해 보기의 내용이 옳은 사실임을 알 수 있기 때문에 보기의 설명에 대해 '알 수 없다'라고 한 것은 옳지 않다.

<보기>
「가곡원류」는 이름이 알려진 작가와 무명씨의 작품을 곡조에 따라 분명하게 구분하고 있다. (옳다.)

① ○   ② ×

※**TIP** 제시된 지문을 통해 보기의 내용이 틀린 사실임을 알 수 있기 때문에 보기의 설명에 대해 '옳다'라고 한 것은 옳지 않다.

<보기>
「가곡원류」는 시조문학의 중간보고서 성격을 띠며 「청구영언」·「해동가요」와 더불어 3대 시조집으로 일컬어진다. (그르다.)

① ○   ② ×

※**TIP** 제시된 지문을 통해 「가곡원류」는 총결산보고서라고 볼 수 있기 때문에 보기의 설명에 대해 '그르다'라고 한 것은 옳다.

ANSWER 〉 50.②②①

1 다음은 서식처별 현황파악 및 관련 예산에 대한 표이다. 이에 대한 설명으로 적합하지 않은 것은?

(단위 : 억 원)

항목 서식처	현형파악 비용	장기관찰 비용	연구 및 보안 비용	복구비용	기타 비용	합께
산림생태계	100	90	1,000	640	1,000	2,830
해양생태계	100	112	1,500	800	500	3,012
호소생태계	80	140	200	200	200	820
하천생태계	30	5	15	100	150	300
국립공원	10	198	30	50	300	588
농경생태계	50	100	950	750	100	1,950
도시 및 산업생태계	50	50	50	500	100	750
계	420	695	3,745	3,040	2,350	10,250

※ 서식처 크기는 현황파악 비용, 장기관찰 비용, 복구비용의 합과 비례하며, 각 서식처의 생물 다양성 파악정도는 '현황파악 비용'에 대한 '연구 및 보전 비용'의 비율에 반비례한다.

① 서식처 크기는 해양생태계가 가장 크다.

② 비용합계에서 차지하는 장기관찰 비용의 비중이 가장 큰 서식처는 장기관찰비용 역시 가장 크다.

③ 생물다양성 파악정도가 가장 큰 것은 하천생태계로 산림생태계보다 20배나 크다.

④ 생물다양성 파악정도가 가장 낮은 서식처는 해양생태계이다.

TIP 생물다양성 파악정도가 가장 낮은 서식처는 농경생태계이다.
비용합계에서 차지하는 장기관찰 비용의 비중이 가장 큰 서식처는 국립공원이며, 장기관찰 비용이 가장 크다.

2 다음 표는 우리나라 대도시 인구와 화재 발생 건수의 관계를 정리한 것이다. 표를 보고 바르게 해석한 것으로 묶인 것은?

구분	화재건수	비율	인구수	비율
서울	7,058	48%	9,853,972	44%
부산	2,190	15%	3,655,437	16%
대구	596	4%	2,482,990	12%
인천	2,005	13%	2,466,338	11%
광주	726	5%	1,350,948	6%
대전	1,060	7%	1,356,961	6%
울산	1,160	8%	1,012,110	5%
합계	14,795	100%	22,178,756	100%

㉠ 표에서 주어진 도시 중 인구 대비 화재 건수가 7대 도시 평균보다 많은 도시는 4개이다.
㉡ 부산의 화재건수 비율보다 대구의 인구수 비율이 더 크다.
㉢ 평균적으로 인천에 비해 울산의 시민이 더 자주 화재를 경험한다.
㉣ 화재 1건당 인구가 천명 미만이 되는 도시는 2개이다.

① ㉠㉡   ② ㉠㉢
③ ㉡㉢   ④ ㉢㉣

❈TIP ㉡ 부산의 화재건수 비율보다 대구의 인구수 비율이 더 작다.
　　　㉣ 화재 1건당 인구가 천명 미만이 되는 도시는 울산 1개이다.

ANSWER 〉 1.④ 2.②

3 다음은 2009 ~ 2018년 5개 자연재해 유형별 피해금액에 관한 자료이다. 이에 대한 설명으로 옳은 것만을 모두 고른 것은?

5개 자연재해 유형별 피해금액

(단위 : 억 원)

유형 \ 연도	2009	2010	2011	2012	2013	2014	2015	2016	2017	2018
태풍	3,416	1,385	118	1,609	9	0	1,725	2,183	8,765	17
호우	2,150	3,520	19,063	435	581	2,549	1,808	5,276	384	1,581
대설	6,739	5,500	52	74	36	128	663	480	204	113
강풍	0	93	140	69	11	70	2	0	267	9
풍랑	0	0	57	331	0	241	70	3	0	0
전체	12,305	10,498	19,430	2,518	637	2,988	4,268	7,942	9,620	1,720

㉠ 2009 ~ 2018년 강풍 피해금액 합계는 풍랑 피해금액 합계보다 적다.
㉡ 2017년 태풍 피해금액은 2017년 5개 자연재해 유형 전체 피해금액의 90% 이상이다.
㉢ 피해금액이 매년 10억 원보다 큰 자연재해 유형은 호우뿐이다.
㉣ 피해금액이 큰 자연재해 유형부터 순서대로 나열하면 2015년과 2016년의 순서는 동일하다.

① ㉠㉡
② ㉠㉢
③ ㉢㉣
④ ㉠㉡㉣

✖**TIP** ㉠ 주어진 기간 동안 강풍 피해금액과 풍랑 피해금액의 합계를 각각 계산하여 비교하기 보다는 소거법을 이용하여 비교하는 것이 좋다. 비슷한 크기의 값들을 서로 비교하여 소거한 뒤 남은 값들의 크기를 비교해주는 것으로 2014년 강풍과 2015년 풍랑 피해금액이 70억 원으로 동일하고 2010, 2011, 2013년 강풍 피해금액의 합 244억 원과 2014년 풍랑 피해금액 241억 원이 비슷하다. 또한 2012, 2017년 강풍 피해금액의 합 336억 원과 2012년 풍랑 피해금액 331억 원이 비슷하다. 이 값들을 소거한 뒤 남은 값들을 비교해보면 강풍 피해금액의 합계가 풍랑 피해금액의 합계보다 더 작다는 것을 알 수 있다.

㉡ 2017년 태풍 피해금액이 2017년 5개 자연재해 유형 전체 피해금액의 90% 이상이라는 것은 즉, 태풍을 제외한 나머지 4개 유형 피해금액의 합이 전체 피해금액의 10% 미만이라는 것을 의미한다. 2017년 태풍을 제외한 나머지 4개 유형 피해금액의 합을 계산하면 전체 피해금액의 10% 밖에 미치지 못함을 알 수 있다.

㉢ 피해금액이 매년 10억 원보다 큰 자연재해 유형은 호우, 대설이 있다.

㉣ 피해금액이 큰 자연재해 유형부터 순서대로 나열하면 2015년 호우, 태풍, 대설, 풍랑, 강풍이며 이 순서는 2016년의 순서와 동일하다.

4 다음 표는 타이타닉 승선자의 생존율에 관한 자료이다. 이에 대한 설명으로 옳지 않은 것은?

	어린이				어른				생존율
	남자		여자		남자		여자		
	생존	사망	생존	사망	생존	사망	생존	사망	
1등실	5명	0명	1명	0명	57명	118명	140명	4명	62.2%
2등실	11명	0명	13명	0명	14명	154명	80명	13명	41.4%
3등실	13명	35명	14명	17명	75명	387명	76명	89명	25.2%
승무원	0명	0명	0명	0명	192명	670명	20명	3명	24.0%

① 3등실 어린이의 생존율이 3등실 어른의 생존율보다 높다.

② 남자 승무원의 생존율은 2등실 남자의 생존율보다 높다.

③ 남자 승무원과 여자 승무원의 생존율은 각각 3등실 남자와 3등실 여자의 생존율보다 높다.

④ 승선자 가운데 여성의 비율은 1등실에서 가장 높고 3등실, 2등실 그리고 승무원의 순서이다.

⊗**TIP** 여성의 비율은 $\dfrac{여성}{남성}$ 이므로 1등실이 가장 높고 2등실, 3등실 그리고 승무원의 순으로 낮아진다.

5 다음 표는 국내 학술단체가 발간하는 학술지를 대상으로 2001~2010년 동안 발간한 논문의 정보를 분석한 통계자료이다. 아래 보기에서 언급하고 있는 주제 분야를 모두 바르게 나열한 것은?

〈국내 학술지 분야별 발간 현황〉

주제 분야	학술지 수	총 논문 수	총 저자 수	총 참고문헌 수
인문학	513권	108,973편	115,703명	1,251,003권
사회과학	676권	139,277편	216,282명	1,942,674권
자연과학	126권	74,457편	241,436명	668,564권
공학	256권	145,311편	450,782명	916,807권
의약학	241권	102,952편	489,842명	1,133,622권
농수해양	76권	35,491편	145,127명	351,794권
예술체육	112권	39,001편	69,446명	450,126권
복합학	100권	16,986편	30,608명	213,072권
합계	2,100권	662,448편	1,759,226명	6,927,662권

〈보기〉
㉠ 이 분야는 논문당 평균 저자 수가 가장 많다.
㉡ 이 분야는 학술지당 평균 저자 수가 인문학, 복합학 다음으로 적다.
㉢ 이 분야는 논문당 평균 저자 수가 4명보다 많으며, 논문당 평균 참고문헌 수는 10권을 넘지 않는다.
㉣ 이 분야는 논문당 평균 저자 수가 2명보다 적으며, 논문당 평균 참고문헌 수가 12권 이상으로 사회과학 다음으로 많다.

	㉠	㉡	㉢	㉣
①	의약학	사회과학	농수해양	복합학
②	인문학	사회과학	의약학	농수해양
③	인문학	사회과학	의약학	복합학
④	사회과학	의약학	농수해양	예술체육

✿**TIP** ㉠ 논문당 평균 저자 수가 가장 많은 것은 의약학이다.
　　　 ㉡ 학술지당 평균 저자 수는 인문학 < 복합학 < 사회과학 순이다.
　　　 ㉢ 논문당 평균 저자 수가 4명보다 많고, 논문당 평균 참고문헌 수가 10권을 넘지 않는 것은 농수해양이다.
　　　 ㉣ 논문당 평균 저자 수가 2명보다 적으며, 논문당 평균 참고문헌 수가 12권 이상으로 사회과학 다음으로 많은 것은 복합학이다.

6 다음은 소정연구소에서 제습기 A~E의 습도별 연간소비전력량을 측정한 자료이다. 이에 대한 설명 중 옳은 것끼리 바르게 짝지어진 것은?

제습기 A~E의 습도별 연간소비전력량

(단위 : kWh)

제습기 \ 습도	40%	50%	60%	70%	80%
A	550	620	680	790	840
B	560	640	740	810	890
C	580	650	730	800	880
D	600	700	810	880	950
E	660	730	800	920	970

㉠ 습도가 70%일 때 연간소비전력량이 가장 적은 제습기는 A이다.

㉡ 각 습도에서 연간소비전력량이 많은 제습기부터 순서대로 나열하면, 습도 60%일 때와 습도 70%일 때의 순서는 동일하다.

㉢ 습도가 40%일 때 제습기 E의 연산소비전력량은 습도가 50%일 때 제습기 B의 연간소비전력량보다 많다.

㉣ 제습기 각각에서 연간소비전력량은 습도가 80%일 때가 40%일 때의 1.5배 이상이다.

① ㉠㉡
② ㉠㉢
③ ㉡㉣
④ ㉠㉢㉣

※**TIP** ㉠ 습도가 70%일 때 연간소비전력량은 790으로 A가 가장 적다.
　　㉡ 60%와 70%를 많은 순서대로 나열하면 60%일 때 D - E - B - C - A, 70%일 때 E - D - B - C - A이다.
　　㉢ 40%일 때 E=660, 50%일 때 B=640이다.
　　㉣ 40%일 때의 값에 1.5배를 구하여 80%와 비교해 보면 E는 1.5배 이하가 된다.

$$A = 550 \times 1.5 = 825 \qquad 840$$
$$B = 560 \times 1.5 = 840 \qquad 890$$
$$C = 580 \times 1.5 = 870 \qquad 880$$
$$D = 600 \times 1.5 = 900 \qquad 950$$
$$E = 660 \times 1.5 = 990 \qquad 970$$

7 다음 표는 통신사 A, B, C의 스마트폰 소매가격 및 평가점수 자료이다. 이에 대한 〈보기〉의 설명 중 옳은 것만을 모두 고른 것은?

통신사별 스마트폰의 소매가격 및 평가점수

(단위 : 달러, 점)

통신사	스마트폰	소매가격	평가항목					종합품질점수
			화질	내비게이션	멀티미디어	배터리 수명	통화성능	
A	a	150	3	3	3	3	1	13
	b	200	2	2	3	1	2	10
	c	200	3	3	3	1	1	11
B	d	180	3	3	3	2	1	12
	e	100	2	3	3	2	1	11
	f	70	2	1	3	2	1	9
C	g	200	3	3	3	2	2	13
	h	50	3	2	3	2	1	11
	i	150	3	2	2	3	2	12

㉠ 소매가격이 200달러인 스마트폰 중 '종합품질점수'가 가장 높은 스마트폰은 c이다.
㉡ 소매가격이 가장 낮은 스마트폰은 '종합품질점수'도 가장 낮다.
㉢ 통신사 각각에 대해서 해당 통신사 스마트폰의 '통화성능' 평가점수의 평균을 계산하여 통신사별로 비교하면 C가 가장 높다.
㉣ 평가항목 각각에 대해서 스마트폰 a~i 평가점수의 합을 계산하여 평가항목별로 비교하면 '멀티미디어'가 가장 높다.

① ㉠

② ㉢

③ ㉠㉡

④ ㉢㉣

✖**TIP** ㉠ 200달러인 스마트폰 중 종합품질점수가 가장 높은 스마트폰은 g이다.
　　㉡ 소매가격이 가장 낮은 스마트폰은 h이며, 종합품질점수가 가장 낮은 스마트폰은 f이다.
　　㉢ A : $\frac{1+2+1}{3}=\frac{4}{3}$, B : $\frac{1+1+1}{3}=1$, C : $\frac{2+1+2}{3}=\frac{5}{3}$
　　㉣ 화질 : $3+2+3+3+2+2+3+3+3=24$
　　　　내비게이션 : $3+2+3+3+3+1+3+2+2=22$
　　　　멀티미디어 : $3+3+3+3+3+3+3+3+2=26$
　　　　배터리 수명 : $3+1+1+2+2+2+2+2+3=18$
　　　　통화성능 : $1+2+1+1+1+1+2+1+2=12$

8 다음은 15개 종목이 개최된 2018 자카르타-팔렘방 아시안게임 참가국 A ~ D의 메달 획득 결과를 나타낸 자료이다. 이에 대한 설명으로 옳은 것은?

국가 종목 / 메달	A 금	A 은	A 동	B 금	B 은	B 동	C 금	C 은	C 동	D 금	D 은	D 동
배드민턴	3	1	1					1				
복싱	3	1	2		1						1	1
사격	3	1	3				1	3	2			
사이클 트랙	3	1			1					1		1
요트					1					1	1	3
기계체조		1	1	4	2	1				1	2	1
소프트볼		1										
역도	1	3					2	1	2			
유도						1	2	1	1	1	1	
롤러스포츠		1		1						1	1	
다이빙				1	1	1	1	4	2			
볼링				1					1	1		
레슬링				1			7	4	3			
수영				1	2	1	1			4	2	1
태권도	1				2					2		2

※ 빈 칸은 0을 의미한다.

① 동일 종목에서, A국이 획득한 모든 메달 수와 B국이 획득한 모든 메달 수를 합하여 종목별로 비교하면, 15개 종목 중 기계체조가 가장 많다.

② A국이 획득한 금메달 수와 C국이 획득한 동메달 수는 같다.

③ A국이 복싱, 사이클 트랙, 소프트볼 종목에서 획득한 모든 메달 수의 합은 C국이 레슬링 종목에서 획득한 모든 메달 수보다 많다.

④ A ~ D국 중 메달을 획득한 종목의 수가 가장 많은 국가는 D국이다.

✤TIP ① 기계체조를 기준으로 하면 A, B국의 메달 수 합은 1+1+4+2+1＝9로 다른 종목들에 비해 가장 많다.
② A국이 획득한 금메달 수 3+3+3+3+1+1＝14
C국이 획득한 동메달 수 2+2+1+2+1+3＝11

ANSWER 〉 7.④ 8.①

③ A국이 복싱, 사이클 트랙, 소프트볼 종목에서 획득한 모든 메달 수의 합
3+1+2+3+1+1 = 11
C국이 레슬링 종목에서 획득한 모든 메달 수 7+4+3 = 14
④ A국 5+6+7+4+2+1+4+1+1 = 31
B국 1+1+1+7+1+1+3+1+1+4+2 = 23
C국 1+6+5+4+7+1+14+1 = 39
D국 2+2+5+4+2+2+1+7+4 = 29

9 다음은 우리나라 흥행순위별 2018년 영화개봉작 정보와 월별 개봉편수 및 관객수에 대한 자료이다. 이에 대한 설명으로 옳지 않은 것은?

우리나라 흥행별 2018년 영화개봉작 정보

(단위 : 천 명)

흥행순위	영화명	개봉시기	제작	관객 수
1	신과 함께라면	8월	국내	12,100
2	탐정님	12	국내	8,540
3	베테랑인가	1월	국내	7,817
4	어벤져스팀	7월	국외	7,258
5	범죄시티	10월	국내	6,851
6	공작왕	7월	국내	6,592
7	마녀다	8월	국내	5,636
8	히스토리	1월	국내	5,316
9	미션 불가능	3월	국외	5,138
10	데드푸우	9월	국외	4,945
11	툼레이더스	10월	국외	4,854
12	공조자	11월	국내	4,018
13	택시운전수	12월	국내	4,013
14	1987년도	10월	국내	3,823
15	곰돌이	6월	국외	3,689
16	별들의 전쟁	4월	국외	3,653
17	서서히 퍼지는	4월	국외	3,637
18	빨간 스페로	7월	국외	3,325
19	독화살	9월	국내	3,279
20	통근자	5월	국외	3,050

※ 관객 수는 개봉일로부터 2018년 12월 31일까지 누적한 값이다.

우리나라의 2018년 월별 개봉편수 및 관객 수

(단위 : 편, 천 명)

구분 \ 제작 월	국내		국외	
	개봉편수	관객 수	개봉편수	관객 수
1	35	12,682	105	10,570
2	39	8,900	96	6,282
3	31	4,369	116	9,486
4	29	4,285	80	6,929
5	31	6,470	131	12,210
6	49	4,910	124	10,194
7	50	6,863	96	14,495
8	49	21,382	110	8,504
9	48	5,987	123	6,733
10	35	12,964	91	8,622
11	56	6,427	104	6,729
12	43	18,666	95	5,215
전체	495	113,905	1,271	105,969

※ 관객 수는 당월 상영영화에 대해 월말 집계한 값이다.

① 흥행순위 1 ~ 20위 내의 영화 중 한 편의 영화도 개봉되지 않았던 달에는 국외제작영화 관객 수가 국내제작영화 관객 수보다 적다.

② 10월에 개봉된 영화 중 흥행순위 1 ~ 20위 내에 든 영화는 국내제작영화일 뿐이다.

③ 국외제작영화 개봉편수는 국내제작영화 개봉편수보다 매달 많다.

④ 국외제작영화 관객 수가 가장 많았던 달에 개봉된 영화 중 흥행순위 1 ~ 20위 내에 든 국외제작영화 개봉작은 2편이다.

✿TIP ① 2월은 국내 8,900명, 국외 6,282명이다.
② 툼레이더스는 국외제작영화이다.
③ 월별 개봉편수를 보면 국외제작영화 개봉편수가 매달 많다.
④ 7월의 국외제작영화 개봉작은 어벤져스팀, 빨간 스페로 2편이다.

ANSWER 〉 9.②

10 다음은 2015년과 2018년 한국, 중국, 일본의 재화 수출액 및 수입액을 정리한 표와 무역수지와 무역특화지수에 대한 용어정리이다. 이에 대한 〈보기〉의 내용 중 옳은 것만 고른 것은?

(단위 : 억 달러)

연도	국가 수출입액 재화	한국		중국		일본	
		수출액	수입액	수출액	수입액	수출액	수입액
2015년	원자재	578	832	741	1,122	905	1,707
	소비재	117	104	796	138	305	847
	자본재	1,028	668	955	991	3,583	1,243
2018년	원자재	2,015	3,232	5,954	9,172	2,089	4,760
	소비재	138	375	4,083	2,119	521	1,362
	자본재	3,444	1,549	12,054	8,209	4,541	2,209

[용어정리]

• 무역수지＝수출액－수입액

－무역수지 값이 양(＋)이면 흑자, 음(－)이면 적자이다.

• 무역특화지수＝$\dfrac{수출액 - 수입액}{수출액 + 수입액}$

－무역특화지수의 값이 클수록 수출경쟁력이 높다.

〈보기〉

㉠ 2018년 한국, 중국, 일본 각각에서 원자재 무역수지는 적자이다.

㉡ 2018년 한국의 원자재, 소비재, 자본재 수출액은 2015년 비해 각각 50% 이상 증가하였다.

㉢ 2018년 자본재 수출경쟁력은 일본이 한국보다 높다.

① ㉠
② ㉡
③ ㉠㉡
④ ㉠㉢

TIP ㉠ 한국 $2,015 - 3,232 = -1,217$, 중국 $5,954 - 9,172 = -3,218$, 일본 $2,089 - 4,760 = -2,671$ 모두 적자이다.

㉡ 소비재는 50% 이상 증가하지 않았다.

	원자재	소비재	자본재
2018	2,015	138	3,444
2015	578	117	1,028

㉢ 자본재 수출경쟁력을 구하면 한국이 일본보다 높다.

한국＝$\dfrac{3,444 - 1,549}{3,444 + 1,549} = 0.38$ 일본＝$\dfrac{12,054 - 8,209}{12,054 + 8,209} = 0.19$

|11~12| 다음은 어느 대학교 졸업생들의 진출현황을 조사한 자료이다. 물음에 답하시오.

순위	직업종류	인원수(명)	비율(%)
1	대학교수	6,259	14.40
2	의료 / 보건	5,146	11.78
3	법조	3,441	7.87
4	공무원	2,261	5.17
5	중고등학교 교사	ⓐ	5.01
6	대학원진학	1,743	3.99
7	기업연구소	1,627	3.72
8	제조업	1,593	3.65
9	신문 / 방송	1,420	ⓑ
10	엔지니어링 / 설계	1,279	2.93

11 ⓐ에 들어갈 수로 올바른 것은?

① 2,178

② 2,200

③ 2,220

④ 2,240

⊗**TIP** $14.4 : 6,259 = 5.01 : x$

$14.4x = 31,357.59$

$\therefore x \fallingdotseq 2,178$

12 ⓑ에 들어갈 수로 알맞은 것은?

① 3.27

② 3.30

③ 3.37

④ 3.40

⊗**TIP** $6,259 : 14.4 = 1,420 : x$

$6,259x = 20,448$

$\therefore x \fallingdotseq 3.27$

| 13~15 | 다음 표는 비정규직근로자에 대한 실태조사 결과 중 일부이다. 물음에 답하시오.

[표] 비정규직 고용 추이

(단위 : 천 명, %)

구분	2012	2013	2014	2015	2016	2017
임금근로자	13,540	14,030	14,149	14,584	14,968	15,351
비정규직	3,635	3,839	4,606	5,394	5,483	5,457
비정규직 비율(%)	26.8	27.4	32.6	37.0	36.6	35.5

13 2017년 정규직근로자는 전년대비 몇 명 증가하였나?

① 406천 명   ② 408천 명

③ 412천 명   ④ 409천 명

✿**TIP** ㉠ 2017년 정규직근로자 : 2017년 임금근로자−2017년 비정규직근로자
15,351−5,457＝9,894천 명
㉡ 2016년 정규직근로자 : 2016년 임금근로자−2016년 비정규직근로자
14,968−5,483＝9,485천 명
∴ 9,894−9,485로 409천 명 증가하였다.

14 2017년 비정규직근로자의 임금근로자 대비 비율은 몇 %p 하락하였나?

① 1.1%p   ② 2.1%p

③ 10.1%p   ④ 11.1%p

✿**TIP** 36.6에서 35.5로 1.1%p 하락하였다.

15 비정규직근로자가 전년대비 가장 많은 수가 증가한 해는?

① 2013   ② 2014

③ 2015   ④ 2016

✿**TIP** 2015년에는 2014년보다 비정규직근로자가 788명 증가하여 가장 많은 수가 증가하였다.

16 다음 자료는 2006~2010년 K국의 가구당 월평균 교육비 지출액에 대한 자료이다. 이에 대한 설명으로 옳은 것은?

(단위 : 원)

유형 \ 연도		2006	2007	2008	2009	2010
정규 교육비	초등교육비	14,730	13,255	16,256	17,483	17,592
	중등교육비	16,399	20,187	22,809	22,880	22,627
	고등교육비	47,841	52,060	52,003	61,430	66,519
	소계	78,970	85,502	91,068	101,793	106,738
학원 교육비	학생교육비	128,371	137,043	160,344	167,517	166,959
	성인교육비	7,798	9,086	9,750	9,669	9,531
	소계	136,169	146,129	170,094	177,186	176,490
기타 교육비		7,203	9,031	9,960	10,839	13,574
전체 교육비		222,342	240,662	271,122	289,818	296,802

① 정규교육비와 학원교육비 모두 매년 증가하고 있다.

② 정규교육비에서 고등교육비가 차지하는 비중은 매년 60% 이상이다.

③ 전체 교육비에서 정규교육비가 차지하는 비중은 매년 35% 이상이다.

④ 2010년 학원교육비는 2006년 대비 약 30% 증가하였다.

　　✖TIP ① 학원교육비는 2010년에 전년대비 감소하였다.

　　　　② 2008년에는 $\frac{52,003}{91,068} \times 100 = 57.1\%$ 이다.

　　　　③ 2008년에는 $\frac{91,068}{271,122} \times 100 = 33.59\%$ 이다.

ANSWER 〉 13.④　14.①　15.③　16.④

17 다음은 어느 나라의 성별 흡연율과 금연계획률에 관한 자료이다. 이에 대한 설명으로 옳은 것은?

〈표1〉 성별 흡연율

(단위 : %)

연도 성별	2007	2008	2009	2010	2011	2012	2013
남성	45.0	47.7	46.9	48.3	47.3	43.7	42.1
여성	5.3	7.4	7.1	6.3	6.8	7.9	6.1
전체	20.6	23.5	23.7	24.6	25.2	24.9	24.1

〈표2〉 금연계획률

(단위 : %)

연도 구분	2007	2008	2009	2010	2011	2012	2013
금연계획률	59.8	( )	57.4	53.5	(㉠)	55.2	56.5
단기 금연계획률	19.4	17.7	18.2	20.8	20.2	19.6	19.3
장기 금연계획률	40.4	39.2	( )	32.7	36.1	35.6	37.2

※ 흡연율(%) = $\dfrac{흡연자 수}{인구 수} \times 100$

※ 금연계획률(%) = $\dfrac{금연계획자 수}{흡연자 수} \times 100 =$ 단기 금연계획률 + 장기 금연계획률

① 매년 전체 흡연율은 증가하고 있다.

② 매년 남성 흡연율은 여성 흡연율의 7배 이상이다.

③ 금연계획률은 매년 50% 이상이다.

④ ㉠에 들어갈 수치는 55.3이다.

　　✻**TIP** ① 2012년과 2013년의 흡연율은 전년에 비해 감소하였다.
　　　　　② 2007년, 2010년, 2011년만 7배 이상이다.
　　　　　④ ㉠에 들어갈 수치는 56.3이다.

▌18~19▐ 다음은 원양어업 주요 어종별 생산량에 관한 자료이다. 이를 보고 물음에 답하시오.

(단위 : 톤, 백만 원)

구분		2010년	2011년	2012년	2013년	2014년
가다랑어	생산량	216,720	173,334	211,891	200,866	229,588
	생산금액	321,838	334,770	563,027	427,513	329,163
황다랑어	생산량	67,138	45,736	60,436	44,013	63,971
	생산금액	201,596	168,034	170,733	133,170	163,068
명태	생산량	46,794	48,793	39,025	24,341	31,624
	생산금액	64,359	67,307	45,972	36,662	49,479
새꼬리 민태	생산량	10,852	12,447	10,100	8,261	8,681
	생산금액	19,030	25,922	21,540	14,960	18,209
민대구	생산량	4,139	4,763	4,007	3,819	3,162
	생산금액	10,072	13,136	11,090	10,912	8,689

※ 생산금액＝생산량×톤당 생산가격

18 위의 표에 대한 설명으로 옳지 않은 것은?

① 5개의 어종 가운데 매년 생산량이 가장 많은 어종은 가다랑어이다.

② 2012년 민대구의 생산량이 전년대비 감소한 이후로 2014년까지 계속 감소하고 있다.

③ 가다랑어와 황다랑어는 생산량의 전년대비 증감방향이 일치한다.

④ 2011년 새꼬리 민태 생산량의 전년대비 증가율은 10% 이하이다.

✍TIP ④ 2011년 새꼬리 민태 생산량의 전년대비 증가율 : $\dfrac{12,447-10,852}{10,852}\times100=14.7\%$

따라서 10%를 초과한다.

19 가다랑어를 제외한 나머지 어종 중에서 2014년 톤당 생산가격이 가장 높은 어종은 무엇인가?

① 황다랑어   ② 명태

③ 새꼬리 민태   ④ 민대구

> ❊**TIP** 톤당 생산가격 $= \dfrac{\text{생산금액}}{\text{생산량}}$ 으로 구한다(단위는 생략).
>
> ① 황다랑어 : $\dfrac{163,068}{63,971} = 2.55$
>
> ② 명태 : $\dfrac{49,479}{31,624} = 1.56$
>
> ③ 새꼬리 민태 : $\dfrac{18,209}{8,681} = 2.10$
>
> ④ 민대구 : $\dfrac{8,689}{3,162} = 2.75$

20 다음은 가구의 구성원 수에 따른 최저 생계비를 산출하여 연도별로 정리한 자료이다. 다음 보기 중 올바르게 해석한 것을 모두 고르면?

(단위 : 천 원/월)

구분	2009	2010	2011	2012	2013	2014	2015
1인 가구	491	504	532	553	572	603	617
2인 가구	836	858	906	942	974	1,027	1,051
3인 가구	1,081	1,110	1,173	1,218	1,260	1,329	1,360
4인 가구	1,327	1,363	1,439	1,495	1,546	1,630	1,668
5인 가구	1,572	1,615	1,705	1,772	1,832	1,932	1,977
6인 가구	1,817	1,867	1,971	2,048	2,118	2,234	2,286

〈보기〉
ⓐ 최저 생계비는 가구원의 수와 무관하게 계속 증가하고 있다.
ⓑ 가구 구성원의 수가 증가하면 최저 생계비 또한 증가한다.
ⓒ 4인 가구의 최저 생계비는 2인 가구의 2배이다.

① ㉠   ② ㉡

③ ㉡㉢   ④ ㉠㉡

> ❊**TIP** ㉢ 4인 가구의 최저 생계비는 2인 가구의 2배가 되지 않는다.

| 21~22 | 다음은 공무원 단체 가입 현황에 관한 통계자료이다. 물음에 답하시오.

(단위 : 명, %)

구분		2005	2006	2007	2008	2009	2010
전체	가입대상	264,410	275,827	282,100	288,895	300,235	289,057
	가입자	172,190	187,647	135,885	219,587	228,934	185,998
	가입률	65.1	68.0	48.2	76.0	76.3	64.3
중앙부처	가입대상	49,417	46,689	41,284	43,560	56,737	56,651
	가입자	18,511	21,842	33,911	35,488	37,479	31,792
	가입률	37.5	46.8	82.1	81.5	66.0	56.1
지방자치단체 (광역)	가입대상	28,284	30,109	47,476	34,593	34,053	35,778
	가입자	22,696	24,296	23,253	26,701	27,554	26,106
	가입률	80.2	80.7	48.9	77.2	79.2	73.0
지방자치단체 (기초)	가입대상	150,460	158,887	157,203	150,051	147,980	147,221
	가입자	124,382	131,271	49,773	123,319	118,744	102,670
	가입률	82.7	82.6	31.6	82.2	80.2	69.7
교육청	가입대상	36,249	40,142	36,137	51,298	49,859	49,407
	가입자	6,601	10,238	28,948	34,079	35,382	25,430
	가입률	18.2	25.5	80.1	66.4	72.2	51.5

21 다음 설명 중 틀린 해석은?

① 2010년 전체 가입자는 2005년에 비해 증가하였다.

② 중앙부처의 가입률이 교육청의 가입률보다 매년 더 높다.

③ 2010년 현재 비가입자 수보다 가입자 수가 더 많다고 할 수 있다.

④ 2007년도가 가입대상자 대비 가입자의 비율이 가장 작았던 해다.

⊗ **TIP** ② 2009년에는 중앙부처의 가입률이 교육청의 가입률보다 더 낮다.

22 2008년 교육청 비가입자 수는?

① 17,236명   ② 17,450명

③ 18,050명   ④ 18,670명

> ✪**TIP**   비가입률 : $100 - 66.4 = 33.6(\%)$
>
> $$51,298 \times \frac{33.6}{100} = 17,236(명)$$

23 다음은 우리나라의 시·군 중 올해 경지 면적, 논 면적, 밭 면적 상위 5개 시·군에 관한 표이다. 이에 대한 설명으로 옳지 않은 것은?

(단위 : ha)

구분	순위	시·군	면적
경지 면적	1	해남군	35,369
	2	제주시	31,585
	3	서귀포시	31,271
	4	김제시	28,501
	5	서산시	27,285
논 면적	1	김제시	23,415
	2	해남군	23,042
	3	서산시	21,730
	4	당진시	21,726
	5	익산시	19,067
밭 면적	1	제주시	31,577
	2	서귀포시	31,246
	3	안동시	13,231
	4	해남군	12,327
	5	상주시	11,047

※ 경지면적 = 논 면적 + 밭 면적
※ 순위는 면적이 큰 시·군부터 순서대로 부여함

① 해남군의 경지 면적은 상주시의 밭 면적의 3배 이상이다.

② 김제시는 해남군보다 밭 면적은 작지만 논 면적은 크다.

③ 해남군은 세 부분에서 모두 5위 안에 들었다.

④ 제주시 논 면적은 서귀포시 논 면적보다 크다.

TIP 제주시 논 면적 : 31,585−31,577=8
서귀포시 논 면적 : 31,271−31,246=25
따라서 제주시 논 면적은 서귀포시 논 면적보다 작다.

24 다음은 연도별 결혼이민자와 혼인귀화자 현황에 대한 자료이다. 이에 대한 설명으로 옳은 것을 모두 고르면?

(단위 : 명)

연도	결혼이민자	혼인귀화자
2005	75,011	7,075
2006	93,786	10,419
2007	110,362	14,609
2008	122,552	22,525
2009	125,087	39,666
2010	141,654	49,938
2011	144,681	60,671
2012	148,498	68,404
2013	150,865	77,425
2014	150,994	85,507

〈보기〉
㉠ 결혼이민자와 혼인귀화자의 수는 매년 증가하고 있다.
㉡ 2006~2014년 동안 결혼이민자가 전년대비 가장 많이 증가한 해에 혼인귀화자도 전년대비 가장 많이 증가하였다.
㉢ 2006~2014년 동안 혼인귀화자의 전년대비 증가율이 가장 높은 해는 2009년이다.
㉣ 2014년 혼인귀화자의 전년대비 증가율은 약 10%이다.

① ㉠

② ㉠㉡

③ ㉡㉣

④ ㉠㉢㉣

TIP ㉡ 결혼이민자가 전년대비 가장 많이 증가한 해는 2006년이지만 혼인귀화자가 전년대비 가장 많이 증가한 해는 2009년이다.

ANSWER 〉 22.① 23.④ 24.④

25 다음은 A~E기업의 재무 자료이다. 다음 자료에서 재고자산 회전율이 가장 높은 기업과 매출채권 회전율이 가장 높은 기업을 바르게 짝지은 것은?

(단위 : 억 원)

기업	매출액	재고자산	매출채권	매입채무
A	1,000	50	30	20
B	2,000	40	80	50
C	1,500	80	30	50
D	2,500	60	90	25
E	3,000	80	30	20

※ 재고자산 회전율(회) $= \dfrac{\text{매출액}}{\text{재고자산}}$

※ 매출채권 회전율(회) $= \dfrac{\text{매출액}}{\text{매출채권}}$

① A, B

② C, D

③ B, E

④ E, A

❈**TIP**

	재고자산 회전율(회)	매출채권 회전율(회)
A	$\dfrac{1,000}{50} = 20$	$\dfrac{1,000}{30} = 33.34$
B	$\dfrac{2,000}{40} = 50$	$\dfrac{2,000}{80} = 25$
C	$\dfrac{1,500}{80} = 18.75$	$\dfrac{1,500}{30} = 50$
D	$\dfrac{2,500}{60} = 41.67$	$\dfrac{2,500}{90} = 27.78$
E	$\dfrac{3,000}{80} = 37.5$	$\dfrac{3,000}{30} = 100$

26 다음 2002~2009년 동안의 가정폭력의 처분결과에 관한 자료이다. 이에 대한 설명으로 옳지 않은 것은?

(단위 : 명)

연도	총 접수 인원	기소				소년 보호 송치	가정 보호 송치	불기소	기소 중지	참고인 중지
		소계	구공판		구약식					
			구속	불구속						
2002	10,615	4,335	467	311	3,557	97	1,290	4,893	108	43
2003	4,781	913	202	83	621	22	1,016	2,830	31	2
2004	12,232	4,367	236	235	3,896	45	1,286	4,131	351	49
2005	6,079	1,166	114	88	964	14	947	3,859	82	11
2006	3,932	600	39	60	501	6	657	2,635	28	6
2007	3,174	443	69	374	374	7	611	2,102	9	2
2008	19,249	2,885	245	423	2,217	62	3,100	13,047	148	6
2009	19,191	2,697	217	418	2,062	55	3,055	13,257	117	10

※ 가정폭력행위자 기소율(%) = $\dfrac{\text{가정폭력행위로 기소된 사람수}}{\text{총 접수인원}} \times 100$

※ 가정폭력행위자 불기소율(%) = $\dfrac{\text{가정폭력행위로 불기소된 사람수}}{\text{총 접수인원}} \times 100$

① 2009년 가정폭력행위자 기소율은 2002년 기소율보다 26%p 정도 감소하였다.

② 2003년 가정폭력행위자 불기소율은 전년대비 감소하였다.

③ 2003년 기소인원의 전년대비 감소율은 약 79%이다.

④ 2008년 가정폭력 총 접수인원과 불기소 인원은 전년 인원의 6배 이상이다.

✤**TIP** ② 2002년 가정폭력행위자 불기소율은 46.1%이고, 2003년 가정폭력행위자 불기소율은 59.2%이므로 불기소율은 전년대비 증가하였다.

┃27~28┃ 다음은 우리나라 농수산식품의 수출입 동향을 나타낸 자료이다. 물음에 답하시오.

(단위 : 백만 달러)

		2010년	2011년	2012년	2013년	2014년
수출	소계	4,070	4,846	5,261	5,112	5,099
	농산물	3,595	4,328	4,713	4,532	4,498
	축산물	160	182	203	213	210
	임산물	315	336	345	367	391
수입	소계	23,289	30,190	40,323	42,555	43,532
	농산물	14,026	17,758	23,694	25,847	28,189
	축산물	3,295	5,648	8,691	7,851	6,328
	임산물	5,968	6,784	7,938	8,857	9,015
무역수지		−19,219	−25,344	−35,062	−37,443	−41,433

27 위의 표에 대한 설명으로 옳은 것은?

① 최근 5년 동안 무역수지 적자는 약 3.15배 증가하였다.

② 2014년 농산물의 수입액은 같은 해 농산물의 수출액의 약 7.06배에 달한다.

③ 최근 5년 동안의 농수산식품 총 수출액의 합은 2010년 농수산식품 총 수입액보다 작다.

④ 농수산식품 수출에 있어서 농산물의 수출이 2012년 이후부터 감소하고 있는 만큼 이에 대한 대책 마련이 시급하다.

🍀**TIP**　① 41,433 ÷ 19,219 ≒ 2.15…
　　　　 ② 2014년 농산물의 수입액 : 28,189
　　　　　　2014년 농산물의 수출액 : 4,498
　　　　　　28,189 ÷ 4,498 ≒ 6.26…
　　　　 ③ 최근 5년 동안의 농수산식품 총 수출액의 합 : 24,388
　　　　　　2010년 농수산식품 총 수입액 : 23,289

28 다음 중 농수산식품의 총 수입액 중 농산물의 비율이 다른 해에 비해 가장 높았던 해는 언제인가?

① 2011년   ② 2012년

③ 2013년   ④ 2014년

> ✿TIP   최근 5년 동안의 농수산식품 총 수입액 중 농산물의 비율
> ㉠ 2010년 : 약 60.2%
> ㉡ 2011년 : 약 58.8%
> ㉢ 2012년 : 약 58.8%
> ㉣ 2013년 : 약 60.7%
> ㉤ 2014년 : 약 64.7%

29 다음 표는 2004년~2013년 5개 자연재해 유형별 피해금액에 관한 자료이다. 이에 대한 설명 중 옳지 않은 것은?

(단위 : 억 원)

유형＼연도	2004	2005	2006	2007	2008	2009	2010	2011	2012	2013
태풍	3,416	1,385	118	1,609	9	0	1,725	2,183	8,765	17
호우	2,150	3,520	19,063	435	581	2,549	1,808	5,276	384	1,581
대설	6,739	5,500	52	74	36	128	663	480	204	113
강풍	0	93	140	69	11	70	2	0	267	9
풍랑	0	0	57	331	0	241	70	3	0	0
전체	12,305	10,498	19,430	2,518	637	2,988	4,268	7,942	9,620	1,720

① 풍랑의 피해금액이 0원인 해는 2004년, 2005년, 2008년, 2012년, 2013년이다.

② 피해금액이 매년 10억 원보다 큰 자연재해 유형은 호우와 대설이다.

③ 2010년 대설의 피해금액은 2004~2013년 강풍 피해금액 합계보다 작다.

④ 2009년 호우의 피해금액은 전체 피해 금액의 80% 이상이다.

> ✿TIP   2010년 대설의 피해금액 : 663(억 원)
> 2004~2013년 강풍 피해금액 합계 : 93+140+69+11+70+2+267+9=661(억 원)

┃30~31┃ 다음은 인천공항, 김포공항, 양양공항, 김해공항, 제주공항을 이용한 승객을 연령별로 분류해 놓은 표이다. 물음에 답하시오.

구분	10대	20대	30대	40대	50대	총 인원수
인천공항	13%	36%	20%	15%	16%	5,000명
김포공항	8%	21%	33%	24%	14%	3,000명
양양공항	·	17%	37%	39%	7%	1,500명
김해공항	·	11%	42%	30%	17%	1,000명
제주공항	18%	23%	15%	28%	16%	4,500명

30 인천공항의 이용승객 중 20대 승객은 모두 몇 명인가?

① 1,600명   ② 1,700명

③ 1,800명   ④ 1,900명

    ✿TIP $5,000 \times 0.36 = 1,800$명

31 김포공항 이용승객 중 30대 이상 승객은 김해공항 30대 이상 승객의 약 몇 배인가? (소수점 둘째 자리에서 반올림 하시오.)

① 2.3배   ② 2.4배

③ 2.5배   ④ 2.6배

    ✿TIP ㉠ 김포공항의 30대 이상 승객 : $33\% + 24\% + 14\% = 71\%$이므로 $3,000 \times 0.71 = 2,130$명
                ㉡ 김해공항의 30대 이상 승객 : $42\% + 30\% + 17\% = 89\%$이므로 $1,000 \times 0.89 = 890$명
                ∴ $2,130 \div 890 ≒ 2.4$배

| 32~33 | 다음은 방화, 뺑소니 발생현황에 대한 표이다. 물음에 답하시오.

구분	2008년	2009년	2010년	2011년	2012년	2013년	2014년
방화	6,580	6,627	6,978	7,359	7,855	7,751	7,119
뺑소니	2,446	2,440	2,868	3,206	2,920	3,750	4,325
계	9,026	9,067	9,846	10,565	10,775	11,501	11,444

32 방화 및 뺑소니의 발생빈도의 합이 10,000건 이상인 해의 발생 건수를 모두 더하면?

① 44,255

② 44,265

③ 44,275

④ 44,285

※ **TIP** 방화와 뺑소니의 발생빈도 합계가 10,000건 이상인 해는 2011년, 2012년, 2013년, 2014년 이다.

10,565 + 10,775 + 11,501 + 11,444 = 44,285

33 위의 표를 통해 알 수 있는 내용은?

① 방화범죄는 2012년에 정점을 찍은 후 조금씩 감소하고 있다.

② 뺑소니범죄는 2009년부터 매년 꾸준히 증가하고 있다.

③ 뺑소니범의 대부분은 10대 청소년들이다.

④ 방화범들은 주로 새벽시간대를 노린다.

※ **TIP** ② 뺑소니범죄는 2012년에 한 번 감소했다.
③ 뺑소니범의 연령대는 알 수 없다.
④ 방화범죄가 일어나는 시간대는 알 수 없다.

┃34~35┃ 다음은 어느 기업의 해외 수출 상담실적에 관한 자료이다. 물음에 답하시오.

구분	2012년	2013년	2014년
아르헨티나	361	429	418
말레이시아	480	412	396
베트남	387	435	492
러시아	529	631	658
노르웨이	230	224	253
캐나다	385	498	754
브라질	936	458	785

34 이 회사의 대 캐나다 수출 상담실적의 2014년 증감률은? (단, 소수점 둘째자리에서 반올림하시오.)

① 43.2%   ② 47.1%

③ 51.4%   ④ 56.9%

✿**TIP** 증감률 구하는 공식은 $\dfrac{\text{올해 매출} - \text{전년도 매출}}{\text{전년도 매출}} \times 100$이다.

따라서 $\dfrac{754 - 498}{498} \times 100 \fallingdotseq 51.4(\%)$

35 2013년 이 회사의 남미 국가 수출 상담실적은 동남아 국가의 몇 배인가? (단, 소수점 셋째 자리에서 반올림하시오.)

① 1.05배   ② 1.09배

③ 1.12배   ④ 1.23배

✿**TIP** 2013년 남미 국가 수출 상담실적은 429(아르헨티나) + 458(브라질) = 887이고,
동남아 국가 수출 상담실적은 412(말레이시아) + 435(베트남) = 847이므로
$\dfrac{887}{847} \fallingdotseq 1.05$배이다.

❚36~37❚ 다음은 2009년부터 2013년까지 5년 동안 A, B, C사의 매출액을 나타낸 것이다. 표를 보고 물음에 답하시오.

(단위 : 백만 원)

	2009년	2010년	2011년	2012년	2013년
A사	58,365,216	62,682,974	65,914,653	72,584,689	79,519,753
B사	49,682,581	61,585,268	72,914,358	79,358,621	84,695,127
C사	69,548,587	65,845,239	63,254,169	59,473,982	55,691,472

36 2009년부터 2013년까지 A사의 매출액은 얼마만큼 증가하였나?

① 21,154,517백만 원 ② 21,154,527백만 원

③ 21,154,537백만 원 ④ 21,154,547백만 원

❀**TIP** $79,519,753 - 58,365,216 = 21,154,537$

37 B사의 2013년 매출액은 2009년 매출액의 몇 배인가? (소수 둘째 자리까지 구하시오.)

① 1.53 ② 1.69

③ 1.70 ④ 1.84

❀**TIP** $84,695,127 \div 49,682,581 ≒ 1.70\cdots$

ANSWER 〉 **34.③ 35.① 36.③ 37.③**

| 38~39 | 다음은 지역별 재건축 및 대체에너지 설비투자 현황에 관한 자료이다. 물음에 답하시오.

(단위 : 건, 억 원, %)

지역	재건축 건수	건축공사비(A)	대체에너지 설비투자액				대체에너지 설비투자 비율
			태양열	태양광	지열	합(B)	
강남	28	15,230	32	150	385	567	( )
강북	24	11,549	29	136	403	568	( )
분당	26	13,697	33	264	315	612	4.46
강서	31	10,584	26	198	296	520	( )
강동	22	8,361	13	210	338	561	6.70

※ 대체에너지 설비투자 비율 = (B/A) × 100

38 위의 표에 대한 설명으로 옳지 않은 것은?

① 재건축 건수 1건당 건축공사비가 가장 적은 곳은 강서이다.

② 강남~강동 지역의 대체에너지 설비투자 비율은 각각 4% 이상이다.

③ 강동 지역에서 지열 설비투자액이 280억 원으로 줄어들어도 대체에너지 설비투자 비율은 6% 이상이다.

④ 5개의 지역 중 태양열 설비투자액이 두 번째로 높은 지역은 대체에너지 설비투자 비율이 가장 낮다.

✵**TIP** 강남 지역의 대체에너지 설비투자 비율은 3.72%이다.

$$\frac{567}{15,230} \times 100 ≒ 3.72(\%)$$

39 강서 지역의 지열 설비투자액이 250억 원으로 줄어들 경우 대체에너지 설비투자 비율의 변화는?

① 약 0.35%p 감소　　　　② 약 0.39%p 감소

③ 약 0.40%p 감소　　　　④ 약 0.43%p 감소

✵**TIP** 강서 지역의 지열 설비투자액이 250억 원으로 줄어들 경우 대체에너지 설비투자액의 합(B)은 474억 원이 된다. 이때의 대체에너지 설비투자 비율은 $\frac{474}{10,584} \times 100 ≒ 4.48$이므로 원래의 대체에너지 설비투자 비율인 4.91에 비해 약 0.43%p 감소한 것으로 볼 수 있다.

▌40~42▐ 다음은 호텔 4곳을 경영하는 다이스에서 2015년 VIP 회원의 직업별 구성 비율을 각 지점별로 조사한 자료이다. 물음에 답하시오. (단, 가장 오른쪽은 각 지점의 회원 수가 전 지점의 회원 총수에서 차지하는 비율이다.)

구분	공무원	기업인	자영업	외국인	각 지점/전 지점
A	30%	20%	10%	40%	20%
B	10%	40%	20%	30%	30%
C	10%	30%	20%	40%	40%
D	10%	40%	30%	20%	10%
전 지점	( )	32%	( )	35%	100%

40 다이스 각 지점에서 자영업자의 수는 회원 총수의 몇 %인가?

① 16% ② 17%
③ 18% ④ 19%

※**TIP** A : $0.2 \times 0.1 = 0.02 = 2(\%)$
B : $0.3 \times 0.2 = 0.06 = 6(\%)$
C : $0.4 \times 0.2 = 0.08 = 8(\%)$
D : $0.1 \times 0.3 = 0.03 = 3(\%)$
∴ A + B + C + D = 19(%)

41 C지점의 회원 수를 3년 전과 비교했을 때 외국인의 수는 2배 증가했고 자영업자와 공무원의 수는 절반으로 감소했으며 그 외는 변동이 없었다. 그렇다면 3년 전 기업인의 비율은? (단, C지점의 2015년 VIP회원의 수는 200명이다.)

① 약 25.34% ② 약 27.27%
③ 약 29.16% ④ 약 31.08%

※**TIP** 2015년 C지점의 회원 수는 공무원 20명, 기업인 60명, 자영업자 40명, 외국인 80명이다. 따라서 2012년의 회원 수는 공무원 40명, 기업인 60명, 자영업자 80명, 외국인 40명이 된다. 이 중 기업인의 비율은 $\frac{60}{220} \times 100 \fallingdotseq 27.27\%$가 된다.

42 D지점의 외국인 수가 400명일 때 A지점의 외국인 회원 수는?

① 1,300명   ② 1,400명

③ 1,500명   ④ 1,600명

      ✿TIP   D지점의 외국인이 차지하는 비율 : $0.1 \times 0.2 = 0.02 = 2(\%)$
              A지점의 외국인이 차지하는 비율 : $0.2 \times 0.4 = 0.08 = 8(\%)$
              D지점의 외국인 수가 400명이므로 $2 : 8 = 400 : x$
              $\therefore \ x = 1,600(명)$

❚43~44❚ 다음 자료는 최근 3년간의 행정구역별 출생자 수를 나타낸 표이다. 물음에 답하시오.

(단위 : 명)

	2012년	2013년	2014년
서울특별시	513	648	673
부산광역시	436	486	517
대구광역시	215	254	261
울산광역시	468	502	536
인천광역시	362	430	477
대전광역시	196	231	258
광주광역시	250	236	219
제주특별자치시	359	357	361
세종특별자치시	269	308	330

43 다음 보기 중 2012년부터 2014년까지 출생자가 가장 많이 증가한 행정구역은?

① 부산   ② 울산

③ 대전   ④ 세종

      ✿TIP   ① 부산 : $517 - 436 = 81$
              ② 울산 : $536 - 468 = 68$
              ③ 대전 : $258 - 196 = 62$
              ④ 세종 : $330 - 269 = 61$

44 위의 표를 보고 해석한 것으로 알맞은 것은?

① 2014년 대구광역시 출생자수와 제주지역의 출생자 수의 합은 광주광역시의 2014년 출생자 수보다 약 2.53배 더 크다.

② 서울특별시와 제주특별자치시의 2013년 출생자의 합은 2012년 같은 지역의 출생자의 합보다 135명 더 많다.

③ 2014년 대전광역시 출생자 수와 광주광역시 출생자 수의 합은 2014년 인천광역시 출생자 수와 같다.

④ 2013년 부산광역시 출생자 수는 2013년 대전광역시 출생자 수의 2배보다 작다.

✖**TIP** ① 261 + 361 = 622

622 ÷ 219 ≒ 2.84

② 2013년 서울특별시와 제주특별자치시의 출생자 합 : 1,005명

2012년 서울특별시와 제주특별자치시의 출생자 합 : 872명

따라서 133명이 더 많다.

③ 258 + 219 = 477

④ 231 × 2 = 462이므로 2배보다 많다.

ANSWER 〉 42.④ 43.① 44.③

| 45~46 | 다음은 철수의 3월 생활비 40만 원의 항목별 비율을 나타낸 자료이다. 물음에 답하시오.

구분	학원비	식비	교통비	기타
비율(%)	35	15	35	15

45 식비 및 교통비의 지출 비율이 아래 표와 같을 때 다음 설명 중 가장 적절한 것은 무엇인가?

〈표1〉 식비 지출 비율

항목	채소	과일	육류	어류	기타
비율(%)	30	20	25	15	10

〈표2〉 교통비 지출 비율

교통수단	버스	지하철	자가용	택시	기타
비율(%)	50	25	15	5	5

① 식비에서 채소 구입에 사용한 금액은 교통비에서 자가용 이용에 사용한 금액보다 크다.

② 교통비에서 지하철을 타는데 지출한 비용은 식비에서 육류를 구입하는데 지출한 비용의 약 2.3배에 달한다.

③ 철수의 3월 생활비 중 교통비에 지출된 금액은 총 12만 5천 원이다.

④ 교통비에서 자가용을 타는데 지출한 금액은 식비에서 과일과 어류를 구입하는데 지출한 비용보다 크다.

� TIP 각각의 금액을 구해보면 다음과 같다.

철수의 3월 생활비 40만 원의 항목별 비율과 금액

구분	학원비	식비	교통비	기타
비율(%)	35	15	35	15
금액(만 원)	14	6	14	6

〈표1〉 식비 지출 비율과 금액

항목	채소	과일	육류	어류	기타
비율(%)	30	20	25	15	10
금액(만 원)	1.8	1.2	1.5	0.9	0.6

〈표2〉 교통비 지출 비율과 금액

교통수단	버스	지하철	자가용	택시	기타
비율(%)	50	25	15	5	5
금액(만 원)	7	3.5	2.1	0.7	0.7

① 식비에서 채소 구입에 사용한 금액 : 1만 8천 원

　　교통비에서 자가용 이용에 사용한 금액 : 2만 1천 원

② 교통비에서 지하철을 타는데 지출한 비용 : 3만 5천 원

　　식비에서 육류를 구입하는데 지출한 비용 : 1만 5천 원

③ 철수의 3월 생활비 중 교통비 : 14만 원

④ 교통비에서 자가용을 타는데 지출한 금액 : 2만 1천 원

　　식비에서 과일과 어류를 구입하는데 지출한 비용 : 1만 2천 원 + 9천 원

46 철수의 2월 생활비가 35만 원이었고 각 항목별 생활비의 비율이 3월과 같았다면 3월에 지출한 교통비는 2월에 비해 얼마나 증가하였는가?

① 17,500원

② 19,000원

③ 20,500원

④ 22,000원

　　✖TIP 2월 생활비 35만원의 항목별 금액은 다음과 같다.

구분	학원비	식비	교통비	기타
비율(%)	35	15	35	15
금액(만 원)	12.25	5.25	12.25	5.25

따라서 3월에 교통비가 14만 원이므로 2월에 비해 17,500원 증가하였다.

ANSWER 〉 45.② 46.①

▮47~48▮ 다음은 주식시장에서 외국인의 최근 한 달간의 주요 매매 정보 자료이다. 물음에 답하시오.

	순매수			순매도	
종목명	수량(백주)	금액(백만원)	종목명	수량(백주)	금액(백만원)
A 그룹	5,620	695,790	가 그룹	84,930	598,360
B 그룹	138,340	1,325,000	나 그룹	2,150	754,180
C 그룹	13,570	284,350	다 그룹	96,750	162,580
D 그룹	24,850	965,780	라 그룹	96,690	753,540
E 그룹	70,320	110,210	마 그룹	12,360	296,320

47 다음 설명 중 옳은 것은?

① 외국인은 가 그룹의 주식 8,493,000주를 팔아치우고 D그룹의 주식 1,357,000주를 사들였다.

② C 그룹과 D 그룹, E 그룹의 순매수량의 합은 B 그룹의 순매수량보다 작다.

③ 다 그룹의 순매도량은 라 그룹의 순매도량보다 작다.

④ 나 그룹의 순매도액은 598,360(백만원)이다.

✖**TIP** ② 13,570 + 24,850 + 70,320 = 108,740이다.

48 다음 중 옳지 않은 것은?

① 외국인들은 A 그룹보다 D 그룹의 주식을 더 많이 사들였다.

② 가 그룹과 마 그룹의 순매도량의 합은 다 그룹의 순매도량보다 많다.

③ 나 그룹의 순매도액은 라 그룹의 순매도액보다 많다.

④ A 그룹과 D 그룹의 순매수액의 합은 B 그룹의 순매수액보다 작다.

✿**TIP** ④ $695,790 + 965,780 = 1,661,570$

49~50 다음 표는 A~G 지역의 재활용품 수거에 관한 자료이다. 물음에 답하시오.

〈표1〉 수거된 재활용품의 유형별 비율

(단위 : %)

유형＼지역	A	B	C	D	E	F	G
종이류	70.6	58.2	25.0	40.4	19.0	26.1	25.5
병류	9.9	6.8	6.5	21.6	44.7	11.6	17.4
고철류	8.3	25.7	58.1	13.8	24.8	11.9	25.9
캔류	2.7	2.6	1.7	6.8	4.4	4.5	7.9
플라스틱류	6.2	5.0	3.2	11.4	5.5	6.9	8.3
기타	2.3	1.7	5.5	6.0	1.6	39.0	15.0
전체	100.0	100.0	100.0	100.0	100.0	100.0	100.0

〈표2〉 재활용품 수거량과 인구특성

항목＼지역	A	B	C	D	E	F	G
재활용품 수거량(톤/일)	88.8	81.8	70.8	62.9	45.3	21.5	21.0
1인당 재활용품 수거량(g/일)	328.1	375.8	362.5	252.8	323.7	244.4	232.9
인구(천명)	270.6	217.7	195.4	248.7	140.0	87.8	90.0
인구밀도(명/km²)	970.0	664.6	584.0	681.4	415.6	161.0	118.6
1차 산업 인구구성비(%)	6.5	5.7	13.3	8.4	14.3	37.9	42.0
2차 산업 인구구성비(%)	21.6	14.3	23.9	23.6	15.4	11.4	13.8
3차 산업 인구구성비(%)	71.9	80.0	62.8	68.0	70.3	50.7	44.2

49 다음 설명 중 옳지 않은 것을 모두 고르면?

> ⊙ 2차 산업 인구구성비가 높은 지역일수록 수거된 재활용품 중 고철류 비율이 높다.
> ⓒ 3차 산업 인구구성비가 높은 지역일수록 재활용품 수거량이 많다.
> ⓒ 인구밀도가 높은 상위 3개 지역과 수거된 재활용품 중 종이류 비율이 높은 상위 3개 지역은 동일하다.
> ⓔ 1인당 재활용품 수거량이 가장 적은 지역은 수거된 재활용품 중 종이류 비율이 가장 높다.

① ⊙ⓒ
② ⓒⓔ
③ ⊙ⓒⓒ
④ ⊙ⓒⓔ

❀ **TIP** ⊙ B와 D의 경우 2차 산업 인구구성비는 D가 높지만, 재활용품 중 고철류 비율은 B가 높다.
ⓒ 3차 산업 인구구성비는 B가 가장 높지만, 재활용품 수거량은 A가 가장 높다.
ⓔ 1인당 재활용품 수거량이 가장 적은 지역은 G이지만, 재활용품 중 종이류 비율이 가장 높은 곳은 A이다.

50 D도시에서 3차 산업에 종사하는 인구는 총 몇 명인가?

① 168,522명
② 169,116명
③ 169,134명
④ 169,216명

❀ **TIP** D도시의 인구는 248.7 × 1,000 = 248,700명이고,
이 중 3차 산업의 인구구성비는 68%이므로 3차 산업 인구는 248,700 × 0.68 = 169,116명

ANSWER 〉 49.④ 50.②

03 도식추리

〉〉 인문계 추리

|1~5| 다음 제시된 도식 기호들(◎, ☆, ♥)은 일정한 규칙에 따라 문자들을 변화시킨다. 괄호 안에 들어갈 알맞은 문자를 고르시오.

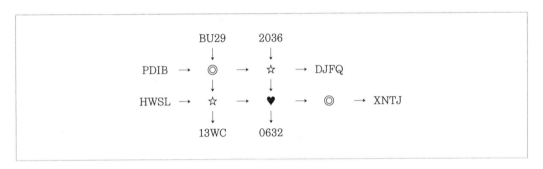

1

$$STCO \rightarrow ♥ \rightarrow ◎ \rightarrow (\quad)$$

① CSTO
② DUUQ
③ QUUD
④ STOC

> ✿**TIP** ㉠ ♥ : 세 번째 자리의 문자를 맨 앞으로 보낸다.
> ㉡ ◎ : 문자에 +1212를 더한다.
> STCO → CSTO → DUUQ

2

$$ZMAY \rightarrow ◎ \rightarrow ☆ \rightarrow (\quad)$$

① AZMY
② YAMZ
③ ABOA
④ AOBA

> ✿**TIP** ㉠ ◎ : 문자에 +1212를 더한다.
> ㉡ ☆ : 문자를 역순으로 배열한다.
> ZMAY → AOBA → ABOA

3

$$TEAB \rightarrow ☆ \rightarrow ♥ \rightarrow (\quad)$$

① ATEB   ② TEAB

③ BAET   ④ EBAT

❀TIP   ㉠ ☆ : 문자를 역순으로 배열한다.
         ㉡ ♥ : 세 번째 자리의 문자를 맨 앞으로 보낸다.
         TEAB → BAET → EBAT

4

$$FEBY \rightarrow ◎ \rightarrow ♥ \rightarrow (\quad)$$

① BFEY   ② CGGA

③ GGCA   ④ FBEY

❀TIP   ㉠ ◎ : 문자에 +1212를 더한다.
         ㉡ ♥ : 세 번째 자리의 문자를 맨 앞으로 보낸다.
         FEBY → GGCA → CGGA

5

$$OSMG \rightarrow ♥ \rightarrow ☆ \rightarrow (\quad)$$

① GSOM   ② GOSM

③ MOSG   ④ OSMG

❀TIP   ㉠ ♥ : 세 번째 자리의 문자를 맨 앞으로 보낸다.
         ㉡ ☆ : 문자를 역순으로 배열한다.
         OSMG → MOSG → GSOM

ANSWER 〉 1.②   2.③   3.④   4.②   5.①

┃6~10┃ 다음 제시된 도식 기호들(◖, ▰, ◎, ◉)은 일정한 규칙에 따라 문자들을 변화시킨다. 괄호 안에 들어갈 알맞은 문자를 고르시오.

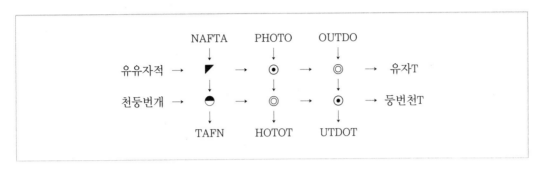

```
              NAFTA      PHOTO      OUTDO
                ↓          ↓          ↓
   유유자적 →   ▰    →    ◉    →    ◎    →  유자T
                ↓          ↓          ↓
   천둥번개 →   ◖    →    ◎    →    ◉    →  둥번천T
                ↓          ↓          ↓
              TAFN       HOTOT      UTDOT
```

6

| 삐뚤어질테다 → ◉ → ◖ → (　　) |

① T뚤어질테다삐 　　　　　② 뚤어질테다T

③ 삐뚤어질테다T 　　　　　④ 뚤어질테다삐T

❀**TIP**　① 삐뚤어질테다 → 삐뚤어질테다T → T뚤어질테다삐의 과정을 거친다.
　　　㉠ ◖ : 맨 앞자리 문자와 맨 끝자리 문자의 순서를 바꾼다.
　　　㉡ ▰ : 맨 끝자리 문자를 삭제한다.
　　　㉢ ◎ : 맨 앞자리 문자를 삭제한다.
　　　㉣ ◉ : 맨 끝자리에 T를 더한다.

7

| ANSWER → ◎ → ▰ → ◖ → (　　) |

① ANSWERT 　　　　　② NSWERT

③ ANSWET 　　　　　④ ESWN

❀**TIP**　④ ANSWER → NSWER → NSWE → ESWN의 과정을 거친다.

8

CHAPTER → ◖ → ⊙ → ▛ → ◎ → (   )

① CHAPTERT

② RCHAPTE

③ HAPTERC

④ HAPTEC

※ **TIP** ④ CHAPTER → RHAPTEC → RHAPTECT → RHAPTEC → HAPTEC의 과정을 거친다.

9

dafkljk → ▛ → ◎ → ⊙ → ⊙ → (   )

① kafkljdTT

② afkljTT

③ kfkldaTT

④ dafkljTT

※ **TIP** ② dafkljk → dafklj → afklj → afkljT → afkljTT의 과정을 거친다.

10

583126891 → ⊙ → ◎ → ◖ → ▛ → (   )

① 583126891T

② 83126891T

③ T3126891

④ T31268918

※ **TIP** ③ 583126891 → 583126891T → 83126891T → T31268918 → T3126891의 과정을 거친다.

| 11~15 | 다음 제시된 도식 기호들(♧, ♣, ☏, ☎)은 일정한 규칙에 따라 문자들을 변화시킨다. 괄호 안에 들어갈 알맞은 문자를 고르시오.

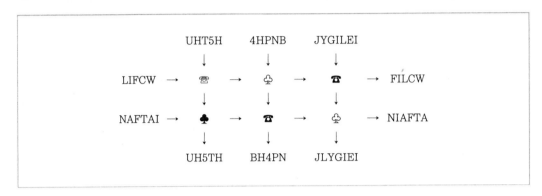

11

$$가갸거겨날 → ☎ → ♣ → ☏ → (\quad)$$

① 날가갸거겨
③ 날가겨거갸

② 가갸거겨날
④ 날가갸겨거

✿ **TIP** ③ 가갸거겨날 → 날가갸거겨 → 날가갸겨거 → 날가겨거갸의 과정을 거친다.
ⓐ ♧ : 맨 앞자리 문자와 두 번째 문자 순서 바꾸기
ⓑ ♣ : 맨 뒷자리 문자와 그 앞자리 문자 순서 바꾸기
ⓒ ☏ : 세 번째 문자 맨 뒷자리로 보내기
ⓓ ☎ : 다섯 번째 문자 맨 앞자리로 보내기

12

$$DRIVE → ♧ → ☎ → ♧ → (\quad)$$

① REDIV
③ DRIVE

② ERDIV
④ RDIVE

✿ **TIP** ① DRIVE → RDIVE → ERDIV → REDIV의 과정을 거친다.

13

용비어천가 → ♣ → ☏ → ☎ → (　　)

① 어용비가천　　　　② 용비가천어
③ 용비어천가　　　　④ 용비어가천

❀**TIP**　① 용비어천가→용비어가천→용비가천어→어용비가천의 과정을 거친다.

14

오페라하우스 → ♧ → ☏ → ☎ → (　　)

① 페오하우스라　　　② 스페오하우라
③ 페오라하우스　　　④ 오페라하우스

❀**TIP**　② 오페라하우스→페오라하우스→페오하우스라→스페오하우라의 과정을 거친다.

15

해커양성교육기관 → ♣ → ♧ → ☏ → (　　)

① 커해양성교육관기　　② 해커양성교육기관
③ 해커양성교육관기　　④ 커해성교육관기양

❀**TIP**　④ 해커양성교육기관→해커양성교육관기→커해양성교육관기→커해성교육관기양의 과정을 거친다.

다음 제시된 도식 기호들(□, ■, ▷, ▶)은 일정한 규칙에 따라 문자들을 변화시킨다. 괄호 안에 들어갈 알맞은 문자를 고르시오.

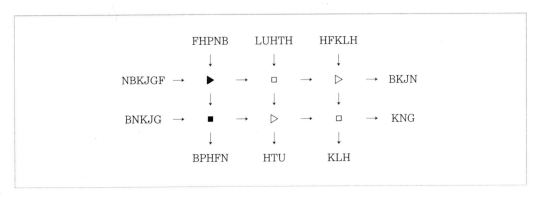

16

851687531 → ▷ → ■ → ▶ → (   )

① 586175318　　　　　　　　② 858617531
③ 516875318　　　　　　　　④ 851687531

✿TIP ② 851687531→516875318→586175318→858617531의 과정을 거친다.
　　㉠ □ : 첫 번째 문자와 마지막 문자 삭제하기
　　㉡ ■ : 두 번째 문자와 네 번째 문자 순서 바꾸기
　　㉢ ▷ : 맨 앞자리 문자를 맨 뒤로 보내기
　　㉣ ▶ : 맨 뒷자리 문자를 맨 앞으로 보내기

17

마이클반포터고흐 → ▶ → ■ → □ → (   )

① 흐클이마반포터고　　　　　② 마이클반포터고흐
③ 클이마반포터　　　　　　　④ 흐마이클반포터고

✿TIP ③ 마이클반포터고흐→흐마이클반포터고→흐클이마반포터고→클이마반포터의 과정을 거친다.

18

사검명혁점강→ ■ → ▷ → ▷ →(　　)

① 사혁명검점강　　　　② 혁명검점강사

③ 사검명혁점강　　　　④ 명검점강사혁

❀**TIP** ④ 사검명혁점강→사혁명검점강→혁명검점강사→명검점강사혁의 과정을 거친다.

19

네할바르니르→ ▶ → ▶ → ■ →(　　)

① 니할네르바르　　　　② 니르네할바르

③ 네할바르니르　　　　④ 르네할바르니

❀**TIP** ① 네할바르니르→르네할바르니→니르네할바르→니할네르바르의 과정을 거친다.

20

가1나2다3라4마5→ ▶ → ▶ → ▢ →(　　)

① 5가1나2다3라4마　　　② 마5가1나2다3라4

③ 5가1나2다3라　　　　④ 가1나2다3라4마5

❀**TIP** ③ 가1나2다3라4마5→5가1나2다3라4마→마5가1나2다3라4→5가1나2다3라의 과정을 거친다.

ANSWER 〉 16.② 17.③ 18.④ 19.① 20.③

21~25 다음 제시된 도식 기호들(◱, ◲, ◷, ◶)은 일정한 규칙에 따라 문자들을 변화시킨다. 괄호 안에 들어갈 알맞은 문자를 고르시오.

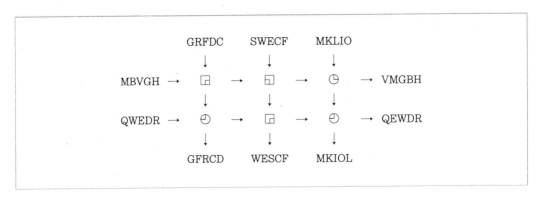

21

$$82187915 \rightarrow ◱ \rightarrow ◷ \rightarrow ◱ \rightarrow (\quad)$$

① 82187915

② 81827915

③ 18827915

④ 81287915

    TIP ③ 82187915 → 81287915 → 81827915 → 18827915의 과정을 거친다.
        ⑦ ◱ : 첫 번째 문자와 두 번째 문자 순서 바꾸기
        ⓛ ◲ : 두 번째 문자와 세 번째 문자 순서 바꾸기
        ⓒ ◷ : 세 번째 문자와 네 번째 문자 순서 바꾸기
        ② ◶ : 네 번째 문자와 다섯 번째 문자 순서 바꾸기

22

$$9528173281 \rightarrow ◶ \rightarrow ◱ \rightarrow ◷ \rightarrow (\quad)$$

① 9251873281

② 9215873281

③ 9521873281

④ 9528173281

    TIP ② 9528173281 → 9521873281 → 9251873281 → 9215873281의 과정을 거친다.

23

위국헌신군인본분 → ⊟ → ⊟ → ⊕ → (   )

① 국헌신위군인본분　　　　　② 국헌위신군인본분

③ 국위헌신군인본분　　　　　④ 위국헌신군인본분

    �ખ**TIP**　① 위국헌신군인본분 → 국위헌신군인본분 → 국헌위신군인본분 → 국헌신위군인본분의 과정을 거친다.

24

강남엄마짱 → ⊕ → ⊕ → ⊟ → (   )

① 강남엄마짱　　　　　② 강남엄짱마

③ 강남짱엄마　　　　　④ 강짱남엄마

    ✠**TIP**　④ 강남엄마짱 → 강남엄짱마 → 강남짱엄마 → 강짱남엄마의 과정을 거친다.

25

JHGRTTY → ⊟ → ⊕ → ⊟ → ⊕ → (   )

① GJTHRTY　　　　　② GJHTRTY

③ JHGRTTY　　　　　④ JGHRTTY

    ✠**TIP**　① JHGRTTY → JGHRTTY → JGHTRTY → GJHTRTY → GJTHRTY의 과정을 거친다.

▌26~30 ▌ 다음 제시된 도식 기호들(★, ☆, ♥, ♡)은 일정한 규칙에 따라 문자들을 변화시킨다. 괄호 안에 들어갈 알맞은 문자를 고르시오.

26

PPOR52D → ♥ → ★ → ♡ → (   )

① 2O5RP2P

② P2PDOR5

③ 225ROPP

④ OP52DR

✿TIP ③ PPOR52D → PPOR52 → 25ROPP → 225ROPP의 과정을 거친다.

ㄱ ★ : 모든 문자열의 순서를 거꾸로 바꾼다(1234 → 4321).

ㄴ ☆ : 맨 앞자리와 두 번째 자리의 문자의 순서를 바꾼다(1234 → 2134).

ㄷ ♥ : 맨 뒷자리의 문자를 삭제한다(1234 → 123).

ㄹ ♡ : 맨 앞자리의 문자와 동일한 문자를 맨 앞에 삽입한다(1234 → 11234).

27

IHWRXSEQ → ♥ → ★ → ♡ → (   )

① WHQRXSEI

② RXSEQIWHQ

③ WRXSEQIHQ

④ EESXRWHI

✿TIP ④ IHWRXSEQ → IHWRXSE → ESXRWHI → EESXRWHI의 과정을 거친다.

28

올1올2올3올4올5 → ♡ → ★ → ♥ → ♡ → (   )

① 올1올2올3올4올5　　　　　　② 55올4올3올2올1올

③ 5올4올3올2올1올올　　　　　　④ 올54올3올2올1올

❁**TIP**　②　올1올2올3올4올5 → 올올1올2올3올4올5 → 5올4올3올2올1올올 → 5올4올3올2올1올올 → 55올4올3
올2올1올의 과정을 거친다.

29

45217934 → ★ → ♥ → ♥ → ♡ → (   )

① 54293417　　　　　　② 934452171

③ 52144793　　　　　　④ 4439712

❁**TIP**　④ 45217934 → 43971254 → 4397125 → 439712 → 4439712의 과정을 거친다.

30

HOTR321 → ☆ → ★ → ☆ → ♥ → (   )

① 13R2THO　　　　　　② RTH123O

③ 213RTH　　　　　　④ 123RTHO

❁**TIP**　③ HOTR321 → OHTR321 → 123RTHO → 213RTHO → 213RTH의 과정을 거친다.

| 31~35 | 다음 제시된 도식 기호들(⋈, ⋈, ▼, ▼)은 일정한 규칙에 따라 문자들을 변화시킨다. ( )
안에 들어갈 알맞은 것을 고르시오.

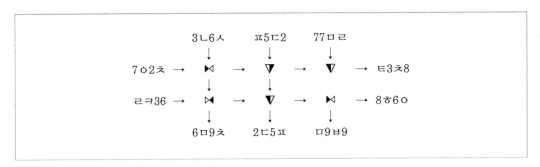

31

$$ㅁ1ㅇ6 → ▼ → ⋈ → (\quad)$$

① ㅂㅊ28　　　　　　　　② ㅅㅈ37

③ 7ㅈ3ㅅ　　　　　　　　④ 82ㅊㅂ

    ✿**TIP** ② ㅁ1ㅇ6 → ㅁㅇ16 → ㅅㅈ37의 과정을 거친다.

        ⊙ ⋈ : 각 자리에 1, 2, 1, 2를 더한다.

        ⊙ ⋈ : 각 자리에 2, 1, 2, 1을 더한다.

        ⊙ ▼ : 맨 앞자리와 맨 끝자리의 문자의 순서를 바꾼다.

        ⊙ ▼ : 둘째, 셋째자리의 문자의 순서를 바꾼다.

32

$$5W2F → ⋈ → ▼ → ⋈ → (\quad)$$

① 63YH　　　　　　　　② 84AI

③ 75ZJ　　　　　　　　④ 7Z5J

    ✿**TIP** ③ 5W2F → 6Y3H → 63YH → 75ZJ의 과정을 거친다.

33

$$24ㅈㅌ → ▷◁ → ▷◁ → ▽ → (\quad)$$

① 48ㅋㄴ

② 4ㅋ8ㄴ

③ 66ㅍㅎ

④ 6ㅍ6ㅎ

❀TIP　④ 24ㅈㅌ→45ㅋㅍ→66ㅍㅎ→6ㅍ6ㅎ의 과정을 거친다.

34

$$ㄹ7ㅈ5 → ▷◁ → ▽ → (\quad) → 79ㅊㅁ$$

① ▷◁

② 없음

③ ▽

④ ▽

❀TIP　② ㄹ7ㅈ5→ㅁ9ㅊ7→79ㅊㅁ이므로 더 이상 도식이 필요하지 않다.

35

$$ㅅㄹ13 → ▽ → (\quad) → ▽ → 53ㅁㅇ$$

① ▷◁

② ▷◁

③ ▽

④ ▽

❀TIP　① ㅅㄹ13→ㅅㄹ3, ㅇ3ㅁ5→53ㅁㅇ이므로 ㅅㄹ3→ㅇ3ㅁ5의 과정을 거치기 위해서는 각 자리에 1, 2, 1, 2를 더하는 도식 ▷◁가 들어가야 한다.

ANSWER 〉 31.② 32.③ 33.④ 34.② 35.①

┃36~40┃ 다음 제시된 도식 기호들(♟, ♕, ♖, ♜)은 일정한 규칙에 따라 문자들을 변화시킨다. ( ) 안에 들어갈 알맞은 것을 고르시오.

36

$$OMㄹV → ♜ → ♕ → (\quad)$$

① MVㅇㄹ
② MㅇVㄹ
③ ㄹVㅇM
④ VㄹMㅇ

✿**TIP** ② OMㄹV→VㄹMㅇ→MㅇVㄹ의 과정을 거친다.
　　　㉠ ♟ : 각 자리마다 2를 빼준다.
　　　㉡ ♕ : 앞의 두 문자와 뒤의 두 문자의 순서를 바꾼다(1234→3412).
　　　㉢ ♖ : 둘째, 셋째자리의 문자의 순서를 바꾼다(1234→1324).
　　　㉣ ♜ : 모든 문자열의 순서를 바꾼다(1234→4321).

37

$$QJGL → ♟ → ♖ → ♕ → (\quad)$$

① HJOE
② JHEO
③ OHEJ
④ JEHO

✿**TIP** ① QJGL→OHEJ→OEHJ→HJOE의 과정을 거친다.

38

K ㄹ U ㅂ → ♟ → ♟ → ♕ → (   )

① ㄹㄴSI   ② ㄹSㄴI
③ ㄴIㄹS   ④ ㅁTㄷH

❀ **TIP** ③ KㄹUㅂ → ㅂUㄹK → ㄹSㄴI → ㄴIㄹS의 과정을 거친다.

39

ㅁㅇㄹㅊ → ♕ → (   ) → ㄹㅁㅊㅇ

① ♟   ② ♕
③ ♜   ④ ♟

❀ **TIP** ③ ㅁㅇㄹㅊ → ㄹㅊㅁㅇ에서 ㄹㅁㅊㅇ으로 되는 과정을 거치려면 둘째, 셋째자리의 문자의 순서를 바꾸는 도식 ♜가 필요하다.

40

ㅋXㅊV → (   ) → ♟ → ♕ → VㅈTㅇ

① ♟   ② ♕
③ ♜   ④ ♟

❀ **TIP** ④ 역순으로 유추하면 VㅈTㅇ ← TㅇVㅈ ← VㅊXㅋ이므로 ㅋXㅊV → VㅊXㅋ의 과정을 거치려면 모든 문자열의 순서를 바꾸는 도식 ♟이 필요하다.

ANSWER 〉 36.② 37.① 38.③ 39.③ 40.④

❚41~45❚ 다음 제시된 도식 기호들(■, ■, ■, ■)은 일정한 규칙에 따라 문자들을 변화시킨다. ( ) 안에 들어갈 알맞은 것을 고르시오.

```
                          37ㅁㅅ        ㅍ4ㄷ6
                            ↓            ↓
          ㅂㅊ26 →   ■   →   ■   →   ■   → 3ㅋ7ㅅ
                            ↓            ↓
          7ㄹ1ㅈ →   ■   →   ■   →   ■   → ㅅ60ㄴ
                            ↓            ↓
                          ㅁ7ㅅ3        ㄹㅎ57
```

41

$$ㅇ8ㅅ6 → ■ → ■ → (\quad)$$

① ㅇㅈ97 ② ㅂㅂ74

③ ㅅㅁ56 ④ ㅈㅇ79

❀TIP ② ㅇ8ㅅ6→ㅅㅇ86→ㅂㅂ74의 과정을 거친다.
　　　㉠ ■ : 셋째자리 문자를 맨 앞으로 이동(1234→3124)
　　　㉡ ■ : 각 자리마다 1을 더한다.
　　　㉢ ■ : 둘째자리 문자를 맨 뒤로 이동(1234→1342)
　　　㉣ ■ : 각 자리에 1, 2, 1, 2를 뺀다.

42

$$74ㄹㅌ → ■ → ■ → ■ → (\quad)$$

① ㅍ8ㅁ5 ② ㅋ5ㄷ2

③ 8ㅁㅍ5 ④ ㅁ5ㅍ8

❀TIP ① 74ㄹㅌ→7ㄹㅌ4→ㅌ7ㄹ4→ㅍ8ㅁ5의 과정을 거친다.

43

$$5ㅊ2ㅁ → \boxed{\downarrow} → \boxed{\rightarrow} → \boxed{\uparrow} → (\quad)$$

① 41ㄷㅇ ② 14ㅇㄷ

③ 25ㅈㄹ ④ 52ㄹㅈ

🍀**TIP** ④ 5ㅊ2ㅁ → 4ㅇ1ㄷ → 41ㄷㅇ → 52ㄹㅈ의 과정을 거친다.

44

$$ㅁ3ㅍ7 → (\quad) → \boxed{\downarrow} → ㄹㅋ61$$

① $\boxed{\leftarrow}$ ② $\boxed{\uparrow}$

③ $\boxed{\rightarrow}$ ④ $\boxed{\downarrow}$

🍀**TIP** ③ 역순으로 유추하면 ㄹㅋ61 ← ㅁㅍ73이므로 ㅁ3ㅍ7 → ㅁㅍ73의 과정을 거치려면 둘째자리 문자를 맨 뒤로 이동시키는 도식 $\boxed{\rightarrow}$이 필요하다.

45

$$ㅈㄴ52 → \boxed{\uparrow} → (\quad) → \boxed{\rightarrow} → 6ㄷ3ㅊ$$

① $\boxed{\leftarrow}$ ② $\boxed{\uparrow}$

③ $\boxed{\rightarrow}$ ④ $\boxed{\downarrow}$

🍀**TIP** ① ㅈㄴ52 → ㅊㄷ63, 6ㅊㄷ3 → 6ㄷ3ㅊ이므로 ㅊㄷ63 → 6ㅊㄷ3의 과정을 거치기 위해서는 셋째자리 문자를 맨 앞으로 이동시키는 도식 $\boxed{\leftarrow}$이 필요하다.

ANSWER 〉 41.② 42.① 43.④ 44.③ 45.①

∥46~50∥ 다음 제시된 도식 기호들(☺, ☻, ■ ☼)은 일정한 규칙에 따라 문자들을 변화시킨다. (　) 안에 들어갈 알맞은 것을 고르시오.

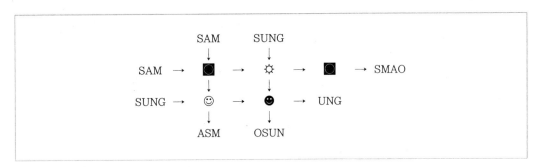

46

$$KIMM → ☺ → ☺ → (　)$$

① IMMK
② MMKI
③ MMIK
④ KMMI

✤**TIP** ② KIMM→IMMK→MMKI의 과정을 거친다.
　㉠ ☺ : 맨 앞자리의 문자를 맨 뒤로 보낸다.
　㉡ ☻ : 맨 끝자리 문자를 삭제한다.
　㉢ ■ : 맨 앞자리의 문자와 맨 끝자리의 문자를 바꾼다.
　㉣ ☼ : 맨 앞자리 문자에 O를 더한다.

47

$$JLPOKKI → ■ → ☻ → (　)$$

① ILPOKKJ
② POKKJI
③ JLPOKKI
④ ILPOKK

✤**TIP** ④ JLPOKKI→ILPOKKJ→ILPOKK의 과정을 거친다.

48

$$\text{BOURGEOIS} \rightarrow ☼ \rightarrow ◉ \rightarrow ☺ \rightarrow (\quad)$$

① BOURGEOIOS

② SBOURGEOIO

③ OBOURGEOIS

④ RGEOIOSBOU

❀**TIP** ① BOURGEOIS→OBOURGEOIS→SBOURGEOIO→BOURGEOIOS의 과정을 거친다.

49

$$\text{YOUI} \rightarrow ☻ \rightarrow (\quad) \rightarrow \text{UOY}$$

① ☺

② ☻

③ ◉

④ ☼

❀**TIP** ③ YOUI→YOU의 과정을 거쳐 UOY이 되기 위해서는 맨 앞자리의 문자와 맨 끝자리의 문자를 바꾸는 도식 ◉가 들어가야 한다.

50

$$\text{PPONGGJ} \rightarrow ☼ \rightarrow ◉ \rightarrow ☺ \rightarrow (\quad)$$

① JPPONGG

② PPONGGOJ

③ PPONGG

④ OPPONGGJ

❀**TIP** ② PPONGGJ→OPPONGGJ→JPPONGGO→PPONGGOJ의 과정을 거친다.

〉〉 이공계 추리

❚1~8❚ 다음의 도형을 주어진 명령규칙에 따른 순서도에 입력할 때 나오는 출력값으로 알맞은 것을 고르시오.

1

2

① ○

② ○

③ □

④ □

※ TIP

3

입력
비교
모양
크기
Y
색깔
?
N

①

②

③

④

✿TIP

모양
크기
Y
색깔

4

①

②

③

④

❀TIP

5

① ○

② ●

③ ○ (큰 원)

④ ● (큰 회색 원)

✿ **TIP**

6

①

②

③

④

✿**TIP**

7

① ○

② ●

③ □

④ ▨

✿**TIP**

8

① ⭕

② ⬜

③ 🔘

④ ⬛

✿TIP ⬛은 ⬜과 비교할 때 모양과 색깔은 같고 크기는 다르다.

따라서 ⬛ → | 모양 | 색깔 | → ⭕

❚9~11❚ 다음의 도형을 주어진 명령규칙에 따른 순서도에 입력할 때 나오는 출력값으로 알맞은 것을 고르시오.

① ②

③ ④

10

11

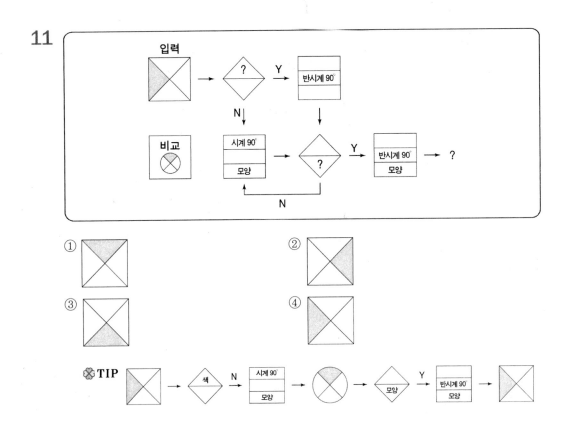

① ② ③ ④

⊗TIP

[12~14] 다음의 도형을 주어진 명령규칙에 따른 순서도에 입력할 때 나오는 출력값으로 알맞은 것을 고르시오.

〈도형〉

〈명령규칙〉 • 변형

+1
-1
색깔

• 비교(같으면 Y, 다르면 N)

색깔
모양

〈예시〉

1. +1 : 정 n 면체 → 정 $(n+1)$ 면체
2. -1 : 정 n 면체 → 정 $(n-1)$ 면체

12

入력

색깔

비교

Y → -1 / 색깔 → ?

N → +1 / 색깔 → ?

① △

② ▲

③ ⬠

④ ⬠

❀TIP □ → 색깔 → ■ → 모양 Y → -1 / 색깔 → △

13

입력

비교

Y

N

-1

-1

색깔

-1

색깔

?

?

?

?

①

②

③

④

✿TIP

색깔

Y

-1

색깔

Y

-1

색깔

14

①

②

③

④

✿**TIP**

|15~17| 다음의 도형을 주어진 명령규칙에 따른 순서도에 입력할 때 나오는 출력값으로 알맞은 것을 고르시오.

15

①
②
③
④

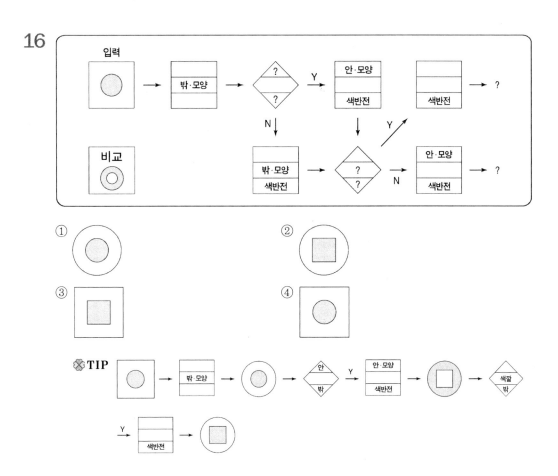

①

②

③

④

17

입력

비교

밖·모양 | 안·모양 밖·모양 색반전 | 밖·모양 | 밖·모양 | 안·모양 | 안·모양 색반전

Y N N Y

① ② ③ ④

✿TIP

입력 → 밖·모양 → ▢ → 밖 Y→ 안·모양 밖·모양 색반전 → ● → 밖

N→ 안·모양 밖·모양 색반전 → ▣ → 밖 Y→ 안·모양 → ● → 안 밖 Y→ 밖·모양 → ◉

18~29 다음 제시된 〈조건1〉은 도형들의 결합 조건이며, 〈조건2〉는 해당 칸의 도형과 투입한 도형의 동일 여부를 비교하는 기호이다. [투입]된 도형을 순서도에 따라 진행하면서 〈조건1〉과 〈조건2〉를 적용하고, 최종적으로 [산출]되는 도형을 고르시오. (단, 〈조건2〉에 따라 비교할 대상은 [산출] 시 제시된 도형의 왼쪽 모양이다.)

〈조건2〉

○	외부 도형 비교
◎	내부 도형 비교
●	내·외부 도형 비교

* 투입된 모양 중 왼쪽의 2개의 모양을 그 기준으로 삼는다.

ANSWER 〉 17.③

①

②

③

④

⊛ **TIP** 제시된 전체 〈조건1〉을 정리하면 다음과 같다.

기호에 의해 새로 산출된 도형은 처음 투입된 도형 3, 4의 위치가 된다. 비교할 때에는 도형 1, 2가 그 기준이 된다.

19

① ②

③ ④

✿TIP

20

21

22

※TIP

23

①

②

③

④

✿TIP

24

①

②

③

④

✿TIP

25

①

②

③

④

※ TIP

26

27

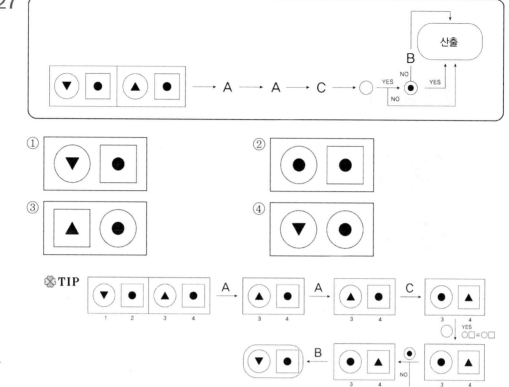

28

①

②

③

④

✿TIP

29

①   ②

③   ④

TIP

▌30～34▌ 다음 제시된 〈조건1〉은 도형의 변환 조건이며, 〈조건2〉는 순서도에서 다음 단계로 가기 위한 비교 조건이다. [투입]된 도형을 순서도에 따라 진행하면서 〈조건1〉과 〈조건2〉를 적용하고, 최종적으로 [산출]되는 도형을 고르시오.

〈조건1〉	
○	시계 방향으로 90° 회전
●	반시계 방향으로 90° 회전
◇	색 반전
◁	세로축(Y축) 대칭
▽	가로축(X축) 대칭

〈조건2〉

N	1	2	3	4	5	6	7	8	9	10
Q	20	15	10	5	6	12	18	24	30	36

30

31

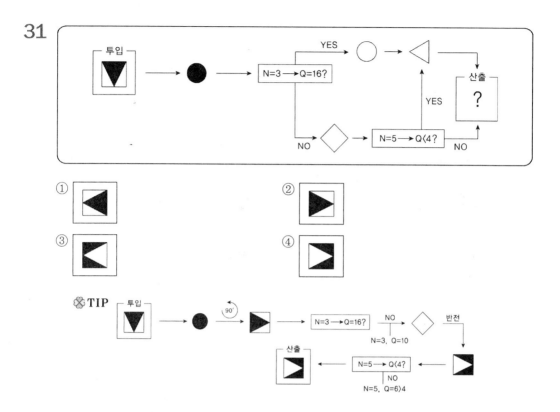

① ② ③ ④

⚜ **TIP** 투입 ● 90' ▶ N=3 → Q=16? NO ◇ 반전
N=3, Q=10
산출 ◀ N=5 → Q<4? ◀ ▶
NO
N=5, Q=6>4

32

34

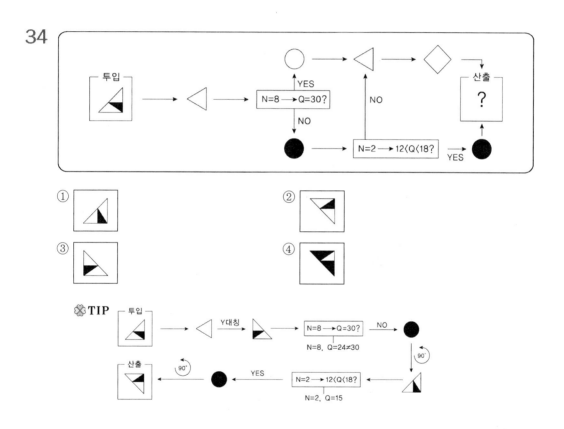

▌35~39▐ 다음 제시된 8개의 도형 가운데 하나가 [투입] 상자에 놓여있다. 순서도에 따라 진행하면서 모양·크기·색깔 등을 변환하거나 비교하였을 때 [산출] 상자에 들어갈 도형을 고르시오. (단, 비교 대상은 [투입] 상자의 왼쪽에 제시되며, [산출] 상자에 들어갈 도형이 AB, AC, AD, BC 중 하나일 경우 답을 두 개 선택한다.)

35

① A   ② B

③ C   ④ D

❀TIP

174 » PART Ⅱ. 출제예상문제

36

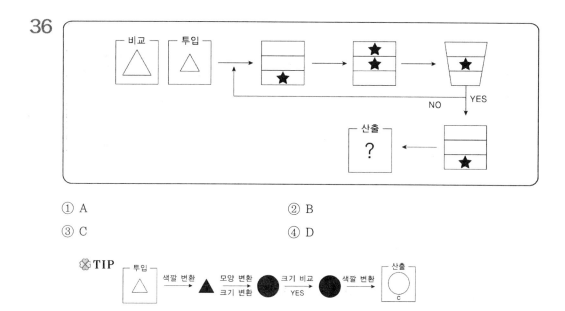

① A

② B

③ C

④ D

TIP

37

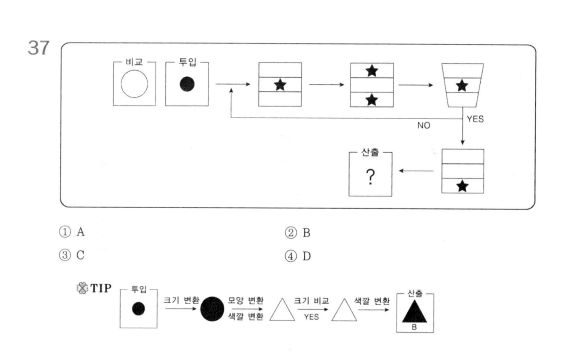

① A

② B

③ C

④ D

38

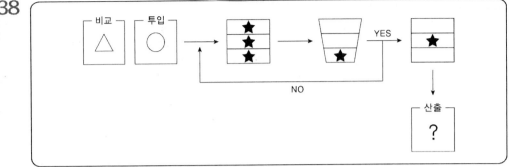

① A   ② B

③ C   ④ D

39

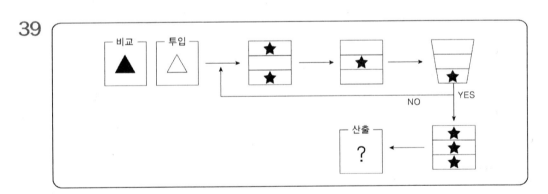

① A   ② B

③ C   ④ D

|40~44| 다음 제시된 8개의 도형 가운데 하나가 [투입] 상자에 놓여있다. 순서도에 따라 진행하면서 모양·크기·색깔 등을 변환하거나 비교하였을 때 [산출] 상자에 들어갈 도형을 고르시오. (단, 비교대상은 [투입] 상자의 왼쪽에 제시되며, [산출] 상자에 들어갈 도형이 AB, AC, AD, BC 중 하나일 경우 답을 두 개 선택한다.)

40

① A

② B

③ C

④ D

※**TIP**

41

① A   ② B

③ C   ④ D

❀**TIP**

42

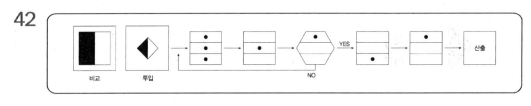

① A   ② B

③ C   ④ D

❀**TIP**

43

① A   ② B

③ C   ④ D

44

① A   ② B

③ C   ④ D

｜45~48｜ 다음 [조건 1], [조건 2], [조건 3]을 적용하면 다음과 같은 [규칙]이 될 때, "?"에 들어갈 도형으로 알맞은 것을 고르시오.

[조건 1]

○+△=△

△+□=□

○+□=○

[조건 2]

검정색+검정색=검정색

흰색+흰색=흰색

흰색+검정색=검정색

[조건 3]

가		나		다		라		마	
A	B	A+B	B	D	C	A	A+B	A+A′	B+B′
C	D	C	C+D	B	A	C+D	D	C+C′	D+D′

※ '마'는 앞에서 변형되어 나온 도형과 주어진 도형을 더하는 규칙이다.

[규칙]

45

①

②

③

④

46

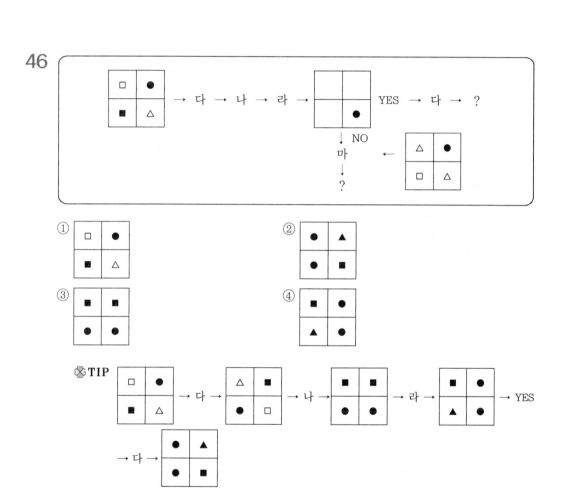

①

②

③

④

47

→ 다 → 나 → 라 →   YES → 다 → ?

↓ NO

마

↓

?

①

②

③

④

⊗**TIP**

→ 다 → → 나 → → 라 → → YES

→다 →

48

①

②

③

④

TIP

▌49~50 ▌ 제시된 도형을 아래의 [변환] 규칙과 [비교] 규칙에 따라 변환시킨다고 할 때, '?'에 들어 갈 도형으로 알맞은 것을 고르시오.

[변환]

⇨⇨	1열을 2열로 복제
⇩⇩	1행을 2행으로 복제
↶	가운데를 기준으로 반시계방향으로 한 칸씩 이동
⇧⇩	1행과 3행을 교환

[비교]

□	해당 칸의 최초 도형과 모양을 비교
◁	해당 칸의 최초 도형과 모양이 같으면 1열씩 왼쪽으로 이동
△	해당 칸의 최초 도형과 모양이 다르면 1행씩 위로 이동
■	해당 칸의 최초 도형과 색깔을 비교
●	해당 칸의 최초 도형과 색깔이 같으면 해당 행 색 반전
○	해당 칸의 최초 도형과 색깔이 다르면 해당 열 색 반전

49

50

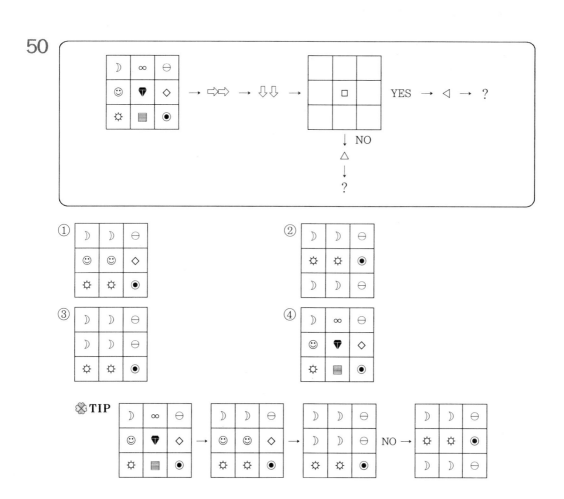

┃1~3┃ 다음 표를 참고하여 질문에 답하시오.

스위치	기능
○	1번과 2번 기계를 시계방향으로 90° 회전함
●	1번과 3번 기계를 시계방향으로 90° 회전함
◎	2번과 4번 기계를 시계방향으로 90° 회전함
◇	1번과 4번 기계를 반시계방향으로 90° 회전함
◆	2번과 3번 기계를 반시계방향으로 90° 회전함
□	3번과 4번 기계를 반시계방향으로 90° 회전함

1 처음 상태에서 스위치를 두 번 눌렀더니 화살표 모양과 같은 상태로 바뀌었다. 어떤 스위치를 눌렀는가?

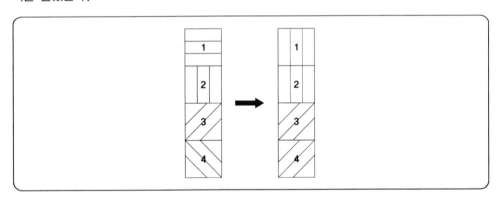

① ● ◇

② ● □

③ ◇ ◎

④ ◆ □

2 처음 상태에서 스위치를 두 번 눌렀더니 화살표 모양과 같은 상태로 바뀌었다. 어떤 스위치를 눌렀는가?

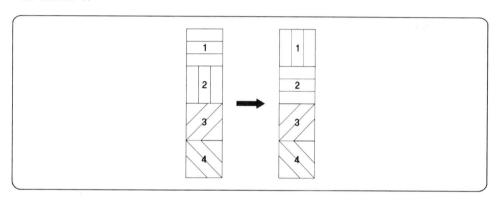

① ○ ◇

② ◎ □

③ ● ◆

④ ◇ ◆

3 처음 상태에서 스위치를 세 번 눌렀더니 화살표 모양과 같은 상태로 바뀌었다. 어떤 스위치를 눌렀는가?

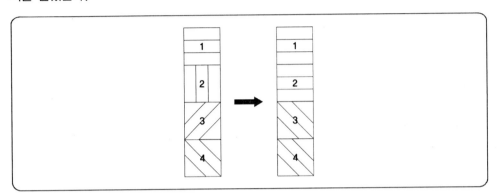

① ●○◆

② ○□◎

③ ◎◆□

④ ◎◇●

✿**TIP**

스위치	기능
☆	1번, 2번 기계를 180° 회전함
★	1번, 3번 기계를 180° 회전함
◇	2번, 3번 기계를 180° 회전함
◆	2번, 4번 기계를 180° 회전함
◖	1번, 3번 기계의 작동상태를 바꿈 (동작→정지, 정지→동작)
◗	2번, 4번 기계의 작동상태를 바꿈
○	모든 기계의 작동상태를 바꿈

△ : 동작, △ : 정지

4 처음 상태에서 스위치를 세 번 눌렀더니 다음과 같이 바뀌었다. 어떤 스위치를 눌렀는가?

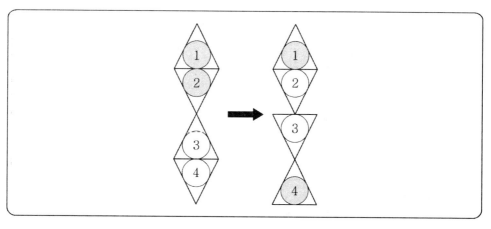

① ☆, ★, ◗ ② ☆, ★, ◖

③ ◇, ◆, ◗ ④ ◇, ◆, ◖

✤TIP 처음 상태와 나중 상태를 비교해보았을 때, 2번, 4번 기계의 작동상태가 변화했고, 3번, 4번 기계가 회전되어 있는 상태이다. ◇와 ◆ 스위치로 3번, 4번 기계를 회전시킨 후 ◗로 2번, 4번 기계의 작동 상태를 변화시키면 된다.

ANSWER 〉 3.④ 4.③

5 처음 상태에서 스위치를 세 번 눌렀더니 다음과 같이 바뀌었다. 어떤 스위치를 눌렀는가?

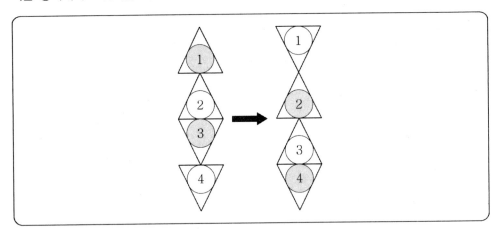

① ◆, ◓, ◒

② ★, ◇, ○

③ ◇, ◓, ◒

④ ☆, ◇, ○

🌸**TIP** 처음 상태와 나중 상태를 비교해보았을 때, 모든 기계의 작동상태가 변화했고, 1번, 3번 기계가 회전되어 있는 상태이다. 위와 같이 변화하기 위해서는 다음과 같은 두 가지 방법이 있다.
　ⓐ 1번, 3번 기계를 회전(★)시킨 후 ◓와 ◒으로 1~4번 기계의 작동 상태를 바꾸는 방법
　ⓑ 1번, 2번 기계를 회전(☆)시키고 2번, 3번 기계를 회전(◇)시킨 후 ○로 모든 기계의 작동 상태를 바꾸는 방법

6 처음 상태에서 스위치를 네 번 눌렀더니 다음과 같이 바뀌었다. 어떤 스위치를 눌렀는가? (단, 회전버튼과 상태버튼을 각 1회 이상씩 눌러야 한다)

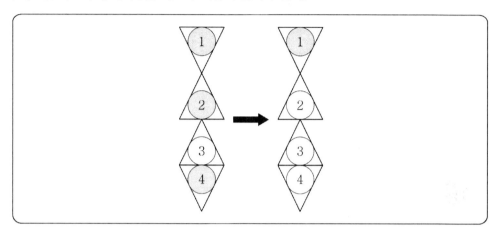

① ◇, ◆, ○, ◐

② ☆, ★, ◇, ◖

③ ★, ◇, ◆, ◖

④ ★, ★, ○, ◖

   ❀**TIP** 처음 상태와 나중 상태를 비교해보았을 때, 2번, 4번 기계의 작동상태가 변화했고, 회전은 없었다. 위와 같이 변화하기 위해서는 다음과 같은 방법이 있다.
      ㉠ ☆, ★, ◇를 누르면 1-2회전, 1-3회전, 2-3회전으로 회전 변화가 없고, ◖로 2번, 4번 작동상태를 바꾸는 방법
      ㉡ 아무 회전버튼이나 같은 버튼을 두 번 누른 후, ○로 1~4번의 작동상태를 모두 바꾸고 ◖로 1번 3번 작동상태를 바꾸는 방법

▌7~9▌ 주어진 명령어대로 변화하는 신호등이 있다. 다음의 결과 값을 보고 오류가 난 부분을 찾으시오.

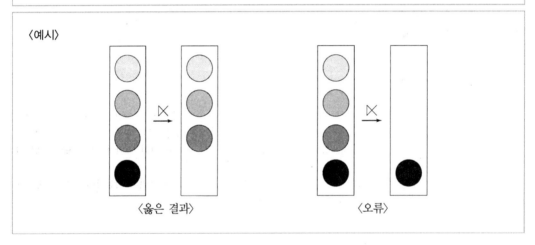

신호등	명령어	옳은 결과 값	오류
—노랑	◁	노랑, 초록, 빨강 통과	검정 통과
—초록	◁	검정 통과	아무것도 통과하지 못함
—빨강	✕	노랑, 초록 통과	빨강, 검정 통과
—검정	✕	빨강, 검정 통과	노랑, 초록 통과

〈예시〉

〈옳은 결과〉   〈오류〉

7

①

②

③

④ 없음

⁂TIP 명령어 ⨉ 는 노랑과 초록만 통과되고, 오류가 날 경우 빨강과 검정이 통과된다. 빨강이 통과되었

으므로 오류는 ⨉ 이다.

ANSWER 〉 7.③

8

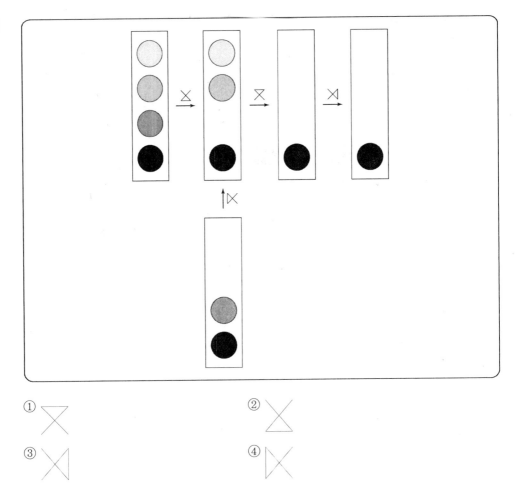

① ╳ (hourglass horizontal)

② ╳ (hourglass vertical)

③ ╳

④ ╳

✿**TIP** 명령어 ╳ 가 오류가 난 경우 빨강은 통과되지 않고 검정만 통과된다.

9

①   ②

③   ④

✿TIP 두 번째 명령어 ✕ 에서 오류가 나서 검정이 통과되었다.

▮10~12▮ 주어진 명령어대로 변화하는 신호등이 있다. 다음의 결과값을 보고 오류가 난 부분을 찾으시오.

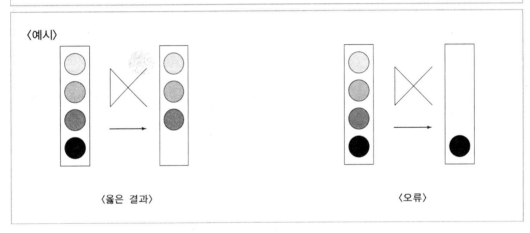

	명령어	옳은 결과 값	오류
노랑	⋈	노랑, 초록, 빨강만 통과	검정만 통과
초록	◁	검정만 통과	아무것도 통과하지 못함
빨강	✕	노랑, 초록만 통과	빨강, 검정만 통과
검정	⋉	빨강, 검정만 통과	노랑, 초록만 통과

〈예시〉

〈옳은 결과〉　　　　　　　　　　　　　　　　〈오류〉

10

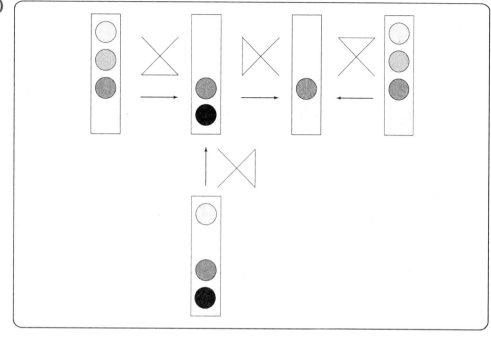

① △◁▷
② ▷◁
③ ▽◁
④ ▷◁▷

✖**TIP** 명령어 ✕에서 오류가 나서 빨간색이 통과되었다.

11

①   ②

③   ④

✿**TIP** 명령어 ⟍ 에서 오류가 나서 검정색이 통과되었다.

12

①

②

③

④

✿TIP 명령어 에서 오류가 나서 초록색이 통과되었다.

│13~16│ 다음은 어느 신호등 두 개가 겹쳐질 때 쓰이는 연산규칙이다. 오류가 난 연산을 찾으시오.

명령어	옳은 결과 값	오류
⊕	겹치는 신호등만 켜짐	⊖의 결과값
⊖	겹치는 신호등만 꺼짐	⊕의 결과값
⊗	각각의 신호등의 ON/OFF를 바꾼 후 3개 중 겹치는 신호등만 켜지고 나머지는 꺼짐	÷의 결과값
÷	각각의 신호등의 ON/OFF를 바꾼 후 3개 중 겹치는 신호등만 꺼지고 나머지는 켜짐	⊗의 결과값

〈예시〉

13

① ⊖

② ⊗

③ ⊕

④ 오류없음

⚜ **TIP** ⊕의 바른 결과값은 [◉] 이어야 한다.

14

① ⊗

② ⊕

③ ÷

④ 오류없음

⊗**TIP** 모두 옳은 결과이다.

15

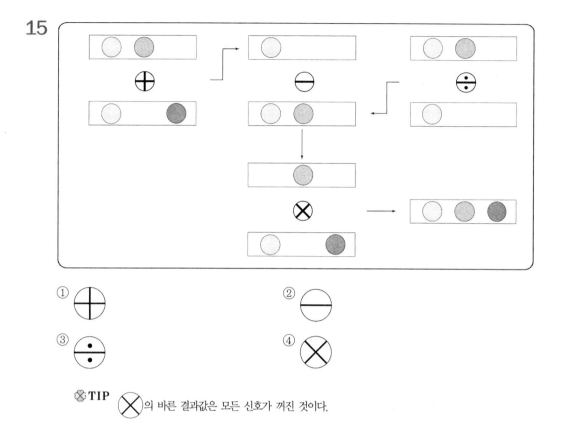

① $\bigoplus$

② $\bigominus$

③ $\div$ (in circle)

④ $\bigotimes$

✿**TIP** $\bigotimes$의 바른 결과값은 모든 신호가 꺼진 것이다.

16

① ⊗ ② ⊕

③ ⊙ ④ ⊖

🍀**TIP** ⊗의 바른 결과값은 [○] 이어야 한다.

❚17~20❚ 다음 주어진 규칙에 따라 ON/OFF가 바뀌는 신호등이 있다. 오류가 발생한 곳을 찾으시오.

신호등

명령	♡	♥	◇	♦	♧	♣	♤	♠
옳은 결과	노랑	초록	빨강	검정	노랑 초록	빨강 검정	노랑 빨강	초록 검정
오류	검정	빨강	초록	노랑	모두 눌림	안 눌림	모두 눌림	안 눌림

노랑
초록
빨강
검정

17

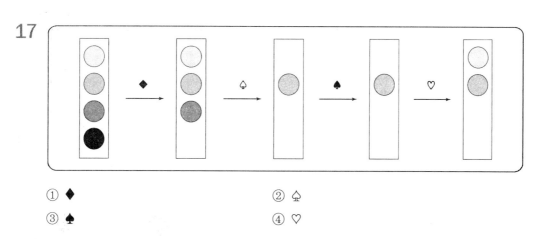

① ♦

② ♤

③ ♠

④ ♡

✧**TIP** 초록색 신호만 켜진 상태에서 ♠의 명령이 주어지면 초록색 신호는 꺼지고, 검정색 신호가 켜져야 한다.

ANSWER 〉 16.① 17.③

18

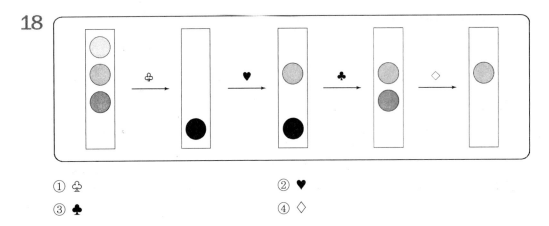

① ♧

② ♥

③ ♣

④ ◇

❀**TIP** 노랑, 초록, 빨강 신호가 켜진 상태에서 ♧명령이 주어지면 노랑, 초록 신호의 ON/OFF가 바뀌어 꺼지고 빨강신호만 남게 되는데, 오류로 인해 모든 신호의 ON/OFF가 바뀌었다.

19

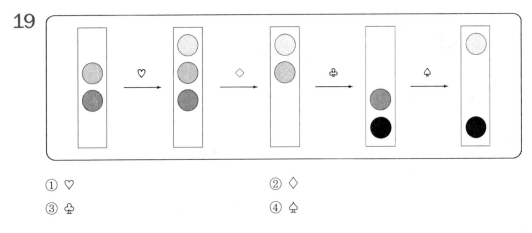

① ♡

② ◇

③ ♧

④ ♤

❀**TIP** 노랑, 초록 신호만 켜진 상태에서 ♧명령이 주어지면 노랑, 초록의 신호가 ON→OFF가 되는데, 오류로 인해 모든 신호의 ON/OFF가 바뀌었다.(노랑, 초록 : ON→OFF, 빨강, 검정 : OFF→ON)

20

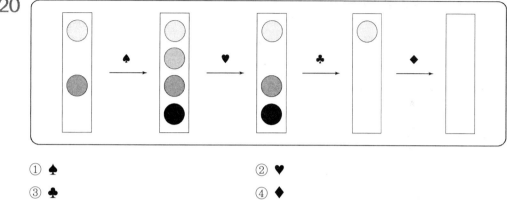

① ♠

② ♥

③ ♣

④ ◆

✪**TIP** 노랑 신호만 켜진 상태에서 ◆명령이 주어지면 검정신호가 OFF→ON 되어야 하는데, 오류로
인해 노랑 신호가 ON→OFF 되었다.

|21~23| 다음 표를 참고하여 질문에 답하시오.

스위치	기능
☆	1번, 2번 기계를 180° 회전함
★	1번, 3번 기계를 180° 회전함
◇	2번, 3번 기계를 180° 회전함
◆	2번, 4번 기계를 180° 회전함

21 처음 상태에서 스위치를 두 번 눌렀더니 다음과 같이 바뀌었다. 어떤 스위치를 눌렀는가?

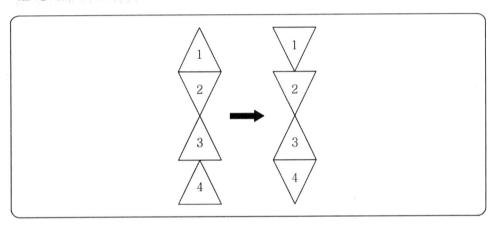

① ☆, ◆   ② ☆, ◇

③ ★, ◆   ④ ★, ◇

✿**TIP** 처음 상태와 나중 상태를 비교해보았을 때, 기계의 모양이 바뀐 것은 1번과 4번이다. 스위치가 두 번 눌러서 1번과 4번의 모양만 바꾸기 위해서는 1번, 2번 기계를 회전(☆)시키고 다시 2번, 4번 기계를 회전(◆)시키는 스위치를 누르면 된다.

22 처음 상태에서 스위치를 두 번 눌렀더니 다음과 같이 바뀌었다. 어떤 스위치를 눌렀는가?

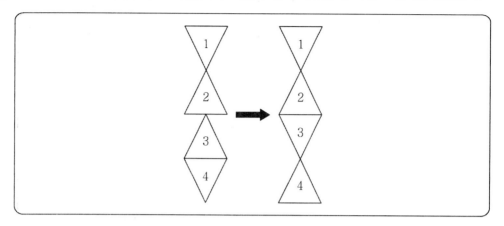

① ☆, ★   ② ◇, ◆

③ ☆, ◇   ④ ★, ◆

    ✿**TIP** 처음 상태와 나중 상태를 비교해보았을 때, 기계의 모양이 바뀐 것은 3번과 4번이다. 스위치가 두 번 눌러서 3번과 4번의 모양만 바꾸기 위해서는 2번, 3번 기계를 회전(◇)시키고 다시 2번, 4번 기계를 회전(◆)시키는 스위치를 누르면 된다.

23 처음 상태에서 스위치를 세 번 눌렀더니 다음과 같이 바뀌었다. 어떤 스위치를 눌렀는가?

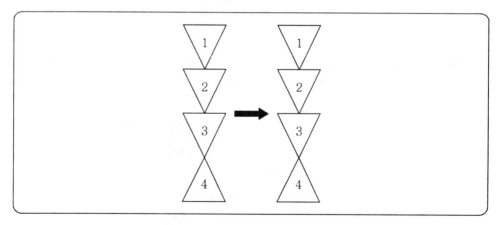

① ★, ◇, ◆   ② ☆, ◇, ◆

③ ☆, ★, ◆   ④ ☆, ★, ◇

ANSWER 〉 21.① 22.② 23.④

TIP 스위치를 세 번 눌러 처음 상태와 나중 상태에서 모양이 변화한 기계가 없으므로 1번, 2번 기계를 회전(☆)하고, 1번, 3번 기계를 회전(★)하면 1번 기계는 원래대로 돌아가서 2번, 3번 기계는 처음 상태에서 회전되어 있는 상태이므로 2번, 3번 기계를 회전(◇)시켜주면 처음과 똑같은 상태가 된다.

│24~28│ 주어진 표와 같이 기계를 변형시키는 스위치가 있다. 표를 보고 물음에 답하시오.

스위치	기능	오류
♡	1번, 2번 기계를 180° 회전함	1번 기계를 180° 회전함
♥	1번, 3번 기계를 180° 회전함	
☆	2번, 3번 기계를 180° 회전함	2번 기계를 180° 회전함
★	2번, 4번 기계를 180° 회전함	
○	1번, 3번 기계의 작동상태를 바꿈 (동작 → 정지, 정지 → 동작)	1번 기계의 작동상태를 바꿈
●	2번, 4번 기계의 작동상태를 바꿈	2번 기계의 작동상태를 바꿈
◇	모든 기계의 작동상태를 바꿈	1번, 2번 기계의 작동상태를 바꿈

△숫자 : 동작, ▲숫자 : 정지

24 처음 기계에서 스위치 ♥, ○, ♡를 순서대로 눌렀을 때 다음과 같이 기계가 출력되었다. 오류가 발생한 곳은? (단, 오류는 없거나 한 번만 발생한다.)

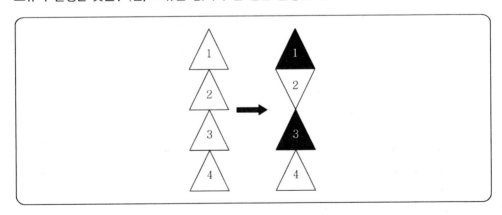

① ♥

② ○

③ ♡

④ 오류 없음

⠿**TIP** 스위치 ♥, ○, ♡를 순서대로 누르면 오류가 없을 시 회전하는 기계는 2번, 3번, 작동상태
가 바뀌는 기계는 1번, 3번이다. 출력된 기계는 3번 기계의 회전이 되지 않았으므로 ♥에
서 오류가 발생했다.

25 처음 기계에서 스위치 ☆, ○, ◇, ●를 순서대로 눌렀을 때 다음과 같이 기계가 출력되었
다. 오류가 발생한 곳은? (단, 오류는 한 번만 발생한다.)

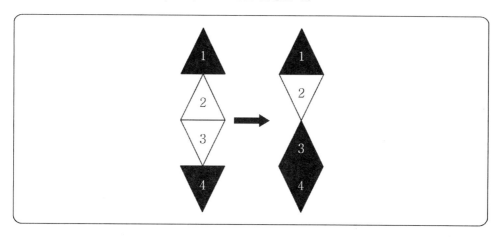

① ☆

② ○

③ ◇

④ ●

⠿**TIP** 스위치 ☆, ○, ◇, ●를 순서대로 누르면 오류가 없을 시 회전하는 기계는 2번, 3번, 작동
상태가 바뀌는 기계는 없다. 출력된 기계는 3번 기계의 작동상태가 바뀌었으므로 ○에서
오류가 발생했다.

26 처음 기계에서 스위치 ♡, ☆, ○, ●를 순서대로 눌렀을 때 다음과 같이 기계가 출력되었다. 오류가 발생한 곳은? (단, 오류는 한 번만 발생한다.)

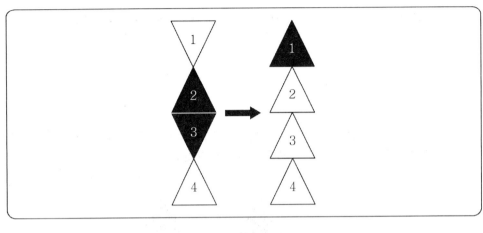

① ♡

② ☆

③ ○

④ ●

> ✿**TIP** 스위치 ♡, ☆, ○, ●를 순서대로 누르면 오류가 없을 시 회전하는 기계는 1번, 3번, 작동상태가 바뀌는 기계는 1~4번 기계이다. 출력된 기계의 4번 기계의 작동상태가 바뀌지 않았으므로 ●에서 오류가 발생했다.

27 처음 기계에서 스위치 ○, ★, ♡, ♥를 순서대로 눌렀을 때 다음과 같이 기계가 출력되었다. 오류가 발생한 곳은? (단, 오류는 한 번만 발생한다.)

① ○   ② ★

③ ♡   ④ ♥

※TIP 스위치 ○, ★, ♡, ♥를 순서대로 누르면 오류가 없을 시 회전하는 기계는 3번, 4번, 작동
상태가 바뀌는 기계는 1번, 3번이다. 출력된 기계의 4번 기계가 회전하지 않았으므로 ★에
서 오류가 발생했다.

28 처음 기계에서 스위치 ◇, ○, ★, ♥를 순서대로 눌렀을 때 다음과 같이 기계가 출력되었
다. 오류가 발생한 곳은? (단, 오류는 한 번만 발생한다.)

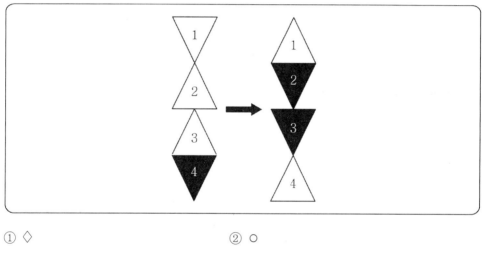

① ◇   ② ○

③ ★   ④ ♥

※TIP 스위치 ◇, ○, ★, ♥를 순서대로 누르면 오류가 없을 시 회전하는 기계는 1~4번 기계 모
두이고, 작동상태가 바뀌는 기계는 2번, 4번이다. 출력된 기계의 3번 기계의 작동상태도
바뀌었으므로 ○에서 오류가 발생했다.

ANSWER 〉 26.④ 27.② 28.②

| 29~32 | 다음은 그래프 구성 명령어 실행 예시이다. 다음 물음에 답하시오.

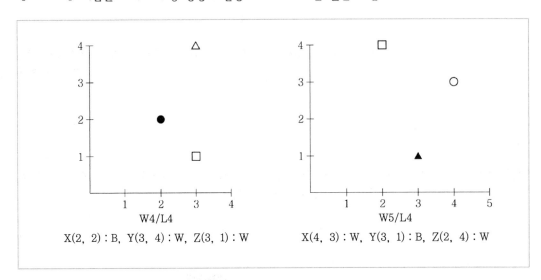

X(2, 2) : B, Y(3, 4) : W, Z(3, 1) : W   X(4, 3) : W, Y(3, 1) : B, Z(2, 4) : W

29 다음 그래프에 알맞은 명령어는 무엇인가?

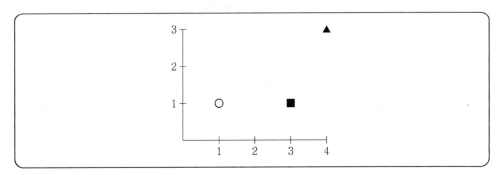

① W4/L3

　　X(1, 1) : W, Y(3, 4) : B, Z(1, 3) : B

② W4/L3

　　X(1, 1) : W, Y(4, 3) : B, Z(3, 1) : B

③ W3/L4

　　X(1, 1) : W, Y(3, 4) : B, Z(1, 3) : B

④ W3/L4

　　X(1, 1) : W, Y(4, 3) : B, Z(3, 1) : B

30 다음 그래프에 알맞은 명령어는 무엇인가?

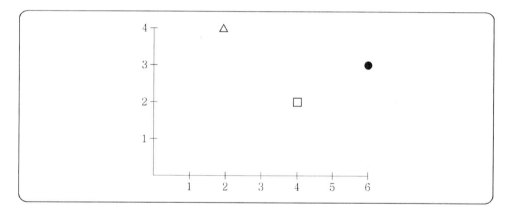

① W4/L6

　X(3, 6) : B, Y(4, 2) : W, Z(2, 4) : W

② W4/L6

　X(6, 3) : B, Y(2, 4) : W, Z(4, 2) : W

③ W6/L4

　X(3, 6) : B, Y(4, 2) : W, Z(2, 4) : W

④ W6/L4

　X(6, 3) : B, Y(2, 4) : W, Z(4, 2) : W

ANSWER 〉 29.② 30.④

31 W4/L4 X(1, 1) : W, Y(4, 2) : W, Z(2, 4) : B의 그래프를 산출할 때, 오류가 발생하여 아래와 같은 그래프가 산출되었다. 다음 중 오류가 발생한 값은?

① W4/L4

② X(1, 1) : W

③ Y(4, 2) : W

④ Z(2, 4) : B

� 네모 도형 Z(2, 4) : B에서 오류가 발생하였다. B이므로 네모 도형은 검은색이어야 한다. 옳게 산출된 그래프는 다음과 같다.

32 W5/L5 X(4, 4) : B, Y(3, 2) : W, Z(1, 5) : B의 그래프를 산출할 때, 오류가 발생하여 아래와 같은 그래프가 산출되었다. 다음 중 오류가 발생한 값은?

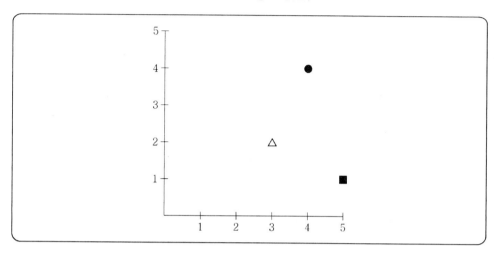

① W5/L5

② X(4, 4) : B

③ Y(3, 2) : W

④ Z(1, 5) : B

� Z(1, 5) : B에서 오류가 발생했다. 좌표(1, 5)가 아닌 (5, 1)에 산출되었다. 옳게 산출된 그래프는 다음과 같다.

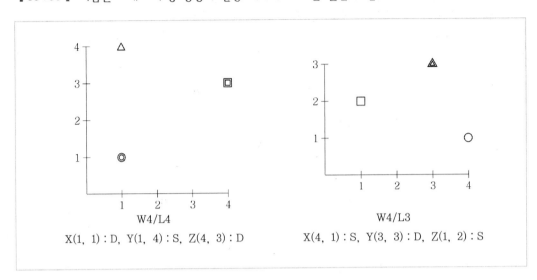

W4/L4
X(1, 1) : D, Y(1, 4) : S, Z(4, 3) : D

W4/L3
X(4, 1) : S, Y(3, 3) : D, Z(1, 2) : S

33 다음 그래프에 알맞은 명령어는 무엇인가?

① W5/L4

X(2, 5) : S, Y(1, 3) : D, Z(4, 2) : S

② W5/L4

X(5, 2) : S, Y(3, 1) : D, Z(2, 4) : S

③ W4/L5

X(2, 5) : S, Y(1, 3) : D, Z(4, 2) : S

④ W4/L5

X(5, 2) : S, Y(3, 1) : D, Z(2, 4) : S

❀**TIP** 예시의 그래프를 분석하면 W는 가로축(Width), L은 세로축(Length)의 눈금수이다. X, Y, Z는 그래프 내의 도형 ○, △, □를 지칭하며, 괄호 안의 수는 도형의 가로세로 좌표이다. 좌표 뒤의 S, D는 도형의 모양으로 각각 Single(도형 한 개), Double(도형 두 개)을 의미한다.

주어진 그래프의 가로축 눈금은 5, 세로축 눈금은 4이므로 W5/L4이며, 둥근 도형의 좌표는 X(5, 2) : S, 세모 도형의 좌표는 Y(3, 1) : D, 네모 도형의 좌표는 Z(2, 4) : S이다.

∴ W5/L4

X(5, 2) : S, Y(3, 1) : D, Z(2, 4) : S

34 다음 그래프에 알맞은 명령어는 무엇인가?

① W4/L4

X(2, 2) : S, Y(2, 4) : D, Z(4, 1) : D

② W4/L4

X(2, 2) : D, Y(2, 4) : S, Z(4, 1) : S

③ W4/L4

X(2, 2) : S, Y(4, 2) : D, Z(1, 4) : D

④ W4/L4

X(2, 2) : D, Y(4, 2) : S, Z(1, 4) : S

❀**TIP** 주어진 그래프의 가로축 눈금은 4, 세로축 눈금은 4이므로 W4/L4이며, 둥근 도형의 좌표는 X(2, 2) : D, 세모 도형의 좌표는 Y(4, 2) : S, 네모 도형의 좌표는 Z(1, 4) : S이다.

∴ W4/L4

X(2, 2) : D, Y(4, 2) : S, Z(1, 4) : S

35 W4/L5 X(3, 2) : D, Y(2, 4) : S, Z(3, 5) : D의 그래프를 산출할 때, 오류가 발생하여 아래와 같은 그래프가 산출되었다. 다음 중 오류가 발생한 값을 모두 고른 것은?

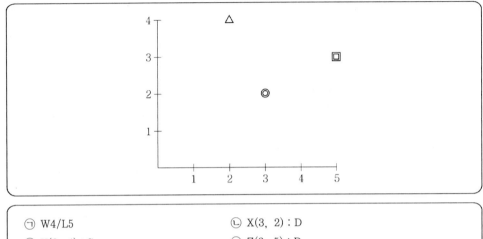

㉠ W4/L5	㉡ X(3, 2) : D
㉢ Y(2, 4) : S	㉣ Z(3, 5) : D

① ㉠㉡

② ㉠㉣

③ ㉡㉢

④ ㉡㉣

✤**TIP** W4/L5는 W5/L4로, Z(3, 5) : D는 Z(5, 3) : D로 잘못 산출되었다. 옳게 산출된 그래프는 다음과 같다.

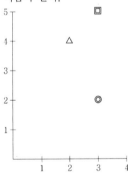

36 W4/L4 X(4, 1) : S, Y(3, 3) : S, Z(1, 2) : S의 그래프를 산출할 때, 오류가 발생하여 아래와 같은 그래프가 산출되었다. 다음 중 오류가 발생한 값을 모두 고른 것은?

㉠ W4/L4	㉡ X(4, 1) : S
㉢ Y(3, 3) : S	㉣ Z(1, 2) : S

① ㉠㉡

② ㉠㉢

③ ㉡㉢

④ ㉡㉣

�呪**TIP** X(4, 1) : S는 X(4, 1) : D로, Z(1, 2) : S는 Z(1, 4) : S로 잘못 산출되었다. 옳게 산출된 그래프는 다음과 같다.

|37~38| 다음은 그래프 구성 명령의 실행 예시이다. 이를 참고하여 다음의 물음에 답하시오.

W5 / L5

P(4, 2) : B3 / Q(2, 4) : A2 / R(1, 3) : B1

W4 / L5

P(3, 3) : A2 / Q(4, 2) : B1 / R(2, 1) : A3

37 다음 그래프에 알맞은 명령어를 바르게 고른 것은?

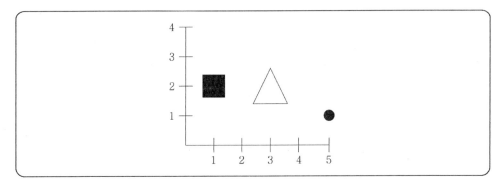

① W4/L4

P(5, 1) : A1 / Q(3, 2) : B3 / R(1, 2) : A2

② W5/L4

P(5, 1) : A1 / Q(3, 2) : B3 / R(1, 2) : A2

③ W4/L4

P(5, 1) : A3 / Q(3, 2) : B1 / R(1, 2) : A2

④ W5/L4

P(5, 1) : A3 / Q(3, 2) : B1 / R(1, 2) : A2

❖**TIP** P : 동그라미, Q : 삼각형, R : 사각형, A : 색칠된 경우, B : 색칠 안 된 경우
이를 적용하여 좌표를 구하면 된다.

38 W4 / L5 P(1, 3) : B2, Q(2, 1) : A2, R(3, 4) : B3의 그래프를 산출할 때 오류가 발생하여 아래와 같은 그래프가 산출되었다. 다음 중 오류가 발생한 값은?

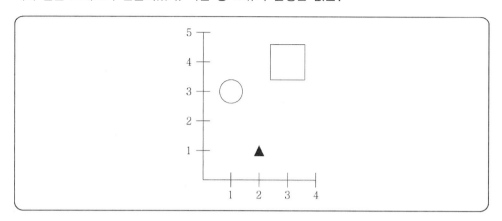

① W4 / L5

② P(1, 3) : B2

③ Q(2, 1) : A2

④ R(3, 4) : B3

　　❀**TIP**　W4 / L5 P(1, 3) : B2, Q(2, 1) : A1, R(3, 4) : B3

ANSWER 〉 37.② 38.③

| 39~40 | 다음은 그래프 구성 명령의 실행 예시이다. 이를 참고하여 다음의 물음에 답하시오.

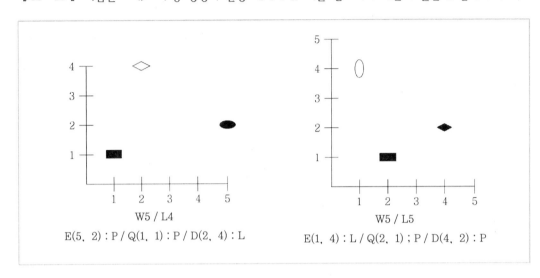

E(5, 2) : P / Q(1, 1) : P / D(2, 4) : L   E(1, 4) : L / Q(2, 1) ; P / D(4, 2) : P

39 다음 그래프에 알맞은 명령어는 무엇인가?

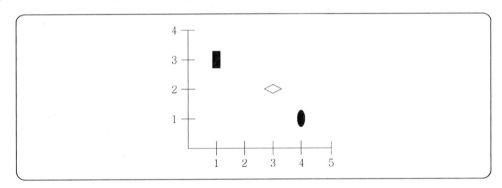

① W4 / L4

　Q(1, 3) : L / E(4, 1) : P / D(3, 2) : P

② W5 / L4

　Q(1, 3) : L / E(4, 1) : P / D(3, 2) : P

③ W4 / L4

　Q(1, 3) : P / E(4, 1) : P / D(3, 2) : L

④ W5 / L4

　Q(1, 3) : P / E(4, 1) : P / D(3, 2) : L·

　⊗**TIP**　W5 / L4

　　　Q(1, 3) : P / E(4, 1) : P / D(3, 2) : L

40 W6 / L5 Q(5, 1) : P / E(4, 5) : P / D(2, 3) : L의 그래프를 산출할 때, 오류가 발생하여 다음과 같은 그래프가 산출되었다. 다음 중 오류가 발생한 값은?

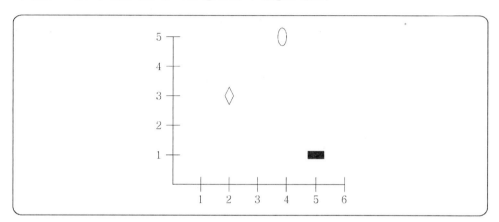

① W6 / L5

② Q(5, 1) : P

③ E(4, 5) : P

④ D(2, 3) : L

　　⊗**TIP**　W6 / L5
　　　　　　Q(5, 1) : P / E(4, 5) : L / D(2, 3) : L

05 상식

1 소상공인들의 카드 결제 수수료 부담을 없앤다는 취지를 담아 고안된 것으로 카드가 아닌 스마트폰 결제앱을 통해 거래하는 방식을 의미하는 것은?

① 카카오페이   ② 제로페이

③ 위젯페이   ④ 애플페이

> ✤**TIP** 제로페이 … 박원순 서울시장이 도입을 추진중인 소상공인 간편결제 시스템으로 서울시장 선거 공약에서 '서울페이'라고 불렀던 결제 시스템을 새로 이름 붙인 것으로 2018년 7월 25일 구체안이 발표되었다.
> 제로페이는 소상공인들의 카드 결제 수수료 부담을 없앤다는 취지를 담아 고안된 것으로 카드가 아닌 스마트폰 결제앱을 통해 거래하는 방식이다.
> 소상공인에게 결제 수수료 0%를 보장하면서도, 민간 결제 플랫폼업체들이 손쉽게 가맹점을 확보할 수 있는 공동 QR코드를 도입해 오프라인 결제 플랫폼의 확산과 경쟁을 유도한다는 점이다. 서울시는 여기에 소비자에게 소득공제율 40% 혜택 등을 제공할 예정이다.

2 스포츠 용어로 출전자격을 취득하지 못했으나 특별히 출전이 허용되는 선수나 팀을 지칭하는 것은?

① 멤버십 카드   ② 와일드 카드

③ 히든 카드   ④ 체크 카드

> ✤**TIP** 와일드 카드는 스포츠 용어로는 축구, 테니스, 사격, 체조, 야구 등 일부 종목에서 출전자격을 따지 못했지만 특별히 출전이 허용된 선수나 팀을 의미한다. 이러한 와일드카드는 1994년 232일 간의 긴 파업 끝에 개막된 1995년의 포스트시즌부터 시작되었다. 파업 후유증으로 페넌트 레이스 경기 수가 줄어든 대신 1994년 불발에 그친 와일드카드가 관중들의 흥미를 돋우기 위해 처음 도입된 것이다.

3   전화기(Phone)와 냉대, 무시라는 뜻의 스너빙(Snubbing)의 합성어로 상대방을 앞에 두고
    도 스마트폰에만 집중하는 무례한 행위를 뜻하는 것은?

    ① 데빙   ② 샤빙
    ③ 퍼빙   ④ 무빙

    ※TIP 퍼빙은 스마트폰을 사용하느라 같이 있는 사람을 소홀히 대하거나 무시하는 현상을 나타내
          는 용어로 예를 들어 스마트폰을 계속 보면서 대화를 이어가거나 메시지가 올 때마다 회신
          을 하는 등의 행위가 퍼빙에 해당한다.

4   다른 문화권에서 온 사람을 혐오하고 증오하는 현상으로 "이민자는 범죄자"라는 도널드 트
    럼프 미국 대통령의 발언으로 이슈가 된 용어는?

    ① 아고라포비아   ② 이슬람포비아
    ③ 제노포비아   ④ 호모포비아

    ※TIP 제노포비아 … 낯선 것, 이방인이라는 뜻의 '제노(xeno)'와 싫어한다, 기피한다는 뜻의 '포비
          아(phobia)'를 합쳐 만든 말로, 외국인 혐오증으로 해석된다. 상대방이 악의가 없어도 자기
          와 다르다는 이유로 일단 경계하는 심리 상태를 나타낸다. 경기 침체 속에서 증가한 내국
          인의 실업률 증가 등 사회문제의 원인을 외국인에게 전가시키거나 특히 외국인과 관련한
          강력 범죄가 알려지면서 이런 현상이 더욱 심화되기도 한다.

5   어려서부터 기술적 진보를 경험하며 자라나는 세대로 2011 ~ 2015년 태어난 0 ~ 8세 영유
    아를 지칭하는 말로, 기계와의 일방적 소통에 익숙해 사회성 발달에 부정적인 영향을 미칠
    수 있다는 우려가 있는 세대를 지칭하는 말은?

    ① 밀레니얼 세대   ② 베이비붐 세대
    ③ 에코붐 세대   ④ 알파세대

    ※TIP 알파세대 … 2011년 이후 태어난 세대, 영·유아 시절부터 인공지능과 모바일 등을 경험하며
          자란 세대로 디지털 기술 환경에 익숙하다. 이들은 태어날 때부터 인공지능 스피커와 대화
          하거나 유튜브와 같은 영상매체를 자주 접해 기계를 친숙한 대상으로 여긴다. 알파세대는
          물리적·디지털 환경이 융합된 세계에서 나고 자란 세대로 놀이, 배움, 상호작용의 과정이
          이전 세대와는 확연히 다르다. 디지털 네이티브로 불리는 밀레니얼 세대(1980~2000)가 스
          마트폰을 도구로 활용해 사회관계망서비스를 통해 능숙하게 소통했다면, 알파세대는 이들
          의 자녀로 날 때부터 디지털 기술 환경 속에서 자라는 인류 최초의 세대이다.

ANSWER 〉 1.② 2.② 3.③ 4.③ 5.④

6 스마트폰 사용에 몰입하여 길을 걸을 때에도 주변 환경을 인지하지 못하는 사람들을 의미하는 말로, 보행자 사고의 약 10%에 해당하는 사고를 일으키고 있다. 이들로 인해 경고판 및 전용도로 등을 제작하는 나라들이 늘고 있는데 이러한 사람들을 지칭하는 용어는?

① 빅스비 ② 스몸비

③ 프리터 ④ 보보스

※**TIP** 스몸비 … 스마트폰을 들여다보며 길을 걷는 사람들로 스마트폰(smart phone)과 좀비(zombie)의 합성어로, 이들은 스마트폰 사용에 몰입해 주변 환경을 인지하지 못하고 걷기에 사고 위험도가 높다.

전문가들은 보행자 사고의 약 10%가 주위를 살피지 않고 스마트폰을 보며 걷다 일어난 것으로 추정하고 있으며, 미국에서는 매년 6명이 사망한다는 분석이 나왔다. WSJ가 미국소비자안전위원회(CPSC) 데이터를 분석한 결과 2010년 이후 2014년까지 스마트폰을 보며 걷다 사고가 나 응급실을 찾은 보행자가 124% 늘었다.

스몸비가 사회 문제로 불거지자 홍콩의 도로에는 '휴대폰만 보며 걷지 마세요' 같은 지시문이 적혀 있으며, 미국 샌프란시스코와 중국 충칭에서는 스마트폰 사용자 전용 도로를 제작하기도 하였다. 스웨덴 스톡홀름 당국은 도로에 스마트폰을 보며 걷는 사람을 조심하라는 내용의 경고판을 설치하기도 하였다.

한국에서는 2016년 6월 시청, 연세대, 홍익대, 강남역, 잠실역 길바닥에 걸어가며 스마트폰을 보면 위험하다는 내용을 담은 교통안전표지를 설치하였다.

7 정보통신기술과 자동차를 연결시킨 것으로 양방향 인터넷, 모바일 서비스 등이 가능한 차량을 일컫는 용어는?

① 사이드 카 ② 커넥티드 카

③ 패밀리 카 ④ 컨버터블 카

※**TIP** 커넥티드 카 … 정보통신 기술(ICT)을 접목한 자동차로, 커넥티드 카가 완전 상용화되면 차 안에서 양방향 인터넷, 모바일 서비스 등을 사용할 수 있다.

다른 차량이나 교통 인프라 등과 각종 정보를 주고받으며 안전성을 크게 높일 수 있다. 스마트폰과 집, 사무실, 도로망 시스템 등과 연계된 커넥티드 카는 외부에서 원격으로 시동을 켜고 끌 수 있고, 인터넷망에 접속해 멀티미디어 스트리밍, 소셜네트워크서비스(SNS) 등도 이용할 수 있다. 이 때문에 '사물인터넷(IoT) 자동차'로도 불린다. 자율주행차의 기반 기술로도 활용된다.

8 가족이나 친구와 함께 또는 혼자서 보내는 소박하고 여유로운 시간, 일상 속의 소소한 즐거움이나 안락한 환경에서 오는 행복을 뜻하는 단어는?

① 웰빙   ② 젠트리

③ 휘게   ④ 힙스터

> ※**TIP** 휘게(hygge) … 편안하고 기분 좋은 상태를 뜻하는 말로, 노르웨이어로 '웰빙'을 뜻하는 단어에서 유래했으나 포옹을 뜻하는 단어 'hug'에서 유래했다는 설도 있다. 가족·친구들과 단란하게 모여 있는, 편안하고 기분 좋은 상태를 뜻하는 '휘게'는 사랑하는 사람들과 함께하는 시간을 소중히 여기며 소박한 삶의 여유를 즐기는 라이프스타일로, 높은 행복지수를 자랑하는 덴마크 국민들의 행복 비결로 꼽힌다. 19세기 덴마크 문학에서 처음 등장해 현대로 가면서 덴마크와 노르웨이의 문화적 정체성을 의미하는 단어가 되었다.

9 미국의 인텔과 마이크로소프트사가 자신들에게 유리하게 유도하기 위해 주로 사용하는 전략으로, 하드웨어나 소프트웨어 분야에서 아직 개발되지 않은 가상 제품을 나타내는 말이다. 경쟁사 상품의 확산을 막고 자사 제품의 중장기 판매 기반을 확보하는 마케팅 전략으로 사용하는 것은?

① 블로트웨어   ② 네그웨어

③ 베이퍼웨어   ④ 에드웨어

> ※**TIP** 베이퍼웨어 … 하드웨어나 소프트웨어 분야에서 아직 개발되지 않은 가상 제품을 나타낸다. 글자 그대로 '증기 제품'이란 뜻으로 고객들이 경쟁회사의 제품을 사는 시기를 늦추는 데 영향력을 행사하기 위해 공식적으로 발표하거나 어떠한 이유에서든 배송이 지연되고 있는 소프트웨어 또는 하드웨어를 지칭하는 말이다. 기존의 하드웨어나 소프트웨어와는 달리 미래의 제품을 별도의 용어로 규정하기 위해 만들어진 일종의 신조어로, 베이퍼웨어는 사용자들에게 지금 당장은 할 수 없는 일이 미래에는 가능하다는 환상을 심어준다. 이렇게 되면 당장 손쉽게 구입할 수 있는 경쟁업체의 제품을 사지 못하도록 막는 효과가 생긴다. 경쟁사 상품의 확산을 막고 자사 제품의 중장기 판매 기반을 확보하는 마케팅 기법인 셈이다. 베이퍼웨어 전략을 구사해온 대표적인 업체는 미국의 인텔과 마이크로소프트이다. 이들은 바로 다음 세대에 나올 베이퍼웨어뿐 아니라 한 세대 뒤의 베이퍼웨어를 미리 발표해 컴퓨터시장의 흐름을 자사에 유리하게 유도하고 있다.

ANSWER 〉 6.② 7.② 8.③ 9.③

10 동일한 상품에 여성이 남성보다 더 높은 가격을 지불하는 현상을 의미하는 용어는?

① 블루택스

② 핑크택스

③ 실버택스

④ 화이트택스

❀**TIP** 핑크택스 … 같은 상품이라도 여성용이라는 타이틀이 붙으면 좀 더 비싸지는 현상을 지칭하는 용어로 기업들이 여성용 제품에 분홍색을 주로 사용해 붙여진 명칭이다. 실제로 뉴욕시 소비자보호원이 2015년 24개의 온·오프라인 소매점에서 판매되는 800개 제품의 남녀용 가격 차이를 조사한 결과, 여성용이 비싼 제품은 42%로 나타난 반면 남성용이 비싼 제품은 18%에 불과했다. 또 여성용 또는 소녀용 제품은 유사한 남성용, 소년용 제품보다 평균 7% 비싼 것으로 조사되었다.

11 간단한 지식이나 정보조차도 스스로 찾아보지 않고, 다른 이들에게 물어 그 지식을 습득하려는 사람들을 가리키는 용어는?

① 니트족

② 딩크족

③ 핑프족

④ 딩펫족

❀**TIP** 핑프족 … '핑거 프린세스(finger princess)' 또는 '핑거 프린스(finger prince)'를 줄인 말로, 간단한 정보조차 자신이 직접 찾아보려 노력하지 않고, 인터넷이나 주변 인물들에게 무작정 물어보는 사람들을 가리킨다.
전문가들은 핑프족들이 늘어나는 이유에 대해 인터넷의 빠른 발달을 하나의 원인으로 지적한다. 즉, 인터넷 등을 통한 정보 습득이 쉬워지나 보니, 지식을 습득하는 방식이 점차 수동적으로 변해간다는 것이다.

12 스마트폰의 대중화에 따라 모바일 정보를 생활화하는 현대인을 일컫는 신조어는?

① 호모디카투스

② 호모헌드레드

③ 호모텔레포니쿠스

④ 호모모빌리스

❀**TIP** 호모모빌리스 … 스마트폰의 대중화로 모바일 정보가 생활화된 현대인을 가리키는 신조어이다. PC와 같은 성능을 갖춘 스마트폰으로 이용자들은 공간의 제약을 극복하는 동시에 실시간 소통, 정보 소통의 무한확장을 실현하게 되었다. 그 결과 강력한 정보력과 네트워크 파워를 가진 모바일 세대인 호모모빌리스가 등장하게 되었다.

13 첨단 디지털기기에 익숙한 나머지 뇌가 현실에 무감각 또는 무기력해지는 현상을 의미하는 용어는?

① 디지털 노마드 ② 디지털 코쿠닝
③ 팝콘 브레인 ④ 사이버 불링

※**TIP** 팝콘 브레인 … 즉각적인 반응이 나타나는 첨단 디지털기기에 몰두하게 되면서 현실 적응에는 둔감한 반응을 보이도록 변형된 뇌구조를 일컫는다. 실제 인터넷 장시간 사용자의 뇌를 촬영한 MRI 영상 분석한 결과 인간의 뇌에서 생각 중추를 담당하는 회백질의 크기가 줄어든 것으로 조사돼 우려를 낳고 있다. 이는 팝콘처럼 곧바로 튀어 오르는 것처럼 즉각적인 현상에만 반응할 뿐 다른 사람의 감정 또는 느리고 무던하게 변화하는 현실에는 무감각하게 된다는 의미이다. 특히 성능이 뛰어나고 멀티태스킹이 가능한 노트북과 스마트폰의 급속한 보급으로 언제 어디서나 컴퓨터 및 인터넷 사용이 가능해 지면서 확산되고 있는 현상으로, 스마트폰의 폐해의 하나로 지목되고 있다. 매일 습관처럼 컴퓨터 및 스마트폰 등 각종 디지털기기를 손에서 놓지 못하고 트위터·페이스북을 하거나, 가족이나 주변인들과 함께하는 시간보다 스마트폰을 하는 것이 더 좋은 경우, 수시로 이메일 체크를 하지 않으면 불안한 경우 등이 해당된다.

14 인터넷상의 컴퓨터 주소인 도메인을 투기나 판매 목적으로 선점하는 행위를 무엇이라 하는가?

① 사이버리터러시 ② 사이버스쿼팅
③ 사이버슬래킹 ④ 사이버사이니지

※**TIP** 사이버스쿼팅 … 우리말로는 인터넷 주소 선점과 도메인 불법점유, 도메인 투기 행위, 도메인 선점 등으로 다양하게 번역되는데, 보통 도메인 선점이나 불법점유 정도로 해석한다. 곧 유명한 기업·단체·기관·조직 등의 이름과 같은 인터넷 주소를 투기나 판매 목적으로 선점하는 행위를 말한다. 도메인네임은 인터넷 사용자가 특정 웹사이트에 접속하기 위한 고유 명칭으로, 이용자가 기억하기 쉽거나 특정 기관 및 업체의 성격을 잘 나타내 주는 명칭이 전자상거래 등에 유리하다. 또한 도메인네임은 전 세계적으로 유일해야 하며, 먼저 등록한 자만이 사용할 수 있으므로, 사용하고자 하는 도메인네임이 사용되고 있을 경우 최초 등록자가 취소 또는 사용을 허락하여야만 한다. 이러한 점을 노리고 투기나 비싼 가격에 되팔 목적으로 관련 업체보다 먼저 도메인네임을 선점하는 것이다.

ANSWER 〉 10.② 11.③ 12.④ 13.③ 14.②

15 외교적으로 공동의 정책목표를 달성하기 위해 꼭 필요한 동반자라는 의미를 가진 말로 2010년 G20 정상회의에서 한미동맹을 여기에 비유하였다. 마차나 수레, 자동차의 바퀴가 빠지는 것을 방지하기 위해 축에 꽂는 핀을 가리키는 이것은 무엇인가?

① 메세나   ② 린치핀

③ 브로보노   ④ 뉴스타트

> ✿**TIP** 린치핀 … 수레 등의 바퀴가 빠지지 않도록 축에 꽂는 핀으로, 핵심이나 구심점이라는 뜻을 담고 있다. 외교적으로는 '공동의 정책 목표를 달성하는 데 꼭 필요한 동반자'라는 의미로 쓰인다.
>
> 과거 미국은 린치핀이라는 용어를 미·일 동맹에 사용해왔지만, 오바마 미국 대통령은 2010년 이후 한·미 동맹을 린치핀에 비유하고 있다. 오바마는 2010년 6월 캐나다 토론토에서 열린 G20(주요 20개국) 정상회의에서 "한·미 동맹은 한국과 미국뿐 아니라 태평양 전체 안보의 린치핀"이라고 말했으며, 같은 해 10월 힐러리 클린턴 당시 국무장관은 한술 더 떠 "한·미 동맹은 린치핀 그 이상"이라고 강조했다.

16 대학생, 신혼부부, 사회초년생 등 젊은 층의 주거안정을 위해 직장과 학교가 가까운 곳이나 대중교통 이용이 편리한 곳에 건설하여 주변시세 보다 20~40% 이상 저렴한 임대료로 공급하는 공공임대주택은 무엇인가?

① 임대주택   ② 행복주택

③ 청약주택   ④ 영단주택

> ✿**TIP** 행복주택 … 행복주택은 대학생, 신혼부부, 사회초년생 등 젊은 층의 주거안정을 위해 직장과 학교가 가까운 곳이나 대중교통 이용이 편리한 곳에 건설하여 주변시세 보다 20 ~ 40% 이상 저렴한 임대료로 공급하는 공공임대주택이다. 행복주택에는 그동안 주거복지 혜택에서 소외되었던 젊은층이 80% 입주하게 되고 나머지 20%는 노인·취약계층에게 공급을 하며 2017년까지 총 15만호(사업승인 기준)를 전국적으로 차질 없이 공급될 예정이다. 행복주택은 규모, 지역여건 등을 고려해서 지자체와 협의하여 국·공립어린이집, 작은 도서관 등 지역에서 필요한 다양한 주민편의시설도 함께 설치되고 있다.

17 남성들이 외모에 과도하게 집착하여 나타나는 강박관념 또는 우울증을 의미하는 것은?

① 아담 증후군

② 살리에리 증후군

③ 도리안 그레이 증후군

④ 아도니스 증후군

❀**TIP** ① 중장년 이후 남성의 남성호르몬 분비가 줄어들면서 생기는 각종 증상을 통틀어 일컫는 의학 용어이다.

② 주변의 뛰어난 인물 때문에 느끼는 열등감, 시기, 질투심 등의 증상으로, 주변의 자신과 비슷하거나 같은 직종에 근무하는 사람들에게 열등감을 느낀 나머지 자신이 그들을 앞설 힘이 없으며 조력자로서 활약할 수밖에 없다는 생각을 가지게 된다.

③ 자신의 겉모습이나 육체에 근거한 극단적인 자존심에서 비롯된 사회·문화적인 현상을 말한다. 쉽게 말해 나이가 들고 늙어가는 것을 견디지 못하는 정신질환이라 할 수 있다.

④ 외모를 중시하는 사회풍조에 따라 타인에게 인정받고 매력 있는 사람이 되기 위해 남성들도 외모에 관심을 갖게 되면서 나타난 현상으로, 아도니스 증후군이 있는 남성은 외모에 집착한 나머지 자신보다 잘생긴 사람을 보면 질투와 부러움에 두통을 겪기도 한다. 외모지상주의를 추구하는 현대 사회에서는 이러한 현상이 사회적 신드롬으로 나타나고 있을 정도로 심각한 파장을 일으키고 있다.

18 정보의 비대칭성으로 인하여 겉은 멀쩡해 보이지만 실제로는 문제가 많은 중고차를 살 가능성이 높아지는 것을 우려하여 미국인들이 중고차 시장을 빗대어 표현하는 용어로 저급품만이 유통되는 시장을 이르는 말은?

① 피치 마켓

② 레몬 마켓

③ 체리 마켓

④ 오렌지 마켓

❀**TIP** 레몬 마켓 … 시고 맛없는 과일인 레몬 밖에 널려 있지 않는 시장이란 의미로, 미국인들이 중고차 시장을 빗대어 표현하면서 생긴 용어이다. 판매자보다 제품에 대한 정보가 적은 소비자(정보의 비대칭성)들이 속아서 살 가능성을 우려해 싼값만 지불하려 하고, 이로 인해 저급품만이 유통되는 시장을 말한다. 이처럼 불량품이 넘치게 되면서 결과적으로 소비자도 외면하게 되는 시장이 된다는 것이다. 레몬은 미국 속어로 불량품을 의미하며, 경제 분야에서는 쓸모없는 재화나 서비스가 거래되는 시장을 지칭한다.

ANSWER 〉 15.② 16.② 17.④ 18.②

19 영국 유명 추리소설 작품인 '셜록홈즈' 시리즈 중 '글로리아 스콧(The Gloria Scott)'에 나오는 대사에서 유래한 것으로, 사건을 해결할 때 나오는 결정적 증거를 일컫는 말은?

① 리니언시   ② 스모킹 건

③ 플리바게닝   ④ 매니페스토

❋**TIP** 스모킹 건 … 영국 유명 추리소설 작가 아서 코난 도일(Arthur Conan Doyle)의 작품인 '셜록홈즈' 시리즈 중 '글로리아 스콧(The Gloria Scott)'에 나오는 대사에서 유래했다. 소설 속 살해현장에서 해당 사건에 대해 언급된 말로, '그 목사는 연기 나는 총을 손에 들고 서 있었다(the chaplain stood with a smoking pistol in his hand).'라며 목사가 살해범으로 지명된 것이다. 소설에서는 '연기 나는 총(smoking pistol)'이라는 표현을 사용했으나, 이후 표현이 바뀌어 지금의 스모킹 건으로 쓰이고 있다.

20 소액이지만 장기적으로 투자하면 큰 효과를 볼 수 있다는 의미를 가진 것은?

① 스파게티볼 효과   ② 카페라테 효과

③ 스놉효과   ④ 브래들리 효과

❋**TIP** 카페라테 효과 … 하루 카페라테 한 잔 값의 돈을 절약해 꾸준히 모으면 목돈을 만들 수 있다는 의미의 조어로, 소액이지만 장기적으로 투자하면 큰 효과를 볼 수 있다는 의미로 꾸준히 저축하는 습관을 장려하는 용어이다. 약 4,000원 정도 하는 카페라테 한 잔 값 정도의 돈을 꾸준히 모으면 한 달에 12만 원을 절약할 수 있고, 이를 30년간 지속하면 물가상승률, 이자 등을 감안해 목돈을 약 2억 원까지 마련할 수 있다는 것이다.

21 독립했지만 높은 전세가와 육아 문제 등으로 부모의 곁으로 다시 돌아가는 사람을 지칭하는 용어는?

① 니트족   ② 캥거루족

③ 리터루족   ④ 빨대족

❋**TIP** 리터루족 … '돌아가다(return)'와 '캥거루족'의 합성어로 결혼 후 독립했다가 전세난과 육아 문제 등으로 부모 집으로 다시 돌아가는 사람들을 가리킨다.

22 기존 호봉제와 달리 입사 순서가 아닌 능력에 따라 급여를 결정하는 방식. 즉, 임금을 근속 연수와 직급의 기준이 아닌 한 해 개인별 성과에 따라 차등을 두는 제도는?

① 성과연봉제　　　　　　　　　② 호봉제

③ 임금피크제　　　　　　　　　④ 포괄연봉제

    ✤**TIP** 직원들의 업무능력 및 성과를 등급별로 평가해 임금에 차등을 두는 제도를 성과연봉제라고 한다.

23 만 36개월 이하 영아에 대한 보육 체계를 하루 12시간까지 이용할 수 있는 '종일반'과 하루 최대 6시간 이용이 가능한 '맞춤반'으로 이원화한 제도는 무엇인가?

① 맞춤형 보육제도　　　　　　　② 영유아 보호제도

③ 시간계 보육제도　　　　　　　④ 가정 보육제도

    ✤**TIP** 맞춤형 보육제도의 대상 … 7 : 30 ~ 19 : 30까지 12시간 이용이 가능한 '종일반'은 맞벌이 가 정이나 구직·돌봄 필요사유가 있는 가족이 대상이고, 9 : 00 ~ 15 : 00까지 이용가능한 '맞 춤반'은 전업주부의 자녀가 주 대상이다.

24 관공서의 공휴일에 관한 규정에 의하여 정부가 수시로 지정하는 공휴일을 무엇이라 하는가?

① 법정공휴일　　　　　　　　　② 임시공휴일

③ 국경공휴일　　　　　　　　　④ 대체공휴일

    ✤**TIP** 대통령령 제24828호 「관공서의 공휴일에 관한 규정」에 따라 정부가 수시로 지정하는 공휴 일로 필요에 따라 국무회의의 심의와 의결을 통해 결정된다. 관공서에 해당하는 국가 기관, 지방자치단체의 기관, 공공기관 등은 법적 효력을 받아 의무적으로 휴무한다.

ANSWER 〉 19.② 20.② 21.③ 22.① 23.① 24.②

25 적의 탄도미사일 공격으로부터 방어할 목적으로 제작된 공중방어시스템은?

① ASN-301
② THAAD
③ pac-3
④ 패트리엇미사일

※**TIP** THAAD … 적의 탄도미사일 공격으로부터 방어할 목적으로 제작된 공중방어시스템을 말한다. 미국 상공을 격자망식으로 구획짓고 이를 연결시켜 방어망을 구축하고, 미국을 향해 날아오는 적의 탄도미사일을 고고도 상공에서 요격 분쇄하기 위한 목적으로 개발된 방어체계이며 Theater Missile Defense(TMD)의 고층 방어에 해당한다.

26 2016년 8월부터 구직급여 수급자도 최대 1년간 국민연금 가입기간이 보장되는 제도를 무엇이라 하는가?

① 그린크레딧
② 직장크레딧
③ 실업크레딧
④ 마이크로크레딧

※**TIP** 실업크레딧 … 구직급여 수급자가 실직기간에도 국민연금 보험료 납부를 희망할 경우 정부가 보험료의 75%를 지원하여 경제적 부담을 경감하고 국민연금 가입기간에 산입해 주는 제도

27 힘든 현실에 분노하여 적극적으로 투표에 나서는 유권자들을 부르는 용어는?

① 데드덕
② 브로큰덕
③ 앵그리보터
④ 스윙보터

※**TIP** 앵그리보터는 힘든 현실에 분노해 적극적으로 투표에 나서는 유권자들을 부르는 말이다.

28 1주 동안 규정된 근무일수를 다 채운 근로자에게 유급 주휴일을 주는 것을 무엇이라 하는가?

① 법정수당
② 연차수당
③ 비과세수당
④ 주휴수당

※**TIP** 주휴수당 … 1주 동안 규정된 근무일수를 다 채운 근로자에게 유급 주휴일을 주는 것. 즉, 주휴일에는 근로제공을 하지 않아도 되며, 1일분의 임금을 추가로 지급받을 수 있는 것이다.

29 완제품 제조에 사용되는 소재, 부품, 장비 등 중간재 부분에서 중국산 제품의 비중이 증가하는 현상을 의미하는 용어는?

① 인사이드아웃   ② 인사이드케어

③ 차이나 인사이드   ④ 큐로보 인사이드

> ※**TIP** 차이나 인사이드 … 완제품 제조에 사용되는 소재, 부품, 장비 등 중간재 부분에서 중국산 제품의 비중이 증가하는 현상을 의미한다.

30 자신만의 여유와 멋, 약간의 허세를 여과 없이 솔직하게 표현하는 것으로 대중문화에선 자기만족과 자아도취, 자유로움, 가벼움 등을 나타내는 용어는?

① 스웨그   ② 리스펙

③ 디스   ④ 라임

> ※**TIP** 스웨그는 힙합 뮤지션이 잘난 척을 하거나 으스댈 때를 가리키는 것 외에도 패션, 사회 분야에서 광범위하게 사용되고 있다. 힙합에서 스웨그는 '허세를 부리듯 자유분방한 스타일'로, 힙합 뮤지션이 잘난 척을 하거나 으스대는 기분을 표현할 때 사용된다. 사회에서 스웨그 현상은 자신만의 여유와 멋, 약간의 허세를 여과 없이 솔직하게 표현하는 현상을 일컬으며, 패션에서 스웨그룩은 자기만의 개성을 살린 자유분방한 패션을 가리킨다.

31 타인의 관심을 끌기 위해 실제로는 앓고 있는 병이 없는데도 아프다고 거짓말을 하거나 자해 등을 하는 정신질환을 무엇이라 하는가?

① 리플리 증후군   ② 오델로 증후군

③ 파랑새 증후군   ④ 뮌하우젠 증후군

> ※**TIP** 뮌하우젠 증후군(münchausen syndrome)은 병이 없는데도 다른 사람의 관심을 끌기 위해 아프다고 거짓말을 하거나 자해를 하는 일종의 정신질환이다. 어린 시절 과보호나 정신적 상처를 입은 사람에게서 발견된다. 일부 환자는 자신의 자녀나 애완동물을 '대리환자'로 학대를 일삼기도 한다.

ANSWER 〉 25.② 26.③ 27.③ 28.④ 29.③ 30.① 31.④

32 불면증이나 일부 뇌질환을 치료하기 위해 치방하는 약제로, 약효가 빠르고 그 지속 시간이 짧은 수면제이며, 제2의 프로포폴이라고 불리는 것은?

① 할시온　　　　　　　　　　② 트라조돈
③ 리보트릴　　　　　　　　　　④ 졸피뎀

　　❋**TIP** 졸피뎀은 불면증 치료용으로 쓰이는 수면 유도제로, 국내산 수면제보다 약효가 3배 정도 강한 것으로 알려져 있다. 졸피뎀은 복용 후 전날 있었던 행동을 기억 못하는 증상이 나타나 제2의 프로포폴이라고도 불린다. 장기간 복용 시 환각 증세와 같은 부작용이 나타날 수 있어 항정신성의약품(마약류)으로 분류돼 있으며, 의사의 처방 없이는 복용할 수 없다.

33 세계 주요 지진대와 화산대 활동이 중첩된 지역인 환태평양화산대를 지칭하는 말은?

① 성층화산　　　　　　　　　　② 카르스트
③ 툰드라　　　　　　　　　　　④ 불의 고리

　　❋**TIP** 불의 고리는 서쪽의 일본 · 대만 · 동남아, 북쪽의 러시아 캄차카와 미국의 알래스카, 동쪽의 미주 대륙 서부와 남미 해안 지역, 그리고 뉴질랜드 등 태평양 연안지역을 아우르는 고리 모양의 지진 · 화산대를 이른다.

34 새로운 대사나 공사 등 외교사절을 파견할 때 상대국에게 얻는 사전 동의를 무엇이라 하는가?

① 페르소나　　　　　　　　　　② 로그롤링
③ 아그레망　　　　　　　　　　④ 포크배럴

　　❋**TIP** 아그레망은 특정 인물을 외교사절(대사, 공사, 대리대사 등)로 임명하기 전 상대국의 이의 유무를 조회하는 것이다. 즉 외교사절을 파견하고자 할 경우 그 파견 예정자의 임명에 대하여 상대국 정부로부터 아그레망을 얻어야 하는데, 이는 정식으로 임명된 외교사절을 상대국이 거절함으로써 국제분쟁이 일어나는 것을 미연에 방지하기 위한 제도이다. 보통 아그레망은 요청 후 20~30일이 경과한 후에 부여되는 것이 국제관례이며, 아그레망이 부여되면 외교사절은 국가원수로부터 신임장을 받는다.

35 명령권자가 명령을 취소하지 않는 한 유지하는 명령을 의미하는 용어로 최근 말레이시아 김정남의 암살을 계기로 알려진 용어는?

① postal order ② standing order
③ money order ④ court order

※**TIP** 스탠딩 오더(Standing Order) … 명령권자가 어떤 명령을 내리고 난 이후 본인이 직접 명령을 취소한다고 거론하지 않는 이상 효력이 지속되며, 반드시 수행돼야 하는 명령을 의미한다. 이는 북한의 최고 명령권자인 김 위원장이 2011년 김정일 국방위원장 사망 후 정권을 물려받은 뒤 형에 대한 암살 지시를 내렸고, 북한 정찰총국 등은 이를 지속적으로 모색해 왔다는 뜻이다.

36 인공지능, 로봇기술, 생명과학이 주도하는 차세대 산업혁명을 무엇이라 하는가?

① 1차 산업혁명 ② 2차 산업혁명
③ 3차 산업혁명 ④ 4차 산업혁명

※**TIP** 4차 산업혁명은 인공지능, 로봇기술, 생명과학이 주도하는 차세대 산업혁명을 말한다.
① 1784년 영국에서 시작된 증기기관과 기계화로 대표되는 1차 산업혁명
② 1870년 전기를 이용한 대량생산이 본격화된 2차 산업혁명
③ 1969년 인터넷이 이끈 컴퓨터 정보화 및 자동화 생산시스템이 주도한 3차 산업혁명
④ 로봇이나 인공지능(AI)을 통해 실재와 가상이 통합돼 사물을 자동적, 지능적으로 제어할 수 있는 가상 물리 시스템의 구축이 기대되는 산업상의 변화 4차 산업혁명

37 1명의 자녀를 위해 부모, 친조부모, 외조부모 등 6명의 어른들이 모두 주머니에서 돈을 꺼낸다는 의미의 용어는 무엇인가?

① 골드 포켓 ② 세븐 포켓
③ 식스 포켓 ④ 에잇 포켓

※**TIP** 식스 포켓(six pocket) … 1명의 자녀를 위해 부모와 친조부모, 외조부모 등 6명의 어른들이 모두 주머니에서 돈을 꺼낸다는 의미로, 저출산과 고령화사회에 기인한 것으로 한 가구의 자녀가 1명 또는 2명으로 줄어들고 경제력 있는 조부모가 늘어나면서 귀한 손자, 손녀를 위해 지출을 아끼지 않게 된 것에서 비롯됐다. 여기에 수입이 많은 결혼하지 않은 이모, 고모 등도 포함되면서 골드 앤트, 세븐 포켓, 에잇 포켓 등의 용어도 등장하고 있다.

ANSWER 〉 32.④ 33.④ 34.③ 35.② 36.④ 37.③

38 현재 자신의 행복을 가장 중시하고 소비하는 태도를 가진 사람들을 지칭하는 용어는?

① 혼행족　　　　　　　　　　② 호텔족

③ 욜로족　　　　　　　　　　④ 혼공족

　　❀**TIP**　욜로(YOLO) ⋯ '인생은 한 번뿐이다'를 뜻하는 You Only Live Once의 앞 글자를 딴 용어로 현재 자신의 행복을 가장 중시하여 소비하는 태도를 말한다. 미래 또는 남을 위해 희생하지 않고 현재의 행복을 위해 소비하는 라이프스타일이다. 욜로족은 내 집 마련, 노후 준비보다 지금 당장 삶의 질을 높여줄 수 있는 취미생활, 자기계발 등에 돈을 아낌없이 쓴다. 이들의 소비는 단순히 물욕을 채우는 것을 넘어 자신의 이상을 실현하는 과정에 있다는 점에서 충동구매와 구별된다.

39 결혼을 앞둔 남녀들이 겪는 심리적인 불안감과 우울함을 지칭하는 용어는?

① 메리지 스냅　　　　　　　　② 메리지 블루

③ 메리지 컬러　　　　　　　　④ 메리지 블랑

　　❀**TIP**　메리지 블루(Marriage Blue) ⋯ 일본 소설가 유이카와 게이(唯川惠)의 베스트셀러 소설 제목에서 유래된 단어로 곧 결혼을 앞둔 남녀가 과거에 대한 아쉬움과 미래에 대한 불안감 등으로 느끼는 우울감을 뜻한다. 이는 병적으로 심각한 우울증이 아닌 조금 심한 우울감이나 불안감 정도라 할 수 있다.

40 고용주가 직원에게 보내는 해고통보 메일을 의미하는 말은?

① 정크 메일　　　　　　　　　② 그린 메일

③ 블랙 메일　　　　　　　　　④ 핑크 메일

　　❀**TIP**　핑크 메일 ⋯ 고용주가 직원에게 보내는 해고통보 메일을 의미한다. 일반적으로는 특정한 관계를 맺어오던 사람과의 절교를 표시할 때 보내는 e-메일을 의미하기도 한다. 협력회사와의 관계단절이나 주변의 아는 사람과의 절교편지가 바로 그것이다. 말하기 어려운 내용을 메일을 통해 전달함으로써 의사전달의 편리함은 있지만, 메일수신자는 변명이나 관계회복의 기회도 없이 일방적으로 받는 통보라는 점에서 문명의 이기가 인간관계를 삭막하게 하는 부작용의 하나로 지적되고 있다.

41 해킹·스팸개인정보침해 등 사이버테러에 대한 신고번호로 알맞은 것은?

① 119   ② 118

③ 125   ④ 122

✿**TIP** ① 화재·구조·구급·재난신고, 응급의료·병원 정보
            ③ 밀수 사범 신고
            ④ 해양 긴급 사고

42 부유층의 투자·소비 증가가 저소득층의 소득 증대로까지 영향을 미쳐 전체 국가적인 경기 부양효과로 나타나는 현상을 무엇이라 하는가?

① 분수효과   ② 낙수효과

③ 샤워효과   ④ 기저효과

✿**TIP** ① 저소득층의 소비 증대가 전체 경기를 부양시키는 현상으로 낙수효과의 반대이다. 부유층에 대한 세금은 늘리고 저소득층에 대한 복지정책 지원을 등재시켜야 한다는 주장이다. 저소득층에 대한 직접 지원을 늘리면 소비 증가를 가져올 것이고, 소비가 증가되면 생산투자로 이어지므로 이를 통해 경기를 부양시킬 수 있다는 것이다.
        ② 부유층의 투자·소비 증가가 저소득층의 소득 증대로까지 영향을 미쳐 전체 국가적인 경기부양효과로 나타나는 현상으로 대기업 및 부유층의 소득이 증대되면 더 많은 투자가 이루어져 경기가 부양되고, 전체 GDP가 증가하면 저소득층에게도 혜택이 돌아가 소득의 양극화가 해소된다는 것이다.
        ③ 위층에 고객을 유인하기 위해 마련된 이벤트가 아래층으로서의 고객을 유인하는 것으로 백화점 업계에서 자주 사용하는 용어로 샤워효과가 가지는 이미지는 폭포효과와 유사하지만 샤워효과가 가지는 의미는 백화점의 위층에 고객을 유인하려는 상품을 마련해 놓으면 고객이 자연스럽게 아래층으로 내려가며 다른 물건도 쇼핑을 하게 된다는 것으로 폭포효과가 가지는 의미와는 완전히 다르다.
        ④ 기준 시점의 상황이 현재 상황과 너무 큰 차이가 있어 결과가 왜곡되는 현상을 가리킨다. 후황기를 기준으로 현재의 경제 상황과 비교하면 경제지표는 실제보다 위축되게 나타나고, 불황기의 경제 상황을 기준시점으로 비교하면 경제지표가 실제보다 부풀려져 나타나게 되며, 반사효과라고도 한다.

ANSWER › 38.③   39.②   40.④   41.②   42.②

43 PB브랜드에 관한 설명으로 옳지 않은 것은?

① 도소매업체와의 마찰을 회피할 수 있다.

② 브랜드 홍보 비용이 높고, 마진이 적다.

③ 자체적인 가격결정권을 갖는다.

④ PB상품의 확대로 NB상품의 매장 진입장벽이 상승한다.

❖**TIP** ② PB브랜드는 마케팅 비용 감소를 통한 가격경쟁력을 확보할 수 있는 것이 장점이다.

44 선택 장애 또는 결정 장애와 유사한 말로 음식 메뉴를 결정하는 것부터 결혼과 같은 대사를 치르는 과정에서 하나를 선택하지 못해 불안해하거나 초조해 하는 사람들의 심리를 무엇이라고 하는가?

① 햄릿 증후군　　　　　　　　② 놈코어

③ 파랑새 증후군　　　　　　　④ 왝더독

❖**TIP** ② **놈코어** : 이미 가지고 있는 아이템 활용으로 실용적이고 평범함을 추구하는 패션을 말한다.

③ **파랑새 증후군** : 자신의 현재 일에는 별 흥미를 느끼지 못하고 장래의 막연한 행복만을 추구하는 현상을 말한다.

④ **왝더독** : 덤이 제품 구매를 결정하는 중요한 요인으로 떠오른 최근의 소비 트렌드를 말한다.

45 다음에서 설명하는 것은?

> '물새서식지로서 국제적으로 중요한 습지보호에 관한 협약'으로 국경을 넘어 이동하는 물새를 국제자원으로 규정하고 가입국에 습지를 보전하는 정책을 펴도록 의무화하고 있다. 또한 협약에 가입한 국가들은 보전가치가 있는 습지를 1곳 이상씩 협약사무국에 등록하고 지속적인 보호정책을 펴야 한다.

① 람사협약　　　　　　　　　② 런던협약

③ 바젤협약　　　　　　　　　④ 워싱턴협약

❖**TIP** ② **런던협약** : 폐기물 및 기타 물질의 투기에 의한 해양오염방지에 관한 조약이다.

③ **바젤협약** : 1989년 스위스 바젤에서 채택된 것으로 유해폐기물의 국가간 이동 및 처리에 관한 협약이다.

④ **워싱턴협약** : 멸종위기에 처한 야생 동·식물의 국제거래에 관한 협약이다.

46 사소한 다수인 80%가 핵심적인 소수인 20%보다 뛰어난 가치를 창출한다는 이론을 무엇이라고 하는가?

① 파레토 법칙　　　　　　　　　② 롱테일 법칙

③ 그레샴의 법칙　　　　　　　　④ 세이의 법칙

> ※**TIP**　**롱테일 법칙**(Long Tail theory) … 역파레토 법칙이라고 하며, 롱테일이라는 용어는 미국의 넷플릭스, 아마존 등의 특정 비즈니스 모델을 설명하기 위해 IT 잡지의 편집장인 크리스 앤더슨에 의해 명명되었다. '롱테일'은 판매곡선에서 불룩 솟아오른 머리 부분에 이어 길게 늘어지는 꼬리부분을 가리킨다. 그는 '인터넷 비즈니스에 성공한 기업들 상당수가 20%의 머리 부분이 아니라 80%의 꼬리부분을 기반으로 성공했다'고 주장했다.
> ① **파레토 법칙**(Pareto's law) : 전체 결과의 80%가 전체 원인의 20%에서 일어나는 현상을 가리킨다.
> ③ **그레샴의 법칙**(Gresham's law) : '악화(惡貨)가 양화(良貨)를 구축한다.'는 그레샴의 이론으로 실질가치가 서로 다른 두 가지 종류의 화폐(금화와 은화)가 동시에 유통될 경우, 실질가치가 우량한 화폐(금화)는 용해·저장·수축 등으로 유통계에서 자취를 감추고 악화(은화)만이 남아서 유통된다는 것이다.
> ④ **세이의 법칙**(Say's law) : '공급은 그 스스로의 수요를 창조한다.'고 한 프랑스의 고전파 경제학자 세이의 시장 이론으로 공급이 이루어지면 자연적으로 그만큼의 수요가 생겨나므로 유효수요 부족에 따른 공급과잉이 발생하지 않는다는 법칙이다.

47 주식매입선택권으로 기업이 전문경영인이나 핵심기술자를 고용하면서 일정 기간 후 채용할 때의 약속한 가격으로 주식을 살 수 있도록 하는 제도는 무엇인가?

① 스톡옵션(stock option)　　　　② 풋옵션(put option)

③ 스핀오프(spin-off)　　　　　　④ 워크아웃(workout)

> ※**TIP**　② **풋옵션**(put option) : 일정한 실물 또는 금융자산을 약정된 기일이나 가격에 팔 수 있는 권리
> ③ **스핀오프**(spin-off) : 정부출연연구기관의 연구원이 자신이 참여한 연구결과를 가지고 별도의 창업을 할 경우 정보보유의 기술을 사용한데 따른 로열티를 면제해 주는 제도
> ④ **워크아웃**(workout) : 기업과 금융기관이 서로 합의해서 진행하는 기업가치 회생작업으로 구조조정을 통해 기업경쟁력을 강화시키는 것

ANSWER 〉 43.② 44.① 45.① 46.② 47.①

48 정부가 고시한 2019년 최저임금 시급은 얼마인가?

① 6,030원　　　　　　　　　　② 6,470원

③ 7,530원　　　　　　　　　　④ 8,350원

　　❀**TIP**　정부가 제시한 2019년 최저임금 시급은 8,350원(2018년 대비 10.9% 인상)이며, 월급은 1,745,150원이다.

49 다음에서 설명하고 있는 물질은 무엇인가?

> 　탄소 원자가 벌집 모양의 육각형 형태로 연결된 2차원 평면 구조를 이루는 물질이다. 0.2나노미터의 두께로 물리·화학적으로 매우 안정적이고, 높은 전기적 특성을 활용한 초고속 반도체, 투명 전극을 활용한 휘는 디스플레이 등을 개발하는데 사용된다.

① 그래파이트　　　　　　　　② 그래핀

③ 풀러렌　　　　　　　　　　④ 탄소나노튜브

　　❀**TIP**　그래핀(Graphene) … 흑연은 탄소들이 육각형 그물처럼 배열된 평면이 층으로 쌓여있는 구조인데, 이 흑연의 한 층을 그래핀이라 한다. 0.2나노미터의 두께로 물리·화학적으로 매우 안정적이다. 2004년 가임과 노보셀로프의 연구팀이 테이프를 이용하여 흑연에서 그래핀을 떼어 내는 것에 성공하여 2010년 노벨 물리학상을 받았다. 그래핀은 높은 전기적 특성을 활용한 초고속 반도체, 투명 전극을 활용한 휘는 디스플레이, 디스플레이만으로 작동하는 컴퓨터, 높은 전도도를 이용한 고효율 태양전지 등으로 활용이 가능한데, 특히 구부릴 수 있는 디스플레이, 손목에 차는 컴퓨터나 전자 종이를 만들 수 있어서 미래의 신소재로 주목받고 있다.

50 다음 중 훈민정음 창제에 대한 설명으로 옳지 않은 것은?

① 28자의 표음문자로서 웬만한 소리는 거의 다 적을 수 있어 창제 당시 바람소리나 학의 울음소리까지도 적을 수 있다고 할 정도였다.

② 국문학이 획기적으로 발달하게 되었다.

③ 훈민정음의 반포로 우리의 고유문자를 갖게 되었다.

④ 훈민정음의 창제로 지은 '월인천강지곡'은 우리 국문학의 첫 출발이었다.

　　❀**TIP**　④ 훈민정음의 창제로 지은 '용비어천가'가 우리 국문학의 첫 출발이었다.

51 다음과 같이 주장한 학자가 저술한 책은?

> 재물이란 우물의 물과 같다. 퍼내면 차게 마련이고 이용하지 않으면 말라 버린다. 그렇듯이 비단을 입지 않기 때문에 나라 안에 비단 짜는 사람이 없고, 그릇이 찌그러져도 개의치 않으며 정교한 기구를 애써 만들려 하지 않으니, 기술자나 질그릇 굽는 사람들이 없어져 각종 기술이 전해지지 않는다. 심지어 농업도 황폐해져 농사짓는 방법을 잊어버렸고, 장사를 해도 이익이 없어 생업을 포기하기에 이르렀다. 이렇듯 사민(四民)이 모두 가난하니 서로가 도울 길이 없다. 나라 안에 있는 보물도 이용하지 않아서 외국으로 흘러 들어가 버리는 실정이다. 그러니 남들이 부강해질수록 우리는 점점 가난해지는 것이다.

① 북학의　　　　　　　　　　② 열하일기
③ 의산문답　　　　　　　　　　④ 우서

  ✿**TIP** 박제가는 18세기 후기의 대표적인 조선 실학자로, 북학의를 저술하여 청나라 문물의 적극적 수용을 주장하였다. 또한 절약보다 소비를 권장하여 생산의 자극을 유도하였으며 수레와 선박의 이용, 상공업의 발달을 주장하였다.
      ② 박지원이 저술하였다.
      ③ 홍대용이 저술하였다.
      ④ 유수원이 저술하였다.

52 미국 브로드웨이에서 연극인들과 극장 관계자들에게 수여하는 상(賞)으로 '연극의 아카데미 상'이라고도 불리는 상은 무엇인가?

① 골든글러브상　　　　　　　　② 토니상
③ 템플턴상　　　　　　　　　　④ 에미상

  ✿**TIP** 토니상(Tony Awards)은 미국 브로드웨이에서 앙투아네트 페리를 기리기 위해 1947년 만들어진 상으로 앙투아네트 페리의 애칭인 토니에서 딴 명칭이다.
      ① 골든글러브상(Golden Globe Prize)은 세계 84개국의 신문 및 잡지 기자로 구성된 할리우드 외국인기자협회가 그 해 영화인에게 수여하는 상이다.
      ③ 템플턴상(The Templeton Prize)은 종교계의 노벨상으로 불리며, 매년 종교 분야에서 인류를 위해 크게 이바지한 인물들에게 시상한다.
      ④ 에미상(Emmy Awards)은 텔레비전의 아카데미상이라 평가되는 미국 최대의 프로그램 콩쿠르상으로 텔레비전 작품 관계자의 우수한 업적을 평가하여 미국텔레비전 예술과학 아카데미가 주는 상이다.

ANSWER 〉 48.④　49.②　50.④　51.①　52.②

53 다음에서 설명하는 기술로 옳은 것은?

> 13.56MHz의 주파수 대역을 사용하는 비접촉식 근거리 무선통신 모듈로 10cm 이내의 가까운 거리에서 단말기 간의 데이터를 전송하는 기술이다. 이는 결제뿐만 아니라 쇼핑, 여행정보, 교통, 출입통제, 잠금장치 등에서 광범위하게 사용되고 있다.

① 블루투스
② NFC
③ RFID
④ Beacon

※TIP ① 휴대폰, 노트북, 이어폰·헤드폰 등의 휴대기기를 서로 연결해 정보를 교환하는 근거리 무선 기술 표준을 뜻한다. 주로 10미터 안팎의 초단거리에서 저전력 무선 연결이 필요할 때 쓰인다. 블루투스의 무선 시스템은 ISM 주파수 대역인 2,400~2,483.5MHz를 사용한다.
③ IC칩과 무선을 통해 식품·동물·사물 등 다양한 개체의 정보를 관리할 수 있는 인식 기술을 지칭한다. '전자태그' 혹은 '스마트 태그', '전자 라벨', '무선식별' 등으로 불린다.
④ 저전력 블루투스를 통한 차세대 스마트폰 근거리통신 기술로, 반경 50~70m 범위 안에 있는 사용자의 위치를 찾아 메시지 전송, 모바일 결제 등을 가능하게 해주는 기술이다.

54 우리나라 최초의 근대 신문은 무엇인가?

① 독립신문
② 매일신문
③ 황성신문
④ 한성순보

※TIP 한성순보(1883~1884)는 박문국에서 발행된 우리나라 최초의 근대 신문으로서, 순한문으로 열흘마다 간행되었다.

55 다음에서 설명하고 있는 동물은?

> • 힌두신화에서 지혜와 복을 상징하는 신인 가네샤는 인간의 몸에 이 동물의 머리를 가진 신이다.
> • 미국 공화당의 상징은 이 동물이다.

① 낙타
② 불곰
③ 코끼리
④ 하마

※TIP 미국 공화당의 상징은 코끼리인데, 코끼리의 위엄과 강인함, 높은 지능을 강조한다. 가네샤는 인간의 몸에 코끼리의 머리를 가진 인도의 신이다.

56 다음 중 소비자의 기호와 개성에 따라 시장을 세분화하여 소규모의 소비자를 대상으로 판매목표를 설정하고, 시장의 틈을 찾아 그곳을 공략하는 마케팅 전략은?

① 디마케팅
② 레몬마케팅
③ 그린마케팅
④ 니치마케팅

❈**TIP** 니치마케팅 … '니치'란 '빈틈' 또는 '틈새'로 해석되며 '남이 아직 모르는 좋은 낚시터'라는 은유적 의미를 담고 있다. 니치 마케팅은 특정한 성격을 가진 소규모의 소비자를 대상으로 판매목표를 설정하는 것이다. 남이 아직 모르고 있는 좋은 곳, 빈틈을 찾아 그 곳을 공략하는 것으로, 예를 들면 건강에 높은 관심을 지닌 여성의 건강음료를 기획하여 대성공을 거둔 것이 대표적인 사례로 꼽힌다.

57 환태평양경제동반자협정을 무엇이라 하는가?

① TPP
② RCEP
③ AIIB
④ ADB

❈**TIP** ① TPP(Trans-Pacific Partnership): 아시아 · 태평양 지역의 경제를 통합해 회원국 간 관세 · 비관세 장벽을 철폐하는 것을 목표로 2005년 6월 뉴질랜드, 칠레, 브루나이, 싱가포르 간 체결된 아 · 태지역 무역협정에서 시작되었다. 그리고 그 후 미국과 일본, 캐나다 등이 추가로 참여하면서 현재 회원국이 12개국으로 확장되었고 그동안 회원국간 TPP 협상이 지지부진하다가 2015년 10월 5일 극적으로 타결되었다.
② RCEP(Regional Comprehensive Economic Partnership, 아르셉): ASEAN(동남아시아국가연합) 10개국과 한 · 중 · 일, 호주, 인도, 뉴질랜드 등 16개국의 역내 무역자유화를 위한 협정으로 다자간 자유무역협정(FTA)이다.
③ AIIB(Asian Infrastructure Investment Bank): 아시아인프라투자은행을 말하며 중국의 주도로 미국과 일본이 주도하는 세계은행과 아시아개발은행 등에 대항하기 위해 설립된 은행이다. 아시아 · 태평양지역 개발도상국의 인프라 구축을 목표로 하며 2015년 말에 공식 출범하였다.
④ ADB(Asian Development Bank): 아시아개발은행을 말하며 1966년 아시아 · 태평양 지역의 경제협력 및 경제발전을 도모하기 위해 창설된 기구이다. 현재 필리핀 마닐라에 본부를 두고 있으며 회원국의 출자금과 차입금 등으로 조달된 일반재원의 투 · 융자, 아시아개발기금의 융자, 기술지원, 협조융자 등의 업무를 담당하고 있다.

ANSWER 〉 53.② 54.④ 55.③ 56.④ 57.①

58 다음 중 정부가 농산물을 개방할 경우 니타날 수 있는 경제현상으로 옳은 것은?

① 국내에서 생산하는 쌀의 양은 증가할 것이다.

② 국내에서 소비하는 쌀의 양은 감소할 것이다.

③ 국내에서 거래되는 쌀 가격이 하락할 것이다.

④ 국내로 수출하는 해외 쌀 생산자들의 이익은 감소할 것이다.

❀**TIP** 세계 각국이 FTA를 통해 무역장벽을 허물고 있는 오늘날 해외에 시장을 개방하는 것은 경쟁력이 있는 상품일 경우 좋은 기회가 될 수 있지만 경쟁력이 약할 경우 자칫 큰 어려움을 겪을 수도 있다. 우리나라의 경우 농산물은 후자에 해당한다. 우리나라는 지리적 여건 등으로 농산물의 생산성을 높이는데 한계가 있으며 이로 인해 그동안 정부는 해외 농산물 수입에 대해 많은 규제를 해 왔다. 따라서 만약 위의 문제와 같이 농산물을 개방할 경우 쌀을 소비하는 소비자나 우리나라에 쌀을 수출하는 해외 생산자들은 이익을 볼 수 있지만 우리나라에서 쌀을 생산하는 농민들은 쌀의 생산량을 줄이거나 농사를 포기할지도 모른다.

59 다음 중 가격의 변화에 수요량이 민감하게 변화하는 재화를 무엇이라 하는가?

① 필수재   ② 보완재

③ 대체재   ④ 사치재

❀**TIP** ① 필수재 : 우리가 생활하는데 있어서 반드시 필요한 재화로 사치재와는 반대로 가격 변화에 덜 민감한 재화이다.
② 보완재 : 서로 보완관계에 있는 재화를 말한다.
③ 대체재 : 서로 대신 쓸 수 있는 관계에 있는 두 재화를 말하며 대표적인 예로 쌀과 밀가루, 버터와 마가린 등을 들 수 있다.

60 다음 중 간의 기능으로 옳지 않은 것은?

① 탄수화물 대사   ② 아미노산 및 단백질 대사

③ 기계적인 소화작용   ④ 비타민 및 무기질 대사

❀**TIP** ③ 위의 기능 중 하나이다.
※ 간의 기능 … 탄수화물 대사, 아미노산 및 단백질 대사, 지방 대사, 담즙산 및 빌리루빈 대사, 비타민 및 무기질 대사, 호르몬 대사, 해독 작용 및 살균 작용 등을 한다.

61 다음 중 교향곡 '운명', '영웅', '전원', '합창' 등을 작곡한 독일의 음악가는 누구인가?

① 베토벤   ② 모차르트

③ 슈베르트   ④ 베르디

❀**TIP** ② **모차르트** : 교향곡 '파리', '하프너', '린츠', '프라하', '주피터' 등과 가극 '피가로의 결혼', '마적', '돈 지오반니' 등을 작곡하였다.

③ **슈베르트** : 교향곡 '비극적', '미완성' 등과 가곡 '아름다운 물레방앗간의 아가씨', '겨울 나그네', '백조의 노래', '마왕', '숭어', '아베마리아' 등을 작곡하였다.

④ **베르디** : '리골레토', '라 트라비아타', '가면무도회', '돈 카를로', '아이다', '오텔로' 등의 작품을 지었다.

62 다음 중 노벨상은 모두 몇 개의 분야로 이루어져 있는가?

① 5개   ② 6개

③ 7개   ④ 8개

❀**TIP** 노벨상은 모두 경제학상, 화학상, 생리의학상, 물리학상, 문학상, 평화상 총 6개 분야로 이루어져 있다.

63 우리나라는 전 세계에서 자원이 부족한 자원빈국(資源貧國) 중 하나이다. 우리나라처럼 에너지 부존자원이 부족하고 에너지 수입 의존도가 높은 나라에서 필수적인 대체 에너지는 무엇인가?

① 무연탄   ② 석탄

③ 원자력   ④ 석유

❀**TIP** 원자력의 원료는 우라늄으로 이것은 전 세계에 고르게 매장되어 있기 때문에 다른 대체에너지(석유, 석탄 등)에 비해 비교적 안정적인 공급원이 될 수 있다. 또한 우라늄은 적은 양으로 많은 양의 에너지를 얻을 수 있고 화력발전이나 수력, 태양광발전에 비해 발전 단가가 저렴하다. 그리고 온실가스의 배출도 타 에너지에 비해 낮기 때문에 우리나라와 같은 자원빈국에서는 필수적인 대체 에너지로 여겨지고 있다. 다만 원전사고 시 방사능이 유출될 경우 치명적인 위험을 초래할 수 있다는 단점을 안고 있다.

ANSWER 〉 58.③   59.④   60.③   61.①   62.②   63.③

64 다음 중 핵분열성 물질이 아닌 것은?

① 세슘   ② 마그네슘

③ 토륨   ④ 플루토늄

❀**TIP** 마그네슘은 핵분열성 물질에 속하지 않는다.

65 다음 중 피아노 4중주에 속하지 않는 악기는 무엇인가?

① 하프   ② 비올라

③ 첼로   ④ 바이올린

❀**TIP** 피아노 4중주에 속하는 악기는 피아노, 바이올린, 비올라, 첼로 각 1대씩이다.

66 1905년 11월 17일 일본이 한국의 외교권을 박탈하기 위해 강제로 체결한 조약은 무엇인가?

① 강화도조약   ② 을사조약

③ 제물포조약   ④ 한성조약

❀**TIP** ① 강화도조약 : 1876년(고종 13) 2월 강화부에서 조선과 일본 사이에 체결된 조약으로 정식 명칭은 조일수호조규이며, 강화조약 또는 병자수호조약이라고도 한다.
③ 제물포조약 : 1882년(고종 19) 8월 30일 임오군란으로 빚어진 양국 간의 문제를 처리하기 위해 조선과 일본 사이에 맺어진 조약으로 6개조의 본조약과 2개조의 수호조규속약으로 되어 있다.
④ 한성조약 : 1884년(고종 21)의 갑신정변 뒤처리를 위해 1885년 1월 9일 서울에서 조선과 일본 사이에 체결된 총 5개조의 조약이다.

67 스위스 제네바에 본부를 두고 국제적으로 활동하는 스위스 민간 기구로 제네바 협약 및 관습법 규칙에 따라 전쟁, 내란 등의 국제적 혹은 비국제적 무력분쟁에서 전상자, 포로, 실향민, 민간인 등의 희생자를 보호하기 위해 설립된 인도주의 단체를 무엇이라 하는가?

① 국제녹십자위원회   ② 국제흑십자위원회

③ 국제청십자위원회   ④ 국제적십자위원회

※TIP ④ 국제적십자위원회 : 세계에서 가장 오랜 역사를 가지고 있는 특히 최근 100년간의 각종 전쟁터에서 활동을 펼친 대표적인 인도적 구호기관으로서 1917년과 1944년, 1963년 세 차례에 걸쳐 노벨 평화상을 수상하기도 했다.

68 레임 덕이란 무엇인가?

① 군소정당의 난립으로 인한 정치적 혼란현상이다.
② 외채 상황이 어렵게 된 후진국의 경제혼란현상이다.
③ 집권자의 임기 말기에 나타나는 정치력 약화현상이다.
④ 선진국과 후진국 사이에 나타나는 경제적 갈등현상이다.

※TIP 레임 덕(Lame Duck) … 현직 대통령이 선거에 패배할 경우 새 대통령이 취임할 때까지 국정정체상태가 빚어지기 쉽기 때문에 기우뚱 걷는 오리에 비유하여 일컫는 말이다.

69 다음 중 지구 온난화의 원인으로 옳지 않은 것은?

① 태양에너지의 변화   ② 에너지 탄소세 증가
③ 에어로졸의 영향   ④ 온실효과

※TIP 에너지 탄소세 … 화석 연료 사용에 세금을 부과하는 제도로 이는 지구 온난화를 막기 위한 노력이다.

70 일상적으로 일어나는 고유한 사실이나 문제임에도 평소에 잘 느끼지 못하다가 미디어에 의해 순식간에 부각되는 현상을 무엇이라 하는가?

① 피그말리온 효과   ② 루핑 효과
③ 매스미디어 효과   ④ 이벤트 효과

※TIP 루핑 효과 … 사람들이 특정 사실이 언론매체를 통해 이슈화되면 관심을 갖게 되고 이 관심이 확산되는 현상

ANSWER 〉 64.② 65.① 66.② 67.④ 68.③ 69.② 70.②

71 다음 사건들과 관련된 나라는?

> • 파리 조약   • 진주만 공습   • 신미양요

① 독일
③ 미국

② 스위스
④ 덴마크

> ✿**TIP** • 파리 조약 : 1783년 9월 3일에 맺은 조약으로 이로 인해 미국 독립 전쟁이 종결되었다.
> • 진주만 공습 : 1941년 12월 7일 일본이 미국 하와이의 진주만을 기습 공격한 사건으로 이로 인해 미국이 제2차 세계대전에 본격적으로 참전하게 된다.
> • 신미양요 : 1871년 (고종 8) 미국 아시아함대가 강화도에 쳐들어 온 사건이다.

72 인수대상 기업의 이사가 임기 전에 물러나게 될 경우 일반적인 퇴직금 외에 거액의 특별 퇴직금이나 보너스, 스톡옵션 등을 주도록 하는 제도를 무엇이라 하는가?

① 황금낙하산
③ 주석낙하산

② 백기사
④ 테뉴어보팅

> ✿**TIP** 황금낙하산 … 피인수 회사와의 우호적인 합의에 의해 진행되는 우호적 인수 합병(M&A)이 아닌 적대적 M&A의 경우 기업 인수 비용을 높게 함으로써 사실상 M&A를 어렵게 만들어 경영권을 지키기 위한 수단으로 도입되었다. 그러나 부실 경영에 책임이 있는 무능한 경영진을 보호해주는 수단으로 전락할 수 있다.

73 중년층이 자신의 삶의 질을 높이기 위하여 시간과 정성을 쏟는 일을 일컫는 용어는 무엇인가?

① 걸리시소비자
③ 미스터리쇼퍼

② 체리피커
④ 머추리얼리즘

> ✿**TIP** ① 걸리시소비자 : 소녀스러움을 추구하는 여성 소비층
> ② 체리피커 : 카드로 물건을 사서 카드사에 수수료 수익을 가져다주는 것이 아니라 놀이공원 입장 할인, 극장 할인 등의 혜택만 누리고 있는 고객, 쇼핑몰의 경우 경품을 노리고 무더기 주문을 한 뒤 당첨되지 않은 물건은 반품하는 얌체 고객 등을 이르는 말
> ③ 미스터리쇼퍼 : 고객을 가장하여 매장 환경이나 서비스 등을 평가하는 사람

74 다음 중 비트코인에 대한 설명으로 옳지 않은 것은?

① 무제한적으로 발행받을 수 있다.

② 온라인 거래상에서 쓰이는 가상화폐이다.

③ 한 사람이 여러 개의 지갑을 만들 수 있다.

④ 익명성이라는 점 때문에 불법거래에 악용될 수 있는 단점이 있다.

TIP ① 비트코인의 발행량은 엄격하게 통제되어 있다.

75 다음 중 나이를 일컫는 한자어 중 옳지 않은 것은?

① 耳順 – 60세

② 白壽 – 99세

③ 不惑 – 50세

④ 喜壽 – 77세

TIP ③ 불혹(不惑)은 40세를 일컬으며 50세는 지천명(知天命)이라 한다.

76 다음 중 세계 3대 영화제에 속하지 않는 것은?

① 베니스 영화제

② 칸 영화제

③ 베를린 영화제

④ 부산 영화제

TIP 세계 3대 영화제 … 베니스 영화제, 베를린 영화제, 칸 영화제

77 다음의 시조를 읊은 인물은 누구인가?

> 이 몸이 죽고 죽어 일백 번 고쳐죽어
> 백골(白骨)이 진토(塵土)되어 넋이라도 있고 없고
> 임 향한 일편단심(一片丹心)이야 가실 줄이 있으랴

① 이순신

② 이방원

③ 정몽주

④ 정약용

TIP 위의 시조는 정몽주의 '단심가(丹心歌)'로 이방원의 '하여가(何如歌)'에 응답하면서 지은 시이다.

ANSWER 〉 71.③ 72.① 73.④ 74.① 75.③ 76.④ 77.③

78 1077년 1월경 신성로마제국의 황제 하인리히 4세가 자신을 파문한 교황 그레고리오 7세를 만나 관용을 구한 사건을 무엇이라 하는가?

① 십자군 전쟁   ② 카노사의 굴욕

③ 아비뇽 유수   ④ 훈족의 서진

> ✦TIP   카노사의 굴욕 … 1077년 1월경 신성로마제국의 황제 하인리히 4세가 자신을 파문한 교황 그레고리오 7세를 만나기 위해 이탈리아 북부의 카노사 성으로 가서 관용을 구한 사건으로 교회 성직자 임명권인 서임권을 둘러싸고 분쟁하던 신성로마제국의 황제와 로마 교황의 대립의 정점에 있었던 사건이다. 세속 권력이 교회 권력에 굴복한 대표적인 사건이다.

79 다음을 시대 순으로 바르게 나열한 것은?

> ㉠ 바스쿠 다 가마의 인도 항로 개척
> ㉡ 마젤란의 세계일주
> ㉢ 콜럼버스의 아메리카 대륙 발견

① ㉠㉡㉢   ② ㉢㉠㉡

③ ㉡㉠㉢   ④ ㉢㉡㉠

> ✦TIP   ㉢ 콜럼버스의 아메리카 대륙 발견(1492년)
>   ㉠ 바스쿠 다 가마의 인도 항로 개척(1498년)
>   ㉡ 마젤란의 세계일주(1521년)

80 일제의 경제적 수탈에 반하여 경제적 자립을 위해 범국민적으로 벌인 민족경제 자립운동을 무엇이라 하는가?

① 물산장려운동   ② 동학농민운동

③ 국채보상운동   ④ 위정척사운동

> ✦TIP   ② 동학농민운동 : 전라북도 고부군수인 조병갑의 횡포가 심해지자 전봉준을 비롯한 전라도 민들이 일으킨 반란으로 동학의 인내천 사상을 중심으로 봉기를 일으켰기 때문에 동학 농민운동이라 한다.
>   ③ 국채보상운동 : 나라의 빚을 국민들의 모금(의연금)으로 갚아 국권을 회복하려한 운동이다.
>   ④ 위정척사운동 : 조선 후기에 일어난 사회운동으로 정학인 성리학과 성리학적 질서를 수호하고 성리학 이외의 모든 종교와 사상을 사학으로 보아 배척한 운동이다.

81 다음 중 빛의 3원색에 속하는 것끼리 묶인 것은?

> ㉠ 초록 ㉡ 빨강
> ㉢ 파랑 ㉣ 검정
> ㉤ 분홍

① ㉠㉡㉢ ② ㉠㉢㉤
③ ㉡㉣㉤ ④ ㉡㉢㉣

    ⬥TIP 빛의 3원색 … 초록(Green), 빨강(Red), 파랑(Blue)

82 모든 핵실험을 금지해 새로운 핵무기 개발과 기존 핵무기의 성능 개선을 막기 위해 마련된 국제기구는 무엇인가?

① OPCW ② WIPO
③ CTBT ④ IAEA

    ⬥TIP ③ CTBT(Comprehensive Nuclear Test Ban Treaty) : 핵무기실험금지조약의 약자로 모든 핵실험을 금지해 새로운 핵무기 개발과 기존 핵무기의 성능 개선을 막기 위해 마련된 국제기구이다.
        ① OPCW(Organization for the Prohibition of Chemical Weapons) : 화학무기금지기구의 약자로 1997년 4월에 발효된 '화학무기금지협약(CWC)'에 따라 설립된 국제기구이다. 2013년 10월 11일 노벨 평화상을 수상하였다.
        ② WIPO(World Intellectual Property Organization) : 세계지식재산권기구의 약자로 유엔의 특별기구 16개 중 하나이다. 1967년 설립되어 창조 활동을 증진하고 지식 재산권을 전 세계적으로 보장하자는 취지에서 출범하였다.
        ④ IAEA(International Atomic Energy Agency) : 국제원자력기구의 약자로 원자력을 군사적인 목적으로 이용하는 것을 막고 평화적인 목적의 이용을 장려하기 위해 1957년 7월 29일에 설립된 준 독립기구이다.

83 다음 중 우리나라 형법상 형벌에 속하지 않는 것은?

① 경고 ② 사형
③ 과료 ④ 징역

    ⬥TIP 우리나라의 형법은 사형·징역·금고·자격상실·자격정지·벌금·구류·과료·몰수 등 9종의 형벌을 규정하고 있다(형법 제41조).

ANSWER 〉 78.② 79.② 80.① 81.① 82.③ 83.①

84 대통령 후보 선출권을 당원에게만 국한하지 않고 일반 국민으로 확대시키는 제도로 정당의 대통령 후보를 국민들로 하여금 직접 뽑도록 하는 제도를 무엇이라 하는가?

① 비례대표제   ② 오픈프라이머리

③ 게리맨더링   ④ 다수대표제

> ❖**TIP** ① 비례대표제 : 정당의 총 득표 수의 비례에 따라서 당선자 수를 결정하는 선거제도를 말한다.
> ③ 게리맨더링 : 특정 후보자나 특정 정당에 유리하게끔 선거구를 구획하는 것을 말한다.
> ④ 다수대표제 : 한 선거구에서 대표를 선출함에 있어 최고 득점자를 당선자로 정하는 선거 제도로 절차가 복잡하지 않고 시간이 절약되는 장점이 있지만 다수의 의견만 채택되고 소수의 의견은 전혀 반영되지 않는다는 단점도 있다.

85 다음 중 KCC의 인재상으로 옳지 않은 것은?

① 기본에 충실하고 조직방향과 일치하는 전문지식을 가진 사람

② 불굴의 의지와 창의력으로 실천하는 사람

③ 고객과 조직에 정직하고 사명감과 책임감을 갖는 사람

④ 실력을 키우기 위해 끊임없이 노력하는 사람

> ❖**TIP** KCC의 인재상
> ㉠ 기본에 충실하고 조직방향과 일치하는 전문지식을 가진 사람
> ㉡ 불굴의 의지와 창의력으로 실천하는 사람
> ㉢ 고객과 조직에 정직하고 사명감과 책임감을 갖는 사람

86 다음 중 KCC WAY에 해당하지 않는 것은?

① 꾸준히 성실   ② 함께 협동

③ 새롭게 창의   ④ 세계화 도전

> ❖**TIP** KCC WAY
> ㉠ 꾸준히 성실
> ㉡ 함께 협동
> ㉢ 새롭게 창의

87 다음 중 KCC의 설립연도로 옳은 것은?

① 1955년   ② 1956년

③ 1957년   ④ 1958년

> ✥**TIP** KCC는 1958년 8월 12일 설립되었다.

88 다음 중 KCC 사업내용으로 볼 수 없는 것은?

① 건축내장재   ② 창호재

③ 요식업   ④ 첨단소재

> ✥**TIP** KCC 사업내용 … 건축내장재, 창호재, 인테리어 장식재, 유리, 도료, 홈씨씨인테리어, 실리콘, 첨단소재

89 다음 중 KCC의 전략목표 중 옳지 않은 것은?

① 지속적 혁신과 효율적 조직운영을 통한 선진경영 추구
② 적극적인 교육투자를 통한 글로벌 인재육성
③ 고부가가치 창출과 재무 건전성 확보를 통한 안정 성장 지양
④ 끊임없는 기술혁신을 통한 최첨단 기술 리더십 구축

> ✥**TIP** KCC의 전략목표
> ㉠ 고부가가치 창출과 재무 건전성 확보를 통한 안정 성장 지향
> ㉡ 지속적 혁신과 효율적 조직운영을 통한 선진경영 추구
> ㉢ 적극적인 교육투자를 통한 글로벌 인재육성
> ㉣ 끊임없는 기술혁신을 통한 최첨단 기술 리더십 구축

90 다음 중 현재 KCC의 회장은 누구인가?

① 정몽진   ② 정몽익

③ 정몽열   ④ 정몽준

> ✥**TIP** 현재 KCC의 회장은 정몽진 KCC 대표이사이다.

ANSWER 〉 84.② 85.④ 86.④ 87.④ 88.③ 89.③ 90.①

인성검사

원하는 인재상에 부합하는지를 판단하기 위하여 인성검사를 시행합니다.
실전에 앞서 인성검사 유형을 파악해 보시기 바랍니다.

인성검사

01 인성검사의 이해

1 허구성 척도의 질문을 파악한다.

　인성검사의 질문에는 허구성 척도를 측정하기 위한 질문이 숨어있음을 유념해야 한다. 예를 들어 '나는 지금까지 거짓말을 한 적이 없다.' '나는 한 번도 화를 낸 적이 없다.' '나는 남을 헐뜯거나 비난한 적이 한 번도 없다.' 이러한 질문이 있다고 가정해보자. 상식적으로 보통 누구나 태어나서 한번은 거짓말을 한 경험은 있을 것이며 화를 낸 경우도 있을 것이다. 또한 대부분의 구직자가 자신을 좋은 인상으로 포장하는 것도 자연스러운 일이다. 따라서 허구성을 측정하는 질문에 다소 거짓으로 '그렇다'라고 답하는 것은 전혀 문제가 되지 않는다. 하지만 지나치게 좋은 성격을 염두에 두고 허구성을 측정하는 질문에 전부 '그렇다'고 대답을 한다면 허구성 척도의 득점이 극단적으로 높아지며 이는 검사항목전체에서 구직자의 성격이나 특성이 반영되지 않았음을 나타내 불성실한 답변으로 신뢰성이 의심받게 되는 것이다. 다시 한 번 인성검사의 문항은 각 개인의 특성을 알아보고자 하는 것으로 절대적으로 옳거나 틀린 답이 없으므로 결과를 지나치게 의식하여 솔직하게 응답하지 않으면 과장 반응으로 분류될 수 있음을 기억하자!

2 '대체로', '가끔' 등의 수식어를 확인한다.

　'대체로', '종종', '가끔', '항상', '대개' 등의 수식어는 대부분의 인성검사에서 자주 등장한다. 이러한 수식어가 붙은 질문을 접했을 때 구직자들은 조금 고민하게 된다. 하지만 아직 답해야 할 질문들이 많음을 기억해야 한다. 다만, 앞에서 '가끔', '때때로'라는 수식어가 붙은 질문이 나온다면 뒤에는 '항상', '대체로'의 수식어가 붙은 내용은 똑같은 질문이 이어지는 경우가 많다. 따라서 자주 사용되는 수식어를 적절히 구분할 줄 알아야 한다.

3 솔직하게 있는 그대로 표현한다.

인성검사는 평범한 일상생활 내용들을 다룬 짧은 문장과 어떤 대상이나 일에 대한 선호를 선택하는 문장으로 구성되었으므로 평소에 자신이 생각한 바를 너무 골똘히 생각하지 말고 문제를 보는 순간 떠오른 것을 표현한다. 또한 간혹 반복되는 문제들이 출제되기 때문에 일관성 있게 답하지 않으면 감점될 수 있으므로 유의한다.

4 모든 문제를 신속하게 대답한다.

인성검사는 시간제한이 없는 것이 원칙이지만 기업체들은 일정한 시간제한을 두고 있다. 인성검사는 개인의 성격과 자질을 알아보기 위한 검사이기 때문에 정답이 없다. 다만, 기업체에서 바람직하게 생각하거나 기대되는 결과가 있을 뿐이다. 따라서 시간에 쫓겨서 대충 대답을 하는 것은 바람직하지 못하다.

5 자신의 성향과 사고방식을 미리 정리한다.

기업의 인재상을 기초로 하여 일관성, 신뢰성, 진실성 있는 답변을 염두에 두고 꼼꼼히 풀다보면 분명 시간의 촉박함을 느낄 것이다. 따라서 각각의 질문을 너무 골똘히 생각하거나 고민하지 말자. 대신 시험 전에 여유 있게 자신의 성향이나 사고방식에 대해 정리해보는 것이 필요하다.

6 마지막까지 집중해서 검사에 임한다.

장시간 진행되는 검사에 지칠 수 있으므로 마지막까지 집중해서 정확히 답할 수 있도록 해야 한다.

실전 인성검사

※ 인성검사는 응시자의 개인성향을 파악하기 위한 자료이므로 별도의 정답이 존재하지 않습니다.

┃1~104┃ 다음 주어진 내용 중에서 자신과 가장 가깝다고 생각하는 것은 'ㄱ'에 표시하고, 자신과 가장 멀다고 생각하는 것은 'ㅁ'에 표시하시오.

1
① 나는 식욕이 늘 좋은 편이다.
② 아침에 일어나면 항상 상쾌하고 잘 쉬었다는 기분이 든다.
③ 작은 소리에도 쉽게 잠을 깬다.
④ 신문기사를 읽는 것을 좋아한다.

ㄱ	①	②	③	④
ㅁ	①	②	③	④

2
① 나의 손발은 대체로 따뜻하다.
② 나의 일상생활은 늘 흥미로운 일로 가득 차 있다.
③ 나의 주변은 바람 잘 날이 없다.
④ 지금도 예전만큼 건강하다고 생각한다.

ㄱ	①	②	③	④
ㅁ	①	②	③	④

3
① 목에 무언가 걸린 듯한 느낌이 들 때가 있다.
② 사람들은 내게 트집을 잡는 편이다.
③ 추리소설보다 연애소설을 더 좋아한다.
④ 변비로 고생한 적이 거의 없다.

ㄱ	①	②	③	④
ㅁ	①	②	③	④

4
① 매일을 긴장 속에서 살고 있다.
② 입 밖에 낼 수 없을 정도의 나쁜 생각을 할 때가 가끔 있다.
③ 내 팔자는 확실히 사나운 것 같다.
④ 가끔 도저히 참을 수 없는 웃음이 날 때가 있다.

ㄱ	①	②	③	④
ㅁ	①	②	③	④

5 ① 나에게 나쁜 짓을 하면 반드시 보복해야 직성이 풀린다.
   ② 가끔 집을 떠나고 싶다는 생각이 든다.
   ③ 아무도 나를 이해해 주지 않는 것 같다.
   ④ 곤경에 처했을 경우 입을 다물고 있는 것이 상책이라고 본다.

| ㄱ | ① | ② | ③ | ④ |
| ㅁ | ① | ② | ③ | ④ |

6 ① 정말 싫은 사람이 항상 내 주변에 나타난다.
   ② 가끔 귀신을 보는 것 같다.
   ③ 연예인이 되고 싶다고 생각할 때가 있다.
   ④ 위기나 어려움에 맞서기를 피한다.

| ㄱ | ① | ② | ③ | ④ |
| ㅁ | ① | ② | ③ | ④ |

7 ① 새롭게 일을 시작하기가 매우 힘들다.
   ② 일주일에 몇 번 소화불량에 걸린다.
   ③ 욕을 잘하는 편이다.
   ④ 악몽에 시달리는 편이다.

| ㄱ | ① | ② | ③ | ④ |
| ㅁ | ① | ② | ③ | ④ |

8 ① 한 가지 일에 정신을 집중하기가 어렵다.
   ② 남들이 하지 못한 기이한 경험을 한 적이 있다.
   ③ 건강에 대해서는 염려하지 않는다.
   ④ 아는 사람이라도 먼저 말을 걸어오지 않는 한 먼저 말을 걸지 않는다.

| ㄱ | ① | ② | ③ | ④ |
| ㅁ | ① | ② | ③ | ④ |

9
① 어렸을 때 남의 물건을 훔친 적이 있다.
② 내 친구들은 모두 건강하다.
③ 화가 나서 무엇인가를 부셔버린 적이 있다.
④ 언제나 진실만을 말하지는 않는다.

| ㄱ | ① | ② | ③ | ④ |
| ㅁ | ① | ② | ③ | ④ |

10
① 잠을 깊이 들지 못하고 선잠을 잔다.
② 가끔 이유 없이 두통을 느낄 때가 있다.
③ 내 판단력은 정확하다고 생각한다.
④ 가슴이 아파 고생한 적이 있다.

| ㄱ | ① | ② | ③ | ④ |
| ㅁ | ① | ② | ③ | ④ |

11
① 참을성을 잃을 때가 가끔 있다.
② 이유 없이 몸이 근질거리거나 화끈거릴 때가 있다.
③ 가만히 앉아서 공상에 잠기는 걸 좋아한다.
④ 나는 매우 사교적인 사람이다.

| ㄱ | ① | ② | ③ | ④ |
| ㅁ | ① | ② | ③ | ④ |

12
① 나보다 지식이 없는 사람에게 명령을 받는 것은 싫다.
② 나는 지금껏 올바른 삶을 살았다고 생각한다.
③ 다음 생애에는 다른 성으로 태어나고 싶다.
④ 소설보다 시를 더 좋아한다.

| ㄱ | ① | ② | ③ | ④ |
| ㅁ | ① | ② | ③ | ④ |

13
① 가족들은 내가 하는 일을 좋아하지 않는다.
② 나는 남들보다 불행하다고 생각한다.
③ 타인에게 동정이나 도움을 받는 것은 싫다.
④ 나는 중요한 사람이라고 생각한다.

ㄱ	①	②	③	④
ㅁ	①	②	③	④

14
① 동물을 못살게 군 적이 있다.
② 사람들이 지키지도 않는 법률은 없애는 것이 낫다고 생각한다.
③ 언제나 기분이 우울한 편이다.
④ 기분이 좋지 않을 때는 짜증을 내는 편이다.

ㄱ	①	②	③	④
ㅁ	①	②	③	④

15
① 남들이 놀려도 개의치 않는다.
② 억지로 일을 하는 것은 시간낭비라고 생각한다.
③ 나는 논쟁에서 쉽게 궁지에 몰린다.
④ 다른 사람에 비해 자신감이 부족한 편이다.

ㄱ	①	②	③	④
ㅁ	①	②	③	④

16
① 인생은 살 만한 가치가 있다고 생각한다.
② 사람들을 납득시키기 위해서는 논쟁을 해야 한다.
③ 오늘 할 일을 내일로 미루는 편이다.
④ 후회할 일을 한 적이 많다.

ㄱ	①	②	③	④
ㅁ	①	②	③	④

17　① 이유 없이 근육이 경련을 일으킨 적이 가끔 있다.
　　② 남보다 앞서나가기 위해 거짓말을 할 수 있다.
　　③ 가족들과 말다툼을 한 적이 없다.
　　④ 충동적으로 일을 시작하는 편이다.

ㄱ	①	②	③	④
ㅁ	①	②	③	④

18　① 파티나 모임에 가는 것을 좋아한다.
　　② 선택의 여지가 너무 많아 결정을 내리지 못한 적이 있다.
　　③ 살찌지 않기 위해 먹은 것을 토한 적이 있다.
　　④ 나 자신과의 싸움이 가장 힘든 싸움이라 생각한다.

ㄱ	①	②	③	④
ㅁ	①	②	③	④

19　① 게임은 내기를 해야 더 재미있다.
　　② 나에게 무슨 일이 일어나건 상관하지 않는 편이다.
　　③ 내 주위 사람들은 모두 나만큼 유능한 사람들이다.
　　④ 나는 늘 행복하다고 느낀다.

ㄱ	①	②	③	④
ㅁ	①	②	③	④

20　① 나는 다른 사람에게는 보이지 않는 것을 볼 수 있다.
　　② 이유 없이 화를 자주 내는 편이다.
　　③ 누군가가 나를 헤치려한다는 느낌을 받을 때가 있다.
　　④ 스릴을 맛보기 위해 위험한 행동을 한 적이 있다.

ㄱ	①	②	③	④
ㅁ	①	②	③	④

21 ① 내 말투는 항상 동일하다.

② 집에서 식사를 할 때는 식사예절을 잘 지키지 않는 편이다.

③ 사람들은 들키는 게 두려워 거짓말을 하지 않는 것이라고 생각한다.

④ 학교 다닐 때 나쁜 짓을 하여 교무실에 불려간 적이 있다.

ㄱ	①	②	③	④
ㅁ	①	②	③	④

22 ① 이득이 된다면 부당한 수단을 사용해도 된다.

② 능력이 있고 열심히 일한다면 누구나 성공할 것이라고 믿는다.

③ 내가 곤경에 처하면 다른 사람 때문이라고 생각한다.

④ 피를 보면 놀란다.

ㄱ	①	②	③	④
ㅁ	①	②	③	④

23 ① 옳다고 생각하는 일은 밀고 나가야 한다.

② 누군가 나에게 잘해 주면 숨은 의도가 있다고 생각한다.

③ 나는 사후의 세계가 존재한다고 믿는다.

④ 결정을 빨리 하지 못해 기회를 놓친 적이 많다.

ㄱ	①	②	③	④
ㅁ	①	②	③	④

24 ① 중요한 일은 남들의 조언을 듣고 결정하는 편이다.

② 매일 매일 일기를 쓴다.

③ 법을 지키지 않는 사람은 벌 받아 마땅하다고 생각한다.

④ 비판이나 꾸지람을 받으면 속이 몹시 상한다.

ㄱ	①	②	③	④
ㅁ	①	②	③	④

25
① 음식을 만드는 것을 좋아한다.
② 내 행동은 주위 사람들의 행동에 의해 좌우되는 편이다.
③ 나는 가끔 쓸모없는 인간이라고 느낀다.
④ 게임에서는 지기보다는 이기고 싶다.

| ㄱ | ① | ② | ③ | ④ |
| ㅁ | ① | ② | ③ | ④ |

26
① 누군가에게 주먹다짐을 하고 싶을 때가 있다.
② 누가 내 뒤를 몰래 따라다닌다고 느낄 때가 있다.
③ 나는 눈물이 많은 편이다.
④ 지난 몇 년간 체중이 늘지도 줄지도 않았다.

| ㄱ | ① | ② | ③ | ④ |
| ㅁ | ① | ② | ③ | ④ |

27
① 술을 마시거나 마약을 사용한 적이 있다.
② 쉽게 피곤을 느끼는 편이다.
③ 남들에게 속았다는 생각이 들면 분노를 참지 못한다.
④ 나는 하루하루가 즐겁다고 느낀다.

| ㄱ | ① | ② | ③ | ④ |
| ㅁ | ① | ② | ③ | ④ |

28
① 높은 곳에서 아래를 보면 겁이 난다.
② 법적인 문제에 말려들어도 긴장하지 않는다.
③ 뱀을 무서워하지 않는다.
④ 남이 나를 어떻게 생각하든 신경 쓰지 않는다.

| ㄱ | ① | ② | ③ | ④ |
| ㅁ | ① | ② | ③ | ④ |

29
① 남들 앞에서 장기자랑 하는 것이 불편하다.
② 학교를 결석한 적이 없다.
③ 수줍음을 많이 타는 편이다.
④ 거지에게 돈을 주는 것을 반대한다.

ㄱ	①	②	③	④
ㅁ	①	②	③	④

30
① 나는 여러 종류의 놀이와 오락을 즐긴다.
② 오랫동안 글을 읽어도 눈이 피로해지지 않는다.
③ 처음 만나는 사람과 대화하기가 어렵다.
④ 행동한 후에 내가 무엇을 했는지 몰랐던 때가 있다.

ㄱ	①	②	③	④
ㅁ	①	②	③	④

31
① 손 놀리기가 거북하거나 어색한 때가 있다.
② 정신이 나가거나 자제력을 잃을까봐 두렵다.
③ 당황하면 땀이 나서 몹시 불쾌해진다.
④ 무엇을 하려고 하면 손이 떨릴 때가 있다.

ㄱ	①	②	③	④
ㅁ	①	②	③	④

32
① 내 정신 상태는 멀쩡하다.
② 알레르기나 천식이 없다.
③ 언제나 온몸에 기운이 넘친다.
④ 내가 아는 사람을 다 좋아하지는 않는다.

ㄱ	①	②	③	④
ㅁ	①	②	③	④

33
① 나는 자살을 생각해 본 적이 있다.
② 농담이나 애교로 이성의 관심을 살 수 있다.
③ 내 주변 사람들은 아직 나를 어린애 취급한다.
④ 신체적인 이상 때문에 여가생활을 즐기기 어렵다.

| ㄱ | ① | ② | ③ | ④ |
| ㅁ | ① | ② | ③ | ④ |

34
① 친구에게 도움을 청하는 것이 별로 어렵지 않다.
② 나는 독립심이 강한 편이다.
③ 남에 대한 험담이나 잡담을 한다.
④ 길을 걸을 때 금을 밟지 않으려고 신경 쓴 적이 있다.

| ㄱ | ① | ② | ③ | ④ |
| ㅁ | ① | ② | ③ | ④ |

35
① 다른 집에 비해 우리 집은 화목하다.
② 쓸데없는 걱정을 하는 편이다.
③ 한 번도 가보지 않은 곳을 가보는 것을 좋아한다.
④ 고민은 털어버리지 못하고 계속 집착한다.

| ㄱ | ① | ② | ③ | ④ |
| ㅁ | ① | ② | ③ | ④ |

36
① 한 곳에 오래 앉아 있지를 못한다.
② 나의 외모에 대해 별로 걱정하지 않는다.
③ 나는 아픈 데가 거의 없다.
④ 세상을 내 손 안에 다 넣은 것처럼 행복하다.

| ㄱ | ① | ② | ③ | ④ |
| ㅁ | ① | ② | ③ | ④ |

37 ① 나는 쉽게 화를 내고 쉽게 풀어진다.
② 집을 나설 때 문단속을 철저히 한다.
③ 부모님은 나를 사랑한다.
④ 나의 물건을 남에게 **빼앗기는** 것을 정말 싫어한다.

ㄱ	①	②	③	④
ㅁ	①	②	③	④

38 ① 서로 농담을 주고받는 사람들과 함께 있는 것이 좋다.
② 사랑에 실망한 적이 있다.
③ 남보다 늦게 깨우치는 편이다.
④ 신선한 날에도 땀을 잘 흘린다.

ㄱ	①	②	③	④
ㅁ	①	②	③	④

39 ① 일주일에 한 번 혹은 그 이상 나는 흥분을 한다.
② 잘못된 행동을 하는 사람과도 나는 친해질 수 있다.
③ 피부 한두 군데가 무감각하다.
④ 어수룩한 사람을 이용하는 자를 나는 탓하지 않는다.

ㄱ	①	②	③	④
ㅁ	①	②	③	④

40 ① 무슨 일이든 쉽게 시작하기가 어렵다.
② 물을 자주 많이 마시는 편이다.
③ 사람들은 자신에게 도움이 될 것 같아서 친구를 만든다.
④ 내가 사랑하는 가족들이라도 가끔 미워지기도 한다.

ㄱ	①	②	③	④
ㅁ	①	②	③	④

41 ① 기분이 울적해도 신나는 일이 생기면 기분이 풀린다.

② 술을 많이 마셔 실수를 한 적이 있다.

③ 곤경에 빠져 나오기 위해 거짓말을 할 수 있다고 본다.

④ 남들보다 민감한 편이다.

| ㄱ | ① | ② | ③ | ④ |
| ㅁ | ① | ② | ③ | ④ |

42 ① 음식의 맛을 정확하게 느끼기 어렵다.

② 다른 사람들에 비해 감성적인 편이다.

③ 나는 누구를 사랑해 본 적이 없다.

④ 사람들과 함께 있어도 늘 외로움을 느낀다.

| ㄱ | ① | ② | ③ | ④ |
| ㅁ | ① | ② | ③ | ④ |

43 ① 남들로부터 이해와 관심을 받아야 행복하다.

② 잘하지 못하는 게임은 아예 하지 않는다.

③ 쉽게 친구를 사귀는 편이다.

④ 주위에 사람이 오는 것이 싫다.

| ㄱ | ① | ② | ③ | ④ |
| ㅁ | ① | ② | ③ | ④ |

44 ① 법적인 일로 말썽을 일으킨 적이 없다.

② 중요하지도 않는 생각으로 며칠씩 고생한 적이 있다.

③ 돈에 대한 걱정을 많이 한다.

④ 과민하게 반응하는 나만의 비밀이 있다.

| ㄱ | ① | ② | ③ | ④ |
| ㅁ | ① | ② | ③ | ④ |

45 ① 감기에 걸려도 약을 먹지 않는다.

② 부당하다고 생각되는 일은 절대 하지 않는다.

③ 한 가지 일에 마음을 집중할 수 없다.

④ 내가 하고 싶은 일도 남들이 대단치 않게 여기면 포기해 버린다.

ㄱ	①	②	③	④
ㅁ	①	②	③	④

46 ① 어떤 것이나 어떤 사람에 대해 언제나 불안을 느낀다.

② 차라리 죽어 버렸으면 하고 바랄 때가 많다.

③ 너무 흥분이 되어 잠을 이루기 힘든 때가 가끔 있다.

④ 다른 사람에 비해 나는 걱정거리가 많다.

ㄱ	①	②	③	④
ㅁ	①	②	③	④

47 ① 나에 관해 누군가 수근 거릴 거라 생각이 든다.

② 소리가 너무 잘 들려 괴울 때가 있다.

③ 가족들은 필요 이상으로 나의 결점을 찾아낸다.

④ 나는 쉽게 당황한다.

ㄱ	①	②	③	④
ㅁ	①	②	③	④

48 ① 길을 걷다가 싫어하는 사람이 보이면 길을 건너가 버릴 때가 있다.

② 모든 것이 현실이 아닌 것처럼 느껴질 때가 가끔 있다.

③ 별로 중요하지도 않은 것들을 세어보는 버릇이 있다.

④ 남의 말은 잘 듣지 않는 편이다.

ㄱ	①	②	③	④
ㅁ	①	②	③	④

49 ① 사람들이 나에 대해 모욕적인 말을 한 것을 들은 적이 있다.
② 기대 이상으로 친절하게 구는 사람은 경계한다.
③ 집을 나설 때는 항상 불안하고 걱정스럽다.
④ 특별한 이유 없이 명랑한 기분이 들 때가 있다.

| ㄱ | ① | ② | ③ | ④ |
| ㅁ | ① | ② | ③ | ④ |

50 ① 혼자 있을 때면 가끔 이상한 소리가 들린다.
② 게으른 편이라고 생각한다.
③ 비가 오지 않으면 우산을 가지고 다니지 않는다.
④ 1인자 보다 조력자의 역할을 더 좋아한다.

| ㄱ | ① | ② | ③ | ④ |
| ㅁ | ① | ② | ③ | ④ |

51 ① 의리를 지키는 타입이다.
② 모든 일에 리드를 하는 편이다.
③ 신중함이 부족해서 후회를 한 적이 있다.
④ 어떠한 일에도 의욕적으로 임하는 편이다.

| ㄱ | ① | ② | ③ | ④ |
| ㅁ | ① | ② | ③ | ④ |

52 ① 무섭게 생긴 동물이나 물건에 대해 두려움을 느낀 적이 있다.
② 사람들이 모여 있는 방에 불쑥 들어가는 것이 어렵다.
③ 나는 사람들에 대해 쉽게 참을성을 잃는다.
④ 성급하다는 소리를 자주 듣는다.

| ㄱ | ① | ② | ③ | ④ |
| ㅁ | ① | ② | ③ | ④ |

53
① 다른 사람들보다 정신을 집중하기가 더 어렵다.
② 내 능력이 보잘 것 없어 일을 포기한 적이 여러 번 있다.
③ 나쁜 말이나 끔찍한 일들이 머릿속에 쉽게 떠나지 않는다.
④ 사람들이 내게 한 말을 금방 잊어버린다.

| ㄱ | ① | ② | ③ | ④ |
| ㅁ | ① | ② | ③ | ④ |

54
① 안 좋은 일이 생기면 민감하게 반응하는 성향이 있다.
② 기차나 버스에서 낯선 사람과 이야기 할 수 있다.
③ 꿈에서 알려 주는 지시나 경고를 무시하지 않는다.
④ 나에게는 적이 없다.

| ㄱ | ① | ② | ③ | ④ |
| ㅁ | ① | ② | ③ | ④ |

55
① 모임에서 혼자 또는 단둘이 있는 때가 많다.
② 어떤 일을 모면하기 위해 꾀병을 부린 적이 있다.
③ 일이 잘못되어 갈 때는 바로 포기해 버린다.
④ 사람들에게 상처를 준 적이 없다.

| ㄱ | ① | ② | ③ | ④ |
| ㅁ | ① | ② | ③ | ④ |

56
① 아이들을 좋아하는 편이다.
② 적은 돈을 걸고 하는 노름은 나쁘지 않다고 생각한다.
③ 세상의 모든 전문가가 실제로 뛰어나다고는 생각하지 않는다.
④ 다시 어린 시절로 되돌아가고 싶을 때가 많다.

| ㄱ | ① | ② | ③ | ④ |
| ㅁ | ① | ② | ③ | ④ |

57 ① 기회만 주어진다면 나는 훌륭한 선생님이 될 수 있을 것 같다.

② 일단 시작한 일은 잠깐 동안이라도 손을 떼기가 어렵다.

③ 낯선 사람과 만나는 것을 개의치 않는다.

④ 누군가가 나에게 충고를 하면 화가 먼저 난다.

| ㄱ | ① | ② | ③ | ④ |
| ㅁ | ① | ② | ③ | ④ |

58 ① 사람들은 종종 나를 실망시킨다.

② 명랑한 친구들과 있으면 근심이 사라져버리는 것 같다.

③ 춤추는 것을 좋아한다.

④ 내 생각을 남에게 알려주는 것을 좋아한다.

| ㄱ | ① | ② | ③ | ④ |
| ㅁ | ① | ② | ③ | ④ |

59 ① 술에 취했을 때만 솔직해 질 수 있다.

② 집을 영원히 떠날 때가 오기를 간절히 바란다.

③ 물을 무서워하지 않는다.

④ 지금의 나 자신에게 만족하지 않는다.

| ㄱ | ① | ② | ③ | ④ |
| ㅁ | ① | ② | ③ | ④ |

60 ① 비싼 옷을 입어보고 싶다.

② 확 트인 곳에 혼자 있는 것이 두렵다.

③ 실내에 있으면 불안하다.

④ 쉽사리 화를 내지 않는다.

| ㄱ | ① | ② | ③ | ④ |
| ㅁ | ① | ② | ③ | ④ |

61 ① 나는 과거에 아무에게도 말하지 못할 나쁜 짓을 저질렀다.

② 개인적인 질문을 받으면 나는 초조하고 불안해진다.

③ 장래 계획을 세울 수 없을 것 같다.

④ 군중 속에서 느끼는 흥분을 즐긴다.

ㄱ	①	②	③	④
ㅁ	①	②	③	④

62 ① 짜증내거나 투덜대고 난 후 후회하는 일이 종종 있다.

② 실제로 법을 어기지 않는 한, 법을 슬쩍 피해가는 것도 괜찮다.

③ 남들의 인생철학은 듣고 싶지 않다.

④ 친한 사람들과 심각하게 의견이 대립될 때가 자주 있다.

ㄱ	①	②	③	④
ㅁ	①	②	③	④

63 ① 주변에서 일어나는 일 때문에 종종 기분이 상한다.

② 일이 아주 안 풀릴 때 가족으로부터 도움을 받을 수 있다고 생각한다.

③ 매를 많이 맞은 적이 있다.

④ 되도록 사람이 많은 곳은 가기를 피한다.

ㄱ	①	②	③	④
ㅁ	①	②	③	④

64 ① 내가 한 말이 남에게 상처를 주지 않았는가 하는 걱정을 한다.

② 나에 관한 모든 것을 누구에게도 말할 수 없는 것 같다.

③ 사람들의 의도를 종종 오해할 때가 있다.

④ 침착하고 쉽게 감정적으로 행동하지 않는다.

ㄱ	①	②	③	④
ㅁ	①	②	③	④

65
① 실망하면 타격이 너무 커서 그것을 떨쳐 버릴 수가 없다.
② 새치기하는 사람을 보면 불쾌해져서 당사자에게 한 마디 하는 편이다.

ㄱ	①	②	③	④
ㅁ	①	②	③	④

③ 무례하고 성가시게 구는 사람에게는 거칠게 대해야 한다고 본다.
④ 언제 닥칠지도 모를 불행에 대해 걱정을 한다.

66
① 남들로부터 칭찬을 들으면 불편해진다.
② 몸으로 하는 일을 좋아한다.

ㄱ	①	②	③	④
ㅁ	①	②	③	④

③ 불에 매혹 당한다.
④ 궁지에 몰렸을 때 나는 불리한 것은 말하지 않는다.

67
① 죄를 지은 사람은 엄벌을 받아야 한다고 생각한다.
② 좋은 아이디어가 쉽게 잘 떠오른다.

ㄱ	①	②	③	④
ㅁ	①	②	③	④

③ 가족 중에 성미가 급한 사람이 있다.
④ 이미 내린 결정도 다른 사람이 뭐라고 하면 쉽게 바꾸어 버린다.

68
① 남들이 나를 재촉하면 화가 난다.
② 여유 시간을 거의 혼자서 보내는 편이다.

ㄱ	①	②	③	④
ㅁ	①	②	③	④

③ 산 속에 혼자 살면 행복할 것 같다.
④ 나에게는 도저히 고칠 수 없는 나쁜 버릇이 한두 가지 있다.

69
① 나는 잘하는 것이 없다.
② 나는 고집이 매우 세다.
③ 나에게 일어나는 일들은 나에게는 책임이 없다.
④ 정신질환은 의지가 약한 것이라고 생각한다.

ㄱ	①	②	③	④
ㅁ	①	②	③	④

70
① 중요한 결정을 내릴 때 나는 무기력해진다.
② 사적인 문제는 혼자 간직해야 한다고 생각한다.
③ 해결해야 할 문제가 있으면 남들에게 주도권을 넘겨 버린다.
④ 아플 때조차도 병원에 가는 것이 싫다.

ㄱ	①	②	③	④
ㅁ	①	②	③	④

71
① 여행을 가는 것을 좋아한다.
② 문제가 있을 때 누군가와 이야기하고 나면 기분이 좋아진다.
③ 사람들은 내가 매력적이라 생각하지 않는다.
④ 규칙을 어기더라도 자신의 신념에 따라야 한다.

ㄱ	①	②	③	④
ㅁ	①	②	③	④

72
① 내가 만지면 종종 물건이나 기계가 망가진다.
② 사람들은 내게 그다지 친절하지 않다.
③ 나는 모든 사람들과 사이좋게 지낸다.
④ 내가 원하는 대로 일이 이루어지지 않으면 화를 낸다.

ㄱ	①	②	③	④
ㅁ	①	②	③	④

73
① 상스러운 욕을 하여 남들을 가끔 놀라게 한다.
② 술을 마시고 싸움을 한 적이 있다.
③ 가출한 적이 있다.
④ 곤경에 빠지지 않기 위해 거짓말을 한 적이 있다.

| ㄱ | ① | ② | ③ | ④ |
| ㅁ | ① | ② | ③ | ④ |

74
① 친한 친구가 없다.
② 기침을 자주 하는 편이다.
③ 혼자만의 비밀이 많다.
④ 남들과 있을 때는 조용한 편이다.

| ㄱ | ① | ② | ③ | ④ |
| ㅁ | ① | ② | ③ | ④ |

75
① 비밀을 나눌 수 있는 친한 친구가 있다.
② 친구들이 하라고 해서 나쁜 일을 한 적이 있다.
③ 아주 쉽게 결정을 내리는 편이다.
④ 겁이 거의 없다.

| ㄱ | ① | ② | ③ | ④ |
| ㅁ | ① | ② | ③ | ④ |

76
① 사소한 실패도 머릿속을 떠나지 않아 잠을 설친다.
② 싸움을 해도 금방 화해하는 편이다.
③ 다른 사람에게 내 물건을 빌려주는 것이 정말 싫다.
④ 많은 사람들의 주목을 받으면 당황한다.

| ㄱ | ① | ② | ③ | ④ |
| ㅁ | ① | ② | ③ | ④ |

77　① 나는 외향적인 사람이다.

　② 대인관계가 서투르고 약삭빠르지 못하다.

　③ 계산에 밝은 사람이다.

　④ 상황을 빨리 파악하는 편이다.

ㄱ	①	②	③	④
ㅁ	①	②	③	④

78　① 남의 기분을 상하지 않게 하기 위해 노력하는 편이다.

　② 나는 허세부리는 사람이 싫다.

　③ 나는 허세가 있는 편이다.

　④ 나는 동정심이 강하다.

ㄱ	①	②	③	④
ㅁ	①	②	③	④

79　① 타인의 충고를 기꺼이 받아들인다.

　② 친구의 영향을 받기 쉽다.

　③ 모든 일에 충동적인 편이다.

　④ 나는 자립심이 강한 편이다.

ㄱ	①	②	③	④
ㅁ	①	②	③	④

80　① 전화나 이메일을 자주 확인하는 편이 아니다.

　② 규칙적으로 하는 운동이 있다.

　③ 계획에 맞춰서 모든 것을 하는 편이다.

　④ 현재 나의 조건은 절망적이라 생각한다.

ㄱ	①	②	③	④
ㅁ	①	②	③	④

81   ① 나는 반드시 성공해야 한다.

② 내 자신의 약점을 숨기는 편이다.

③ 실패한다는 것은 나에게는 치욕이다.

④ 나는 친구로서 연인으로서 완벽해야 한다고 생각한다.

ㄱ	①	②	③	④
ㅁ	①	②	③	④

82   ① 나는 능력이 충분히 많다고 생각한다.

② 나는 모든 것을 예견하면서 살아왔다.

③ 나는 분노를 싫어한다.

④ 나는 종종 못 생겼다고 생각한다.

ㄱ	①	②	③	④
ㅁ	①	②	③	④

83   ① 세상은 위험한 곳이라고 생각한다.

② 내 옆에 든든한 사람이 없으면 항상 두렵다.

③ 문제에 대해 걱정을 하지 않으면 항상 일이 꼬인다.

④ 항상 모든 일에 완벽해지려고 노력하는 편이다.

ㄱ	①	②	③	④
ㅁ	①	②	③	④

84   ① 문제는 항상 시간이 해결해 줄 거라 믿는다.

② 나는 혼자 여행하기를 좋아한다.

③ 변화를 주는 것을 싫어한다.

④ 내 능력을 과소평가하여 일을 포기한 적이 있다.

ㄱ	①	②	③	④
ㅁ	①	②	③	④

85 ① 일이 조금만 잘못되어도 무조건 화부터 낸다.

② 쉽게 초조하거나 안달하는 편이다.

③ 남의 도움을 받기 위해 마음에도 없는 말을 하기도 한다.

④ 어려운 사람을 보면 도와줘야 한다고 생각한다.

ㄱ	①	②	③	④
ㅁ	①	②	③	④

86 ① 다른 사람과 다툰 후 먼저 사과하는 편이다.

② 나는 무슨 일이든 작심삼일인 경우가 많다.

③ 어려운 일에 부딪혀도 좀처럼 좌절하지 않는다.

④ 나는 매사에 빈틈이 없는 편이다.

ㄱ	①	②	③	④
ㅁ	①	②	③	④

87 ① 나는 경험으로써 모든 것을 판단한다.

② 나는 사건의 원인과 결과를 쉽게 파악한다.

③ 나는 능력 있다는 소릴 듣는 것을 좋아한다.

④ 나의 결정에 대해 잘 변경하지 않는 편이다.

ㄱ	①	②	③	④
ㅁ	①	②	③	④

88 ① 조직적인 분위기에 잘 적응하는 편이다.

② 갈등해소와 극복을 위해 무단히 노력하는 편이다.

③ 모든 일을 여유 있게 대비하는 타입이다.

④ 유행에 민감하다고 생각한다.

ㄱ	①	②	③	④
ㅁ	①	②	③	④

89
① 현실을 직시하는 편이다.
② 타인의 일에는 별로 관심이 없다.
③ 다른 사람의 소문에 관심이 많다.
④ 친구들의 휴대전화 번호를 모두 외운다.

ㄱ	①	②	③	④
ㅁ	①	②	③	④

90
① 사람과 만날 약속을 하는 것은 즐겁다.
② 질문을 받으면 그 때의 기분으로 바로 대답하는 성격이다.
③ 땀을 흘리는 것보다 머리를 쓰는 일이 좋다.
④ 사교적인 타입이라고 생각한다.

ㄱ	①	②	③	④
ㅁ	①	②	③	④

91
① 평범하고 평온하게 행복한 인생을 살고 싶다.
② 이것저것 평하는 것이 싫다.
③ 내일의 계획은 미리 세우는 편이다.
④ 나는 비교적 보수적이다.

ㄱ	①	②	③	④
ㅁ	①	②	③	④

92
① 규칙을 잘 지키려고 노력한다.
② 상식적인 판단을 할 수 있는 타입이라고 생각한다.
③ 가능성보다는 현실을 먼저 생각한다.
④ 나만의 가치 기준이 확고하다.

ㄱ	①	②	③	④
ㅁ	①	②	③	④

93
① 사물에 대해 가볍게 생각하는 편이다.
② 분석적이고 논리적인 편이다.
③ 단념하는 것은 반드시 필요한 것이라고 생각한다.
④ 결과보다는 과정을 중요시한다.

ㄱ	①	②	③	④
ㅁ	①	②	③	④

94
① 자신의 능력 밖의 일을 하지 않는 것이 좋다.
② 스트레스 해소를 위해 집에서 조용히 휴식을 취한다.
③ 남의 앞에 나서는 것을 좋아하지 않는다.
④ 약속시간에는 항상 여유 있게 도착하는 편이다.

ㄱ	①	②	③	④
ㅁ	①	②	③	④

95
① 모든 일에 유연하게 대응하는 편이다.
② 같은 일을 계속하여도 잘 하지 못한다.
③ 적은 친구랑 깊게 사귀는 편이다.
④ 체험을 중요하게 생각한다.

ㄱ	①	②	③	④
ㅁ	①	②	③	④

96
① 돈이 없으면 걱정이 된다.
② 남들보다 손재주가 뛰어나다.
③ 남의 주목을 받고 싶어 하는 편이다.
④ 다수결의 의견에 따르는 편이다.

ㄱ	①	②	③	④
ㅁ	①	②	③	④

97
① 혼자서 식당에 들어가서 밥을 먹는 것이 전혀 두렵지 않다.
② 승부근성이 매우 강하다.
③ 지금까지 살면서 타인에게 폐를 끼친 적이 없다.
④ 나는 매우 변덕스런 사람이다.

ㄱ	①	②	③	④
ㅁ	①	②	③	④

98
① 내가 알고 있는 비밀을 다른 사람에게 쉽게 말해 버린다.
② 영화를 보고 운 적이 있다.
③ 금방 싫증을 내는 편이다.
④ 남을 잘 배려하는 편이다.

ㄱ	①	②	③	④
ㅁ	①	②	③	④

99
① 생각하고 나서 행동하는 편이다.
② 비판력이 강하다.
③ 감수성이 풍부하다.
④ 흐린 날은 반드시 우산을 챙긴다.

ㄱ	①	②	③	④
ㅁ	①	②	③	④

100
① 질서보다는 자유를 중요시하는 편이다.
② 영화나 드라마를 보면 등장인물의 감정에 이입된다.
③ 나는 조직의 일원으로는 어울리지 않는다.
④ 업무는 인간관계가 중요하다고 생각한다.

ㄱ	①	②	③	④
ㅁ	①	②	③	④

101 ① 다른 사람을 설득시키는 것이 어렵지 않다.

② 다른 사람이 내 의견에 간섭하는 것이 싫다.

③ 시간 약속을 어기는 것을 싫어한다.

④ 술자리에서 술을 마시지 않아도 흥을 돋을 수 있다.

ㄱ	①	②	③	④
ㅁ	①	②	③	④

102 ① 독자적으로 행동하는 편이다.

② 자주 후회를 하는 편이다.

③ 나만의 세계를 가지고 있다는 소릴 들어본 적 있다.

④ 남들에게 이것저것 말하는 것을 좋아한다.

ㄱ	①	②	③	④
ㅁ	①	②	③	④

103 ① 이왕 할 거라면 무조건 일등이 되어야 한다고 생각한다.

② 자기계발을 위해 항상 노력하는 편이다.

③ 다른 사람의 행동을 주의 깊게 관찰한다.

④ 선물은 가격보다 마음이 중요하다고 생각한다.

ㄱ	①	②	③	④
ㅁ	①	②	③	④

104 ① 나의 책상 위나 서랍은 항상 깨끗이 정돈되어 있다.

② 하기 싫은 일을 하고 있으면 무심코 불만을 말한다.

③ 기회가 있으면 반드시 얻는 편이다.

④ 말을 하는 것보다 주로 듣는 편이다.

ㄱ	①	②	③	④
ㅁ	①	②	③	④

면접

성공적인 취업을 위한 면접의 기본 및 면접기출을 수록하여
취업의 마무리까지 깔끔하게 책임집니다.

면접

01 면접의 기본

1 면접준비

(1) 면접의 기본 원칙

① **면접의 의미** … 면접이란 다양한 면접기법을 활용하여 지원한 직무에 필요한 능력을 지원자가 보유하고 있는지를 확인하는 절차라고 할 수 있다. 즉, 지원자의 입장에서는 채용 직무수행에 필요한 요건들과 관련하여 자신의 환경, 경험, 관심사, 성취 등에 대해 기업에 직접 어필할 수 있는 기회를 제공받는 것이며, 기업의 입장에서는 서류전형만으로 알 수 없는 지원자에 대한 정보를 직접적으로 수집하고 평가하는 것이다.

② **면접의 특징** … 면접은 기업의 입장에서 서류전형이나 필기전형에서 드러나지 않는 지원자의 능력이나 성향을 볼 수 있는 기회로, 면대면으로 이루어지며 즉흥적인 질문들이 포함될 수 있기 때문에 지원자가 완벽하게 준비하기 어려운 부분이 있다. 하지만 지원자 입장에서도 서류전형이나 필기전형에서 모두 보여주지 못한 자신의 능력 등을 기업의 인사담당자에게 어필할 수 있는 추가적인 기회가 될 수도 있다.

[서류·필기전형과 차별화되는 면접의 특징]

- 직무수행과 관련된 다양한 지원자 행동에 대한 관찰이 가능하다.
- 면접관이 알고자 하는 정보를 심층적으로 파악할 수 있다.
- 서류상의 미비한 사항과 의심스러운 부분을 확인할 수 있다.
- 커뮤니케이션 능력, 대인관계 능력 등 행동·언어적 정보도 얻을 수 있다.

③ **면접의 유형**

ㄱ **구조화 면접**: 구조화 면접은 사전에 계획을 세워 질문의 내용과 방법, 지원자의 답변 유형에 따른 추가 질문과 그에 대한 평가 역량이 정해져 있는 면접 방식으로 표준화 면접이라고도 한다.

- 표준화된 질문이나 평가요소가 면접 전 확정되며, 지원자는 편성된 조나 면접관에 영향을 받지 않고 동일한 질문과 시간을 부여받을 수 있다.

- 조직 또는 직무별로 주요하게 도출된 역량을 기반으로 평가요소가 구성되어, 조직 또는 직무에서 필요한 역량을 가진 지원자를 선발할 수 있다.
- 표준화된 형식을 사용하는 특성 때문에 비구조화 면접에 비해 신뢰성과 타당성, 객관성이 높다.

© 비구조화 면접 : 비구조화 면접은 면접 계획을 세울 때 면접 목적만을 명시하고 내용이나 방법은 면접관에게 전적으로 일임하는 방식으로 비표준화 면접이라고도 한다.
- 표준화된 질문이나 평가요소 없이 면접이 진행되며, 편성된 조나 면접관에 따라 지원자에게 주어지는 질문이나 시간이 다르다.
- 면접관의 주관적인 판단에 따라 평가가 이루어져 평가 오류가 빈번히 일어난다.
- 상황 대처나 언변이 뛰어난 지원자에게 유리한 면접이 될 수 있다.

④ 경쟁력 있는 면접 요령

㉠ 면접 전에 준비하고 유념할 사항
- 예상 질문과 답변을 미리 작성한다.
- 작성한 내용을 문장으로 외우지 않고 키워드로 기억한다.
- 지원한 회사의 최근 기사를 검색하여 기억한다.
- 지원한 회사가 속한 산업군의 최근 기사를 검색하여 기억한다.
- 면접 전 1주일간 이슈가 되는 뉴스를 기억하고 자신의 생각을 반영하여 정리한다.
- 찬반토론에 대비한 주제를 목록으로 정리하여 자신의 논리를 내세운 예상답변을 작성한다.

㉡ 면접장에서 유념할 사항
- 질문의 의도 파악 : 답변을 할 때에는 질문 의도를 파악하고 그에 충실한 답변이 될 수 있도록 질문사항을 유념해야 한다. 많은 지원자가 하는 실수 중 하나로 답변을 하는 도중 자기 말에 심취되어 질문의 의도와 다른 답변을 하거나 자신이 알고 있는 지식만을 나열하는 경우가 있는데, 이럴 경우 의사소통능력이 부족한 사람으로 인식될 수 있으므로 주의하도록 한다.
- 답변은 두괄식 : 답변을 할 때에는 두괄식으로 결론을 먼저 말하고 그 이유를 설명하는 것이 좋다. 미괄식으로 답변을 할 경우 용두사미의 답변이 될 가능성이 높으며, 결론을 이끌어 내는 과정에서 논리성이 결여될 우려가 있다. 또한 면접관이 결론을 듣기 전에 말을 끊고 다른 질문을 추가하는 예상치 못한 상황이 발생될 수 있으므로 답변은 자신이 전달하고자 하는 바를 먼저 밝히고 그에 대한 설명을 하는 것이 좋다.

- 지원한 회사의 기업정신과 인재상을 기억 : 답변을 할 때에는 회사가 원하는 인재라는 인상을 심어주기 위해 지원한 회사의 기업정신과 인재상 등을 염두에 두고 답변을 하는 것이 좋다. 모든 회사에 해당되는 두루뭉술한 답변보다는 지원한 회사에 맞는 맞춤형 답변을 하는 것이 좋다.
- 나보다는 회사와 사회적 관점에서 답변 : 답변을 할 때에는 자기중심적인 관점을 피하고 좀 더 넓은 시각으로 회사와 국가, 사회적 입장까지 고려하는 인재임을 어필하는 것이 좋다. 자기중심적 시각을 바탕으로 자신의 출세만을 위해 회사에 입사하려는 인상을 심어줄 경우 면접에서 불이익을 받을 가능성이 높다.
- 난처한 질문은 정직한 답변 : 난처한 질문에 답변을 해야 할 때에는 피하기보다는 정면 돌파로 정직하고 솔직하게 답변하는 것이 좋다. 난처한 부분을 감추고 드러내지 않으려 회피하려는 지원자의 모습은 인사담당자에게 입사 후에도 비슷한 상황에 처했을 때 회피할 수도 있다는 우려를 심어줄 수 있다. 따라서 직장생활에 있어 중요한 덕목 중 하나인 정직을 바탕으로 솔직하게 답변을 하도록 한다.

(2) 면접의 종류 및 준비 전략

① 인성면접
- ㉠ 면접 방식 및 판단기준
  - 면접 방식 : 인성면접은 면접관이 가지고 있는 개인적 면접 노하우나 관심사에 의해 질문을 실시한다. 주로 입사지원서나 자기소개서의 내용을 토대로 지원동기, 과거의 경험, 미래 포부 등을 이야기하도록 하는 방식이다.
  - 판단기준 : 면접관의 개인적 가치관과 경험, 해당 역량의 수준, 경험의 구체성·진실성 등
- ㉡ 특징 : 인성면접은 그 방식으로 인해 역량과 무관한 질문들이 많고 지원자에게 주어지는 면접질문, 시간 등이 다를 수 있다. 또한 입사지원서나 자기소개서의 내용을 토대로 하기 때문에 지원자별 질문이 달라질 수 있다.

ⓒ 예시 문항 및 준비전략

• 예시 문항

> • 3분 동안 자기소개를 해 보십시오.
> • 자신의 장점과 단점을 말해 보십시오.
> • 학점이 좋지 않은데 그 이유가 무엇입니까?
> • 최근에 인상 깊게 읽은 책은 무엇입니까?
> • 회사를 선택할 때 중요시하는 것은 무엇입니까?
> • 일과 개인생활 중 어느 쪽을 중시합니까?
> • 10년 후 자신은 어떤 모습일 것이라고 생각합니까?
> • 휴학 기간 동안에는 무엇을 했습니까?

• 준비전략 : 인성면접은 입사지원서나 자기소개서의 내용을 바탕으로 하는 경우가 많으므로 자신이 작성한 입사지원서와 자기소개서의 내용을 충분히 숙지하도록 한다. 또한 최근 사회적으로 이슈가 되고 있는 뉴스에 대한 견해를 묻거나 시사상식 등에 대한 질문을 받을 수 있으므로 이에 대한 대비도 필요하다. 자칫 부담스러워 보이지 않는 질문으로 가볍게 대답하지 않도록 주의하고 모든 질문에 입사 의지를 담아 성실하게 답변하는 것이 중요하다.

② 발표면접

㉠ 면접 방식 및 판단기준

• 면접 방식 : 지원자가 특정 주제와 관련된 자료를 검토하고 그에 대한 자신의 생각을 면접관 앞에서 주어진 시간 동안 발표하고 추가 질의를 받는 방식으로 진행된다.
• 판단기준 : 지원자의 사고력, 논리력, 문제해결력 등

㉡ 특징 : 발표면접은 지원자에게 과제를 부여한 후, 과제를 수행하는 과정과 결과를 관찰·평가한다. 따라서 과제수행 결과뿐 아니라 수행과정에서의 행동을 모두 평가할 수 있다.

ⓒ 예시 문항 및 준비전략

• 예시 문항

[신입사원 조기 이직 문제]

※ 지원자는 아래에 제시된 자료를 검토한 뒤, 신입사원 조기 이직의 원인을 크게 3가지로 정리하고 이에 대한 구체적인 개선안을 도출하여 발표해 주시기 바랍니다.

※ 본 과제에 정해진 정답은 없으나 논리적 근거를 들어 개선안을 작성해 주십시오.

• A기업은 동종업계 유사기업들과 비교해 볼 때, 비교적 높은 재무안정성을 유지하고 있으며 업무강도가 그리 높지 않은 것으로 외부에 알려져 있음.

• 최근 조사결과, 동종업계 유사기업들과 연봉을 비교해 보았을 때 연봉 수준도 그리 나쁘지 않은 편이라는 것이 확인되었음.

• 그러나 지난 3년간 1~2년차 직원들의 이직률이 계속해서 증가하고 있는 추세이며, 경영진 회의에서 최우선 해결과제 중 하나로 거론되었음.

• 이에 따라 인사팀에서 현재 1~2년차 사원들을 대상으로 개선되어야 하는 A기업의 조직문화에 대한 설문조사를 실시한 결과, '상명하복식의 의사소통'이 36.7%로 1위를 차지했음.

• 이러한 설문조사와 함께, 신입사원 조기 이직에 대한 원인을 분석한 결과 파랑새 증후군, 셀프홀릭 증후군, 피터팬 증후군 등 3가지로 분류할 수 있었음.

〈동종업계 유사기업들과의 연봉 비교〉   〈우리 회사 조직문화 중 개선되었으면 하는 것〉

〈신입사원 조기 이직의 원인〉

• 파랑새 증후군
- 현재의 직장보다 더 좋은 직장이 있을 것이라는 막연한 기대감으로 끊임없이 새로운 직장을 탐색함.
- 학력 수준과 맞지 않는 '하향지원', 전공과 적성을 고려하지 않고 일단 취업하고 보자는 '묻지마 지원'이 파랑새 증후군을 초래함.

• 셀프홀릭 증후군
- 본인의 역량에 비해 가치가 낮은 일을 주로 하면서 갈등을 느낌.

• 피터팬 증후군
- 기성세대의 문화를 무조건 수용하기보다는 자유로움과 변화를 추구함.
- 상명하복, 엄격한 규율 등 기성세대가 당연시하는 관행에 거부감을 가지며 직장에 답답함을 느낌.

- 준비전략 : 발표면접의 시작은 과제 안내문과 과제 상황, 과제 자료 등을 정확하게 이해하는 것에서 출발한다. 과제 안내문을 침착하게 읽고 제시된 주제 및 문제와 관련된 상황의 맥락을 파악한 후 과제를 검토한다. 제시된 기사나 그래프 등을 충분히 활용하여 주어진 문제를 해결할 수 있는 해결책이나 대안을 제시하며, 발표를 할 때에는 명확하고 자신 있는 태도로 전달할 수 있도록 한다.

③ 토론면접

  ㉠ 면접 방식 및 판단기준
  - 면접 방식 : 상호갈등적 요소를 가진 과제 또는 공통의 과제를 해결하는 내용의 토론 과제를 제시하고, 그 과정에서 개인 간의 상호작용 행동을 관찰하는 방식으로 면접이 진행된다.
  - 판단기준 : 팀워크, 적극성, 갈등 조정, 의사소통능력, 문제해결능력 등
  ㉡ 특징 : 토론을 통해 도출해 낸 최종안의 타당성도 중요하지만, 결론을 도출해 내는 과정에서의 의사소통능력이나 갈등상황에서 의견을 조정하는 능력 등이 중요하게 평가되는 특징이 있다.
  ㉢ 예시 문항 및 준비전략
  - 예시 문항

    - 군 가산점제 부활에 대한 찬반토론
    - 담뱃값 인상에 대한 찬반토론
    - 비정규직 철폐에 대한 찬반토론
    - 대학의 영어 강의 확대 찬반토론
    - 워크숍 장소 선정을 위한 토론

  - 준비전략 : 토론면접은 무엇보다 팀워크와 적극성이 강조된다. 따라서 토론과정에 적극적으로 참여하며 자신의 의사를 분명하게 전달하며, 갈등상황에서 자신의 의견만 내세울 것이 아니라 다른 지원자의 의견을 경청하고 배려하는 모습도 중요하다. 갈등상황을 일목요연하게 정리하여 조정하는 등의 의사소통능력을 발휘하는 것도 좋은 전략이 될 수 있다.

④ 상황면접

  ㉠ 면접 방식 및 판단기준
  - 면접 방식 : 상황면접은 직무 수행 시 접할 수 있는 상황들을 제시하고, 그러한 상황에서 어떻게 행동할 것인지를 이야기하는 방식으로 진행된다.
  - 판단기준 : 해당 상황에 적절한 역량의 구현과 구체적 행동지표

ⓛ 특징 : 실제 직무 수행 시 접할 수 있는 상황들을 제시하므로 입사 이후 지원자의 업무수행능력을 평가하는 데 적절한 면접 방식이다. 또한 지원자의 가치관, 태도, 사고방식 등의 요소를 통합적으로 평가하는 데 용이하다.

ⓒ 예시 문항 및 준비전략

• 예시 문항

> 당신은 생산관리팀의 팀원으로, 생산팀이 기한에 맞춰 효율적으로 제품을 생산할 수 있도록 관리하는 역할을 맡고 있습니다. 3개월 뒤에 제품A를 정상적으로 출시하기 위해 생산팀의 생산 계획을 수립한 상황입니다. 그러나 원가가 곧 실적으로 이어지는 구매팀에서는 최대한 원가를 줄여 전반적 단가를 낮추려고 원가절감을 위한 제안을 하였으나, 연구개발팀에서는 구매팀이 제안한 방식으로 제품을 생산할 경우 대부분이 구매팀의 실적으로 산정될 것이므로 제대로 확인도 해보지 않은 채 적합하지 않은 방식이라고 판단하고 있습니다. 당신은 어떻게 하겠습니까?

• 준비전략 : 상황면접은 먼저 주어진 상황에서 핵심이 되는 문제가 무엇인지를 파악하는 것에서 시작한다. 주질문과 세부질문을 통하여 질문의 의도를 파악하였다면, 그에 대한 구체적인 행동이나 생각 등에 대해 응답할수록 높은 점수를 얻을 수 있다.

⑤ 역할면접

㉠ 면접 방식 및 판단기준

• 면접 방식 : 역할면접 또는 역할연기 면접은 기업 내 발생 가능한 상황에서 부딪히게 되는 문제와 역할을 가상적으로 설정하여 특정 역할을 맡은 사람과 상호작용하고 문제를 해결해 나가도록 하는 방식으로 진행된다. 역할연기 면접에서는 면접관이 직접 역할연기를 하면서 지원자를 관찰하기도 하지만, 역할연기 수행만 전문적으로 하는 사람을 투입할 수도 있다.

• 판단기준 : 대처능력, 대인관계능력, 의사소통능력 등

㉡ 특징 : 역할면접은 실제 상황과 유사한 가상 상황에서의 행동을 관찰함으로서 지원자의 성격이나 대처 행동 등을 관찰할 수 있다.

㉢ 예시 문항 및 준비전략

• 예시 문항

> [금융권 역할면접의 예]
> 당신은 ○○은행의 신입 텔러이다. 사람이 많은 월말 오전 한 할아버지(면접관 또는 역할담당자)께서 ○○은행을 사칭한 보이스피싱으로 500만 원을 피해 보았다며 소란을 일으키고 있다. 실제 업무상황이라고 생각하고 상황에 대처해 보시오.

- 준비전략 : 역할연기 면접에서 측정하는 역량은 주로 갈등의 원인이 되는 문제를 해결 하고 제시된 해결방안을 상대방에게 설득하는 것이다. 따라서 갈등해결, 문제해결, 조정·통합, 설득력과 같은 역량이 중요시된다. 또한 갈등을 해결하기 위해서 상대방에 대한 이해도 필수적인 요소이므로 고객 지향을 염두에 두고 상황에 맞게 대처해야 한다.

    역할면접에서는 변별력을 높이기 위해 면접관이 압박적인 분위기를 조성하는 경우가 많기 때문에 스트레스 상황에서 불안해하지 않고 유연하게 대처할 수 있도록 시간과 노력을 들여 충분히 연습하는 것이 좋다.

2 면접 이미지 메이킹

(1) 성공적인 이미지 메이킹 포인트

① 복장 및 스타일

　㉠ 남성

- 양복 : 양복은 단색으로 하며 넥타이나 셔츠로 포인트를 주는 것이 효과적이다. 짙은 회색이나 감청색이 가장 단정하고 품위 있는 인상을 준다.
- 셔츠 : 흰색이 가장 선호되나 자신의 피부색에 맞추는 것이 좋다. 푸른색이나 베이지색은 산뜻한 느낌을 줄 수 있다. 양복과의 배색도 고려하도록 한다.
- 넥타이 : 의상에 포인트를 줄 수 있는 아이템이지만 너무 화려한 것은 피한다. 지원자의 피부색은 물론, 정장과 셔츠의 색을 고려하며, 체격에 따라 넥타이 폭을 조절하는 것이 좋다.
- 구두 & 양말 : 구두는 검정색이나 짙은 갈색이 어느 양복에나 무난하게 어울리며 깔끔하게 닦아 준비한다. 양말은 정장과 동일한 색상이나 검정색을 착용한다.
- 헤어스타일 : 머리스타일은 단정한 느낌을 주는 짧은 헤어스타일이 좋으며 앞머리가 있다면 이마나 눈썹을 가리지 않는 선에서 정리하는 것이 좋다.

ⓒ 여성

- 의상 : 단정한 스커트 투피스 정장이나 슬랙스 슈트가 무난하다. 블랙이나 그레이, 네이비, 브라운 등 차분해 보이는 색상을 선택하는 것이 좋다.
- 소품 : 구두, 핸드백 등은 같은 계열로 코디하는 것이 좋으며 구두는 너무 화려한 디자인이나 굽이 높은 것을 피한다. 스타킹은 의상과 구두에 맞춰 단정한 것으로 선택한다.
- 액세서리 : 액세서리는 너무 크거나 화려한 것은 좋지 않으며 과하게 많이 하는 것도 좋은 인상을 주지 못한다. 착용하지 않거나 작고 깔끔한 디자인으로 포인트를 주는 정도가 적당하다.
- 메이크업 : 화장은 자연스럽고 밝은 이미지를 표현하는 것이 좋으며 진한 색조는 인상이 강해 보일 수 있으므로 피한다.
- 헤어스타일 : 커트나 단발처럼 짧은 머리는 활동적이면서도 단정한 이미지를 줄 수 있도록 정리한다. 긴 머리의 경우 하나로 묶거나 단정한 머리망으로 정리하는 것이 좋으며, 짙은 염색이나 화려한 웨이브는 피한다.

② 인사

　㉠ **인사의 의미** : 인사는 예의범절의 기본이며 상대방의 마음을 여는 기본적인 행동이라고 할 수 있다. 인사는 처음 만나는 면접관에게 호감을 살 수 있는 가장 쉬운 방법이 될 수 있기도 하지만 제대로 예의를 지키지 않으면 지원자의 인성 전반에 대한 평가로 이어질 수 있으므로 각별히 주의해야 한다.

　㉡ **인사의 핵심 포인트**

- 인사말 : 인사말을 할 때에는 밝고 친근감 있는 목소리로 하며, 자신의 이름과 수험번호 등을 간략하게 소개한다.
- 시선 : 인사는 상대방의 눈을 보며 하는 것이 중요하며 너무 빤히 쳐다본다는 느낌이 들지 않도록 주의한다.
- 표정 : 인사는 마음에서 우러나오는 존경이나 반가움을 표현하고 예의를 차리는 것이므로 살짝 미소를 지으며 하는 것이 좋다.
- 자세 : 인사를 할 때에는 가볍게 목만 숙인다거나 흐트러진 상태에서 인사를 하지 않도록 주의하며 절도 있고 확실하게 하는 것이 좋다.

③ 시선처리와 표정, 목소리

    ㉠ 시선처리와 표정 : 표정은 면접에서 지원자의 첫인상을 결정하는 중요한 요소이다. 얼굴표정은 사람의 감정을 가장 잘 표현할 수 있는 의사소통 도구로 표정 하나로 상대방에게 호감을 주거나, 비호감을 사기도 한다. 호감이 가는 인상의 특징은 부드러운 눈썹, 자연스러운 미간, 적당히 볼록한 광대, 올라간 입 꼬리 등으로 가볍게 미소를 지을 때의 표정과 일치한다. 따라서 면접 중에는 밝은 표정으로 미소를 지어 호감을 형성할 수 있도록 한다. 시선은 면접관과 고르게 맞추되 생기 있는 눈빛을 띄도록 하며, 너무 빤히 쳐다본다는 인상을 주지 않도록 한다.

    ㉡ 목소리 : 면접은 주로 면접관과 지원자의 대화로 이루어지므로 목소리가 미치는 영향이 상당하다. 답변을 할 때에는 부드러우면서도 활기차고 생동감 있는 목소리로 하는 것이 면접관에게 호감을 줄 수 있으며 적당한 제스처가 더해진다면 상승효과를 얻을 수 있다. 그러나 적절한 답변을 하였음에도 불구하고 콧소리나 날카로운 목소리, 자신감 없는 작은 목소리는 답변의 신뢰성을 떨어뜨릴 수 있으므로 주의하도록 한다.

④ 자세

    ㉠ 걷는 자세
- 면접장에 입실할 때에는 상체를 곧게 유지하고 발끝은 평행이 되게 하며 무릎을 스치듯 11자로 걷는다.
- 시선은 정면을 향하고 턱은 가볍게 당기며 어깨나 엉덩이가 흔들리지 않도록 주의한다.
- 발바닥 전체가 닿는 느낌으로 안정감 있게 걸으며 발소리가 나지 않도록 주의한다.
- 보폭은 어깨넓이만큼이 적당하지만, 스커트를 착용했을 경우 보폭을 줄인다.
- 걸을 때도 미소를 유지한다.

    ㉡ 서있는 자세
- 몸 전체를 곧게 펴고 가슴을 자연스럽게 내민 후 등과 어깨에 힘을 주지 않는다.
- 정면을 바라본 상태에서 턱을 약간 당기고 아랫배에 힘을 주어 당기며 바르게 선다.
- 양 무릎과 발뒤꿈치는 붙이고 발끝은 11자 또는 V형을 취한다.
- 남성의 경우 팔을 자연스럽게 내리고 양손을 가볍게 쥐어 바지 옆선에 붙이고, 여성의 경우 공수자세를 유지한다.

ⓒ 앉은 자세

• 남성

> • 의자 깊숙이 앉고 등받이와 등 사이에 주먹 1개 정도의 간격을 두며 기대듯 앉지 않도록 주의한다. (남녀 공통 사항)
> • 무릎 사이에 주먹 2개 정도의 간격을 유지하고 발끝은 11자를 취한다.
> • 시선은 정면을 바라보며 턱은 가볍게 당기고 미소를 짓는다. (남녀 공통 사항)
> • 양손은 가볍게 주먹을 쥐고 무릎 위에 올려놓는다.
> • 앉고 일어날 때에는 자세가 흐트러지지 않도록 주의한다. (남녀 공통 사항)

• 여성

> • 스커트를 입었을 경우 왼손으로 뒤쪽 스커트 자락을 누르고 오른손으로 앞쪽 자락을 누르며 의자에 앉는다.
> • 무릎은 붙이고 발끝을 가지런히 하며, 다리를 왼쪽으로 비스듬히 기울이면 여성스러워 보이는 효과가 있다.
> • 양손을 모아 무릎 위에 모아 놓으며 스커트를 입었을 경우 스커트 위를 가볍게 누르듯이 올려놓는다.

(2) 면접 예절

① 행동 관련 예절

ⓐ 지각은 절대금물 : 시간을 지키는 것은 예절의 기본이다. 지각을 할 경우 면접에 응시할 수 없거나, 면접 기회가 주어지더라도 불이익을 받을 가능성이 높아진다. 따라서 면접장소가 결정되면 교통편과 소요시간을 확인하고 가능하다면 사전에 미리 방문해 보는 것도 좋다. 면접 당일에는 서둘러 출발하여 면접 시간 20~30분 전에 도착하여 회사를 둘러보고 환경에 익숙해지는 것도 성공적인 면접을 위한 요령이 될 수 있다.

ⓑ 면접 대기 시간 : 지원자들은 대부분 면접장에서의 행동과 답변 등으로만 평가를 받는다고 생각하지만 그렇지 않다. 면접관이 아닌 면접진행자 역시 대부분 인사실무자이며 면접관이 면접 후 지원자에 대한 평가에 있어 확신을 위해 면접진행자의 의견을 구한다면 면접진행자의 의견이 당락에 영향을 줄 수 있다. 따라서 면접 대기 시간에도 행동과 말을 조심해야 하며, 면접을 마치고 돌아가는 순간까지도 긴장을 늦춰서는 안 된다. 면접 중 압박적인 질문에 답변을 잘 했지만, 면접장을 나와 흐트러진 모습을 보이거나 욕설을 한다면 면접 탈락의 요인이 될 수 있으므로 주의해야 한다.

ⓒ **입실 후 태도** : 본인의 차례가 되어 호명되면 또렷하게 대답하고 들어간다. 만약 면접 장 문이 닫혀 있다면 상대에게 소리가 들릴 수 있을 정도로 노크를 두세 번 한 후 대 답을 듣고 나서 들어가야 한다. 문을 여닫을 때에는 소리가 나지 않게 조용히 하며 공손한 자세로 인사한 후 성명과 수험번호를 말하고 면접관의 지시에 따라 자리에 앉 는다. 이 경우 착석하라는 말이 없는데 먼저 의자에 앉으면 무례한 사람으로 보일 수 있으므로 주의한다. 의자에 앉을 때에는 끝에 앉지 말고 무릎 위에 양손을 가지런히 얹는 것이 예절이라고 할 수 있다.

ⓓ **옷매무새를 자주 고치지 마라.** : 일부 지원자의 경우 옷매무새 또는 헤어스타일을 자주 고치거나 확인하기도 하는데 이러한 모습은 과도하게 긴장한 것 같아 보이거나 면접 에 집중하지 못하는 것으로 보일 수 있다. 남성 지원자의 경우 넥타이를 자꾸 고쳐 맨다거나 정장 상의 끝을 너무 자주 만지작거리지 않는다. 여성 지원자는 머리를 계 속 쓸어 올리지 않고, 특히 짧은 치마를 입고서 신경이 쓰여 치마를 끌어 내리는 행 동은 좋지 않다.

ⓔ **다리를 떨거나 산만한 시선은 면접 탈락의 지름길** : 자신도 모르게 다리를 떨거나 손가락 을 만지는 등의 행동을 하는 지원자가 있는데, 이는 면접관의 주의를 끌 뿐만 아니라 불안하고 산만한 사람이라는 느낌을 주게 된다. 따라서 가능한 한 바른 자세로 앉아 있는 것이 좋다. 또한 면접관과 시선을 맞추지 못하고 여기저기 둘러보는 듯한 산만 한 시선은 지원자가 거짓말을 하고 있다고 여겨지거나 신뢰할 수 없는 사람이라고 생 각될 수 있다.

② **답변 관련 예절**

ⓐ **면접관이나 다른 지원자와 가치 논쟁을 하지 않는다.** : 질문을 받고 답변하는 과정에서 면 접관 또는 다른 지원자의 의견과 다른 의견이 있을 수 있다. 특히 평소 지원자가 관 심이 많은 문제이거나 잘 알고 있는 문제인 경우 자신과 다른 의견에 대해 이의가 있 을 수 있다. 하지만 주의할 것은 면접에서 면접관이나 다른 지원자와 가치 논쟁을 할 필요는 없다는 것이며 오히려 불이익을 당할 수도 있다. 정답이 정해져 있지 않은 경 우에는 가치관이나 성장배경에 따라 문제를 받아들이는 태도에서 답변까지 충분히 차 이가 있을 수 있으므로 굳이 면접관이나 다른 지원자의 가치관을 지적하고 고치려 드 는 것은 좋지 않다.

ⓒ **답변은 항상 정직해야 한다.** : 면접이라는 것이 아무리 지원자의 장점을 부각시키고 단점을 축소시키는 것이라고 해도 절대로 거짓말을 해서는 안 된다. 거짓말을 하게 되면 지원자는 불안하거나 꺼림칙한 마음이 들게 되어 면접에 집중을 하지 못하게 되고 수많은 지원자를 상대하는 면접관은 그것을 놓치지 않는다. 거짓말은 그 지원자에 대한 신뢰성을 떨어뜨리며 이로 인해 다른 스펙이 아무리 훌륭하다고 해도 채용에서 탈락하게 될 수 있음을 명심하도록 한다.

ⓒ **경력직을 경우 전 직장에 대해 험담하지 않는다.** : 지원자가 전 직장에서 무슨 업무를 담당했고 어떤 성과를 올렸는지는 면접관이 관심을 둘 사항일 수 있지만, 이전 직장의 기업문화나 상사들이 어땠는지는 그다지 궁금해 하는 사항이 아니다. 전 직장에 대해 험담을 늘어놓는다든가, 동료와 상사에 대한 악담을 하게 된다면 오히려 지원자에 대한 부정적인 이미지만 심어줄 수 있다. 만약 전 직장에 대한 말을 해야 할 경우가 생긴다면 가능한 한 객관적으로 이야기하는 것이 좋다.

ⓔ **자기 자신이나 배경에 대해 자랑하지 않는다.** : 자신의 성취나 부모 형제 등 집안사람들이 사회·경제적으로 어떠한 위치에 있는지에 대한 자랑은 면접관으로 하여금 지원자에 대해 오만한 사람이거나 배경에 의존하려는 나약한 사람이라는 이미지를 갖게 할 수 있다. 따라서 자기 자신이나 배경에 대해 자랑하지 않도록 하고, 자신이 한 일에 대해서 너무 자세하게 얘기하지 않도록 주의해야 한다.

3 **면접 질문 및 답변 포인트**

(1) 가족 및 대인관계에 관한 질문

① **당신의 가정은 어떤 가정입니까?**
면접관들은 지원자의 가정환경과 성장과정을 통해 지원자의 성향을 알고 싶어 이와 같은 질문을 한다. 비록 가정 일과 사회의 일이 완전히 일치하는 것은 아니지만 '가화만사성'이라는 말이 있듯이 가정이 화목해야 사회에서도 화목하게 지낼 수 있기 때문이다. 그러므로 답변 시에는 가족사항을 정확하게 설명하고 집안의 분위기와 특징에 대해 이야기하는 것이 좋다.

② 아버지의 직업은 무엇입니까?

아주 기본적인 질문이지만 지원자는 아버지의 직업과 내가 무슨 관련성이 있을까 생각하기 쉬워 포괄적인 답변을 하는 경우가 많다. 그러나 이는 바람직하지 않은 것으로 단답형으로 답변하면 세부적인 직종 및 근무연한 등을 물을 수 있으므로 모든 걸 한 번에 대답하는 것이 좋다.

③ 친구 관계에 대해 말해 보십시오.

지원자의 인간성을 판단하는 질문으로 교우관계를 통해 답변자의 성격과 대인관계능력을 파악할 수 있다. 새로운 환경에 적응을 잘하여 새로운 친구들이 많은 것도 좋지만, 깊고 오래 지속되어온 인간관계를 말하는 것이 더욱 바람직하다.

(2) 성격 및 가치관에 관한 질문

① 당신의 PR포인트를 말해 주십시오.

PR포인트를 말할 때에는 지나치게 겸손한 태도는 좋지 않으며 적극적으로 자기를 주장하는 것이 좋다. 앞으로 입사 후 하게 될 업무와 관련된 자기의 특성을 구체적인 일화를 더하여 이야기하도록 한다.

② 당신의 장·단점을 말해 보십시오.

지원자의 구체적인 장·단점을 알고자 하기 보다는 지원자가 자기 자신에 대해 얼마나 알고 있으며 어느 정도의 객관적인 분석을 하고 있나, 그리고 개선의 노력 등을 시도하는지를 파악하고자 하는 것이다. 따라서 장점을 말할 때는 업무와 관련된 장점을 뒷받침할 수 있는 근거와 함께 제시하며, 단점을 이야기할 때에는 극복을 위한 노력을 반드시 포함해야 한다.

③ 가장 존경하는 사람은 누구입니까?

존경하는 사람을 말하기 위해서는 우선 그 인물에 대해 알아야 한다. 잘 모르는 인물에 대해 존경한다고 말하는 것은 면접관에게 바로 지적당할 수 있으므로, 추상적이라도 좋으니 평소에 존경스럽다고 생각했던 사람에 대해 그 사람의 어떤 점이 좋고 존경스러운지 대답하도록 한다. 또한 자신에게 어떤 영향을 미쳤는지도 언급하면 좋다.

(3) 학교생활에 관한 질문

① 지금까지의 학교생활 중 가장 기억에 남는 일은 무엇입니까?

가급적 직장생활에 도움이 되는 경험을 이야기하는 것이 좋다. 또한 경험만을 간단하게 말하지 말고 그 경험을 통해서 얻을 수 있었던 교훈 등을 예시와 함께 이야기하는 것이 좋으나 너무 상투적인 답변이 되지 않도록 주의해야 한다.

② 성적은 좋은 편이었습니까?

면접관은 이미 서류심사를 통해 지원자의 성적을 알고 있다. 그럼에도 불구하고 이 질문을 하는 것은 지원자가 성적에 대해서 어떻게 인식하느냐를 알고자 하는 것이다. 성적이 나빴던 이유에 대해서 변명하려 하지 말고 담백하게 받아드리고 그것에 대한 개선노력을 했음을 밝히는 것이 적절하다.

③ 학창시절에 시위나 집회 등에 참여한 경험이 있습니까?

기업에서는 노사분규를 기업의 사활이 걸린 중대한 문제로 인식하고 거시적인 차원에서 접근한다. 이러한 기업문화를 제대로 인식하지 못하여 학창시절의 시위나 집회 참여 경험을 자랑스럽게 답변할 경우 감점요인이 되거나 심지어는 탈락할 수 있다는 사실에 주의한다. 시위나 집회에 참가한 경험을 말할 때에는 타당성과 정도에 유의하여 답변해야 한다.

(4) 지원동기 및 직업의식에 관한 질문

① 왜 우리 회사를 지원했습니까?

이 질문은 어느 회사나 가장 먼저 물어보고 싶은 것으로 지원자들은 기업의 이념, 대표의 경영능력, 재무구조, 복리후생 등 외적인 부분을 설명하는 경우가 많다. 이러한 답변도 적절하지만 지원 회사의 주력 상품에 관한 소비자의 인지도, 경쟁사 제품과의 시장점유율을 비교하면서 입사동기를 설명한다면 상당히 주목 받을 수 있을 것이다.

② 만약 이번 채용에 불합격하면 어떻게 하겠습니까?

불합격할 것을 가정하고 회사에 응시하는 지원자는 거의 없을 것이다. 이는 지원자를 궁지로 몰아넣고 어떻게 대응하는지를 살펴보며 입사 의지를 알아보려고 하는 것이다. 이 질문은 너무 깊이 들어가지 말고 침착하게 답변하는 것이 좋다.

③ 당신이 생각하는 바람직한 사원상은 무엇입니까?

직장인으로서 또는 조직의 일원으로서의 자세를 묻는 질문으로 지원하는 회사에서 어떤 인재상을 요구하는 가를 알아두는 것이 좋으며, 평소에 자신의 생각을 미리 정리해 두어 당황하지 않도록 한다.

④ 직무상의 적성과 보수의 많음 중 어느 것을 택하겠습니까?

이런 질문에서 회사 측에서 원하는 답변은 당연히 직무상의 적성에 비중을 둔다는 것이다. 그러나 적성만을 너무 강조하다 보면 오히려 솔직하지 못하다는 인상을 줄 수 있으므로 어느 한 쪽을 너무 강조하거나 경시하는 태도는 바람직하지 못하다.

⑤ 상사와 의견이 다를 때 어떻게 하겠습니까?

과거와 다르게 최근에는 상사의 명령에 무조건 따르겠다는 수동적인 자세는 바람직하지 않다. 회사에서는 때에 따라 자신이 판단하고 행동할 수 있는 직원을 원하기 때문이다. 그러나 지나치게 자신의 의견만을 고집한다면 이는 팀원 간의 불화를 야기할 수 있으며 팀 체제에 악영향을 미칠 수 있으므로 선호하지 않는다는 것에 유념하여 답해야 한다.

⑥ 근무지가 지방인데 근무가 가능합니까?

근무지가 지방 중에서도 특정 지역은 되고 다른 지역은 안 된다는 답변은 바람직하지 않다. 직장에서는 순환 근무라는 것이 있으므로 처음에 지방에서 근무를 시작했다고 해서 계속 지방에만 있는 것은 아님을 유의하고 답변하도록 한다.

(5) 여가 활용에 관한 질문

① 취미가 무엇입니까?

기초적인 질문이지만 특별한 취미가 없는 지원자의 경우 대답이 애매할 수밖에 없다. 그래서 가장 많이 대답하게 되는 것이 독서, 영화감상, 혹은 음악감상 등과 같은 흔한 취미를 말하게 되는데 이런 취미는 면접관의 주의를 끌기 어려우며 설사 정말 위와 같은 취미를 가지고 있다하더라도 제대로 답변하기는 힘든 것이 사실이다. 가능하면 독특한 취미를 말하는 것이 좋으며 이제 막 시작한 것이라도 열의를 가지고 있음을 설명할 수 있으면 그것을 취미로 답변하는 것도 좋다.

② 술자리를 좋아합니까?

이 질문은 정말로 술자리를 좋아하는 정도를 묻는 것이 아니다. 우리나라에서는 대부분 술자리가 친교의 자리로 인식되기 때문에 그것에 얼마나 적극적으로 참여할 수 있는 가를 우회적으로 묻는 것이다. 술자리를 싫어한다고 대답하게 되면 원만한 대인관계에 문제가 있을 수 있다고 평가될 수 있으므로 술을 잘 마시지 못하더라도 술자리의 분위기는 즐긴 다고 답변하는 것이 좋으며 주량에 대해서는 정확하게 말하는 것이 좋다.

(6) 여성 지원자들을 겨냥한 질문

① 결혼은 언제 할 생각입니까?

지원자가 결혼예정자일 경우 기업은 채용을 꺼리게 되는 경향이 있다. 업무를 어느 정도 인식하고 수행할 정도가 되면 퇴사하는 일이 흔하기 때문이다. 가능하면 향후 몇 년간은 결혼 계획이 없다고 답변하는 것이 현실적인 대처 요령이며, 덧붙여 결혼 후에도 일하고 자 하는 의지를 강하게 내보인다면 더욱 도움이 된다.

② 만약 결혼 후 남편이나 시댁에서 직장생활을 그만두라고 강요한다면 어떻게 하겠습니까?

결혼적령기의 여성 지원자들에게 빈번하게 묻는 질문으로 의견 대립이 생겼을 때 상대방 을 설득하고 타협하는 능력을 알아보고자 하는 것이다. 따라서 남편이나 시댁과 충분한 대화를 통해 설득하고 계속 근무하겠다는 의지를 밝히는 것이 좋다.

③ 여성의 취업을 어떻게 생각합니까?

여성 지원자들의 일에 대한 열의와 포부를 알고자 하는 질문이다. 많은 기업들이 여성들 의 섬세하고 꼼꼼한 업무능력과 감각을 높이 평가하고 있으며, 사회 전반적인 분위기 역 시 맞벌이를 이해하고 있으므로 자신의 의지를 당당하고 자신감 있게 밝히는 것이 좋다.

④ 커피나 복사 같은 잔심부름이 주어진다면 어떻게 하겠습니까?

여성 지원자들에게 가장 난감하고 자존심상하는 질문일 수 있다. 이 질문은 여성 지원자 에게 잔심부름을 시키겠다는 요구가 아니라 직장생활 중에서의 협동심이나 봉사정신, 직 업관을 알아보고자 하는 것이다. 또한 이 과정에서 압박기법을 사용해 비꼬는 투로 말하 는 수 있는데 이는 자존심이 상하거나 불쾌해질 때의 행동을 알아보려는 것이다. 이럴 경 우 흥분하여 과격하게 답변하면 탈락하게 되며, 무조건 열심히 하겠다는 대답도 신뢰성이 없는 답변이다. 직장생활을 위해 필요한 일이면 할 수 있다는 정도의 긍정적인 답변을 하 되, 한 사람의 사원으로서 당당함을 유지하는 것이 좋다.

(7) 지원자를 당황하게 하는 질문

① 성적이 좋지 않은데 이 정도의 성적으로 우리 회사에 입사할 수 있다고 생각합니까?

비록 자신의 성적이 좋지 않더라도 이미 서류심사에 통과하여 면접에 참여하였다면 기업에서는 지원자의 성적보다 성적 이외의 요소, 즉 성격·열정 등을 높이 평가했다는 것이라고 할 수 있다. 그러나 이런 질문을 받게 되면 지원자는 당황할 수 있으나 주눅 들지 말고 침착하게 대처하는 면모를 보인다면 더 좋은 인상을 남길 수 있다.

② 우리 회사 회장님 함자를 알고 있습니까?

회장이나 사장의 이름을 조사하는 것은 면접일을 통고받았을 때 이미 사전 조사되었어야 하는 사항이다. 단답형으로 이름만 말하기보다는 그 기업에 입사를 희망하는 지원자의 입장에서 답변하는 것이 좋다.

③ 당신은 이 회사에 적합하지 않은 것 같군요.

이 질문은 지원자의 입장에서 상당히 곤혹스러울 수밖에 없다. 질문을 듣는 순간 그렇다면 면접은 왜 참가시킨 것인가 하는 생각이 들 수도 있다. 하지만 당황하거나 흥분하지 말고 침착하게 자신의 어떤 면이 회사에 적당하지 않은지 겸손하게 물어보고 지적당한 부분에 대해서 고치겠다는 의지를 보인다면 오히려 자신의 능력을 어필할 수 있는 기회로 사용할 수도 있다.

④ 다시 공부할 계획이 있습니까?

이 질문은 지원자가 합격하여 직장을 다니다가 공부를 더 하기 위해 회사를 그만 두거나 학습에 더 관심을 두어 일에 대한 능률이 저하될 것을 우려하여 묻는 것이다. 이때에는 당연히 학습보다는 일을 강조해야 하며, 업무 수행에 필요한 학습이라면 업무에 지장이 없는 범위에서 야간학교를 다니거나 회사에서 제공하는 연수 프로그램 등을 활용하겠다고 답변하는 것이 적당하다.

⑤ 지원한 분야가 전공한 분야와 다른데 여기 일을 할 수 있겠습니까?

수험생의 입장에서 본다면 지원한 분야와 전공이 다르지만 서류전형과 필기전형에 합격하여 면접을 보게 된 경우라고 할 수 있다. 이는 결국 해당 회사의 채용 방침상 전공에 크게 영향을 받지 않는다는 것이므로 무엇보다 자신이 전공하지는 않았지만 어떤 업무도 적극적으로 임할 수 있다는 자신감과 능동적인 자세를 보여주도록 노력하는 것이 좋다.

02 면접기출

1 KCC 면접기출

(1) 인성면접

• 1분간 자기소개를 해 보시오.

• 본인이 자신 있는 외국어로 자기소개를 간단히 해 보시오.

• 본인의 전공과 KCC에서 생산하는 제품의 분야가 다른데 본인이 공부한 것을 어떻게 사용할 수 있다고 생각하는가?

• 나이 많은 생산직 사원들과 일할 수 있겠는가?

• 같이 일하고 싶은 상사는 어떤 스타일의 상사인지 말해보시오.

• 비전공자인데 전공자보다 영업을 어떻게 더 잘 할 수 있다고 생각하는 이유에 대해 말해보시오.

• 유리전이온도는 변하는가? 그렇게 대답한 이유는 무엇인가?

• 지금까지 살아오면서 인생에서 가장 힘들었던 때는 언제인가?

• 국가자격증을 공부한 적이 있는가?

• KCC 건물에 들어오면서 본인이 받은 첫인상에 대해서 말해보시오.

• 본인의 취미활동은 무엇인지 구체적으로 말해보시오.

• 남들에게는 없는 본인만의 특징이나 장점이 있다면 말해보시오.

• 남들이 생각지도 못한 창의적인 아이디어를 낸 경험이 있는가? 그렇다면 구체적으로 말해보시오.

• KCC의 매출액과 영업이익에 대해 알고 있는 만큼 이야기해 보시오.

- 21세기 인재상과 KCC의 인재 모집방안에 대해 말해보시오.

- 아무도 하지 않았던 새로운 것에 도전했던 경험이 있다면 말해보시오.

- KCC가 생산하고 있는 것들에 대해 구체적으로 말해보시오.

- KCC 농구단에 대해 아는 대로 말해보시오.

- 가장 친한 친구는 누구입니까?

- 본인에게 그 친구의 의미와 그 친구가 본인을 어떻게 생각하는지 추측해서 말해보시오.

- 최근에 감명 깊게 읽은 책에 대해서 말해보시오.

- 본인 성격의 장·단점에 대해 3가지씩 말해보시오.

- 마지막으로 하고 싶은 말이 있으면 해 보시오.

- 당사에 지원하는 동기와 당사가 귀하를 선택해야 하는 이유에 대하여 말해보시오.

- 귀하가 하루 동안 인맥을 동원하여 모을 수 있는 자금은 얼마인가?

- KCC의 사훈이 무엇인지 말해보시오.

- 현재 KCC의 광고에 대한 귀하의 느낌을 말해보시오.

- 귀하의 외국어 수준은 어느 정도라고 생각하는가?

- 귀하는 밤늦게 불러낼 수 있는 친구가 몇 명이나 있는가?

- 자신이 지원한 분야에 관련된 것 이외의 업무를 시켜도 가능하겠는가?

- 한국이 시급히 해결해야 할 문제점은 무엇이라고 생각하는가?

- 당사의 부채가 얼마인지 아는가?

- 여태까지 살아오면서 자신에게 얼마정도의 투자를 했다고 생각하는가? 산술적으로 수치를 내보시오.

- KCC의 제품을 하나도 쓰지 않는 회사에 제품을 어떻게 팔 것인가? (영업)

- UFO는 있다? 없다? 그렇게 생각하는 이유를 설명해보시오. (순발력을 알아보기 위한 질문)

- 많은 기업들 중 왜 KCC를 지원했는가?

- KCC 지방지사로 발령 시 이렇게 할 것인가?

- KCC가 하고 있는 사업 분야에 대해 알고 있는 것을 말해보시오.

- 지금까지 했던 프로젝트 중에 직무와 관련이 있는 것이 있으면 말해보시오.

- 직무 분야에서 자신이 위기에 처했을 때 어떻게 자신의 자리를 지킬 수 있는지 말해보시오.

- 타 기업 인턴 경험이 있으면 말해보시오.

- 자신의 전공을 선택한 이유와 지원한 직무와의 연관성을 말해보시오.

- 기업의 사회공헌 활동은 필수적이라고 생각하는가?

- 상사와 갈등이 지속적으로 생긴다면 어떻게 대처하겠는가?

- 본인이 가진 장점 중 KCC에서 일하기에 가장 적합한 것은 무엇이라고 생각하는가?

- 블로그나 SNS의 영향력이 날로 커지고 있는데 이를 이용할 방안이 있는가?

- 자신의 인생에 있어서 최우선순위 3가지를 말해보시오.

- 술을 전혀 하지 못한다고 가정했을 때 회식이 잦다면 어떻게 할 것인가?

- 공백기가 좀 있는데 그동안 무슨 활동을 했는가?

- 평상시에 무엇을 하고 지내는가?

- 인턴을 여러 곳에서 했는데 그 이유가 무엇인가?

- 인사직무자로서 어떤 성품의 사람을 뽑고 싶은가?

- 살아오면서 가장 힘들었던 기억은 무엇인가?

- 특기는 무엇인가?

- 지방근무가 가능한가?

- 가장 중요하게 생각하는 가치는 무엇인가?

(2) PT면접

- 도료에 사용되는 에폭시 고분자에 대한 설명을 하고 이를 활용한 제품을 설계해 보시오.

- 베르누이의 법칙에 대해 설명을 하고, 그 예와 활용방법을 발표하시오.

- KCC의 제로 기술(Zero Technology)에 대해 설명하고 이 기술을 좀 더 보완하기 위해 어떤 점을 추가하거나 수정해야 할 지 발표하시오.

- KCC그룹이 새롭게 개척해야 할 사업분야에 대해 설명하고 그 이유를 발표하시오.

- 본인이 외국에 우리 KCC그룹의 제품을 수출한다면 어떤 제품을 어떤 나라에 왜 수출할 것인지 발표하시오.

- 당사 제품 중 하나를 골라 고객사에게 홍보해보시오.

- 고객사에서 영업부의 신입사원이 실수가 많다면서 숙련된 사원으로 바꿔달라고 요청을 해 온다면 어떻게 할 것인지 발표하시오.

2 국내 주요 기업 면접기출

(1) 삼성

① 자기소개를 해보세요.

② 전 직장을 그만 둔 이유는 무엇입니까?

③ 당사에 지원한 동기는 무엇입니까?

④ 지방 근무 가능하십니까?

⑤ 가족관계를 설명해주세요.

⑥ 입사 후 자신이 싫어하는 업무를 맡았을 때 어떻게 하겠습니까?

⑦ 학교 다닐 때 어떤 것을 경험했고, 그 교훈은 무엇이었습니까?

⑧ 노조에 대해 어떻게 생각하십니까?

⑨ 자신의 (성격) 장·단점을 말해보세요.

⑩ 마지막으로 하고 싶은 말이 있으면 말해보세요.

(2) 현대자동차

① 자기소개를 해주세요.

② 왜 그 직무에 지원했습니까?

③ 자신이 심사위원이라면 신입사원을 어떤 기준으로 뽑겠습니까?

④ 본인이 지원한 직무에 배치되지 않으면 어떻게 하겠습니까?

⑤ 상사와 의견이 대립하게 되면 어떻게 풀어갈 것입니까?

⑥ 본인의 장점에 대해 이야기해보세요.

⑦ 입사 후 본인이 하고 싶은 일을 짧게 말해보세요.

⑧ 앞으로 10년 후 당신은 회사에서 어떤 모습일 것 같습니까?

⑨ 본인 성격의 장단점을 밝혀 보세요.

⑩ 노사분규에 대해서 어떻게 생각합니까?

(3) SK

① 자기소개를 해주세요.

② 이직의 이유가 무엇입니까?

③ 지원 동기는 무엇입니까?

④ 다른 회사는 어디에 지원했습니까? 합격한다면 어디로 갈 것입니까?

⑤ 입사 후 어떤 일을 하고 싶습니까?

⑥ 지방근무는 가능합니까?

⑦ 자신의 취미를 말해보세요.

⑧ 주량은 어떻게 됩니까?

⑨ 가족 소개를 해보세요.

(4) LG

① 당사에 대해 말해보세요.

② 지방 근무는 가능합니까?

③ 입사하면 어떤 일을 하고 싶습니까?

④ 다른 회사에 지원했습니까?

⑤ 술은 얼마나 합니까?

⑥ 해당 직무에 지원하는 이유는 무엇입니까?

⑦ 입사 후 하고 싶은 일을 말해보세요.

⑧ 입사 후 포부를 말해주세요.

⑨ 취미를 말해보세요.

⑩ 마지막으로 하고 싶은 말은?

(5) 롯데

① 자기소개를 해보세요.

② 입사한다면 어떤 일을 하고 싶은가?

③ 자신의 강점을 설명해보세요.

④ 가족사항을 소개해주세요.

⑤ 자사에 지원한 이유가 무엇입니까?

⑥ 해당 근무를 하려는 이유는 무엇입니까?

⑦ 지방 근무는 가능합니까?

⑧ 당사에 대해 아는대로 말해 보세요.

⑨ 자신의 특기를 말해보세요.

⑩ 마지막으로 할 말이 있으면 해보세요.

(6) GS

① 자기소개를 해보세요.

② 입사동기는 무엇입니까?

③ 앞으로의 포부를 말해보세요.

④ 자신의 장점을 말해주세요.

⑤ 자신의 성격에 대해서 말해보세요

⑥ 어려운 사항을 극복한 과정을 말해보세요.

⑦ 이전 직장에서 맡은 일은 무엇이며, 왜 그만두었나요?

⑧ 주량은 얼마나 됩니까?

⑨ 전공이 희망 직무와 맞지 않는데 왜 지원했나요?

⑩ 마지막으로 할 말이 있으면 해보세요.

(7) 현대중공업

① 자기소개를 해보세요.

② 당사 지원 동기는 무엇입니까?

③ 이직의 사유는 무엇입니까?

④ 입사 후 하고 싶은 일이 무엇입니까?

⑤ 지방 근무는 가능합니까?

⑥ 취미를 말해보세요.

⑦ 자신만의 특기가 있으면 설명해보세요.

⑧ 동아리 활동을 말해보세요.

⑨ 졸업 후 지금까지 무엇을 했습니까?

⑩ 전 직장의 경력에 대해서 말해보세요.

(8) 금호아시아나

① 우리 회사에 왜 지원했는지 얘기해보세요.

② 다른 회사 어디에 지원했고, 어떻게 진행중입니까?

③ 자신의 꿈에 대해서 말해보세요.

④ 들어와서 어떤 일을 하고 싶습니까?

⑤ 원하지 않는 직무를 맡으면 어떻게 할 것인가요?

⑥ 최근 읽은 책, 잡지, 신문 등에서 가장 인상 깊은 부분을 말해보세요.

⑦ 가족 소개를 해보세요.

⑧ 가장 힘들었던 경험을 말해보세요.

⑨ 우리 회사에 대해 아는 대로 말해보세요.

⑩ 지원한 직무에서 하는 일을 아십니까?

(9) 한진

① 자기소개를 해보세요.

② 영어로 자기소개 해보세요.

③ 한진에서 일하기에 본인이 가진 장점이 무엇이라고 생각합니까?

④ 학창시절 동아리 활동에 대하여 말해보세요.

⑤ 지방근무는 가능한가요?

⑥ 노사에 대해서 어떻게 생각합니까?

⑦ 주량은 어떻게 됩니까?

⑧ 자신의 강점을 말해보세요.

⑨ 한진에서 무슨 일을 하고 싶습니까?

⑩ 살면서 가장 힘겨웠던 경험을 얘기해 보세요.

⑩ 두산

① 자기소개를 해보세요.

② 당사에 지원한 동기가 무엇입니까?

③ 전공이 지원 분야와 어떤 상관이 있습니까?

④ 주량은 어느 정도입니까?

⑤ 자신의 취미와 특기를 말해보세요.

⑥ 가족관계를 설명해보세요.

⑦ 학교생활동안 동아리 활동이나 사회봉사활동 경험이 있습니까?

⑧ 지금까지 살면서 힘들었던 일들과 그것을 어떻게 극복했는지 말해보세요.

⑨ 입사한다면 어떤 일을 하고 싶습니까?

⑩ 마지막으로 하고 싶은 말이 있으면 해보세요.

공무원시험/자격시험/독학사/검정고시/취업대비 동영상강좌 전문 사이트

공무원	9급 공무원	서울시 기능직 일반직 전환	각 시·도 기능직 일반직 전환	교육청 기능직 일반직 전환
	관리운영직 일반직 전환	사회복지직 공무원	우정사업본부 계리직	서울시 기술계고 경력경쟁
기술직 공무원	물리	화학	생물	
	기술계 고졸자 물리/화학/생물			
경찰·소방공무원	소방특채 생활영어	소방학개론		
군 장교, 부사관	육군부사관	공군부사관	해군부사관	부사관 국사(근현대사)
	공군 학사사관후보생	공군 조종장학생	공군 예비장교후보생	공군 국사 및 핵심가치
NCS, 공기업, 기업체	공기업 NCS	공기업 고졸 NCS	코레일(한국철도공사)	한국수력원자력
	국민건강보험공단	국민연금공단	LH한국토지주택공사	한국전력공사
자격증	임상심리사 2급	건강운동관리사	사회조사분석사	한국사능력검정시험
	국어능력인증시험	청소년상담사 3급	관광통역안내사	국내여행안내사
	텔레마케팅관리사	사회복지사 1급	경비지도사	경호관리사
	신변보호사	전산회계	전산세무	
무료강의	국민건강보험공단	사회조사분석사 기출문제	독학사 1단계	대입수시적성검사
	사회복지직 기출문제	농협 인적성검사	지역농협 6급	기업체 취업 적성검사
	한국사능력검정시험 백발백중 실전 연습문제	한국사능력검정시험 실전 모의고사		

서원각 www.goseowon.co.kr
QR코드를 찍으면 동영상강의 홈페이지로 들어가실 수 있습니다.

서원각

자격시험 대비서

핵심이론 〉

출제예상문제 〉

온라인강의 제공

임상심리사 2급

건강운동관리사

사회조사분석사 종합본

사회조사분석사 기출문제집

국어능력인증시험

청소년상담사 3급

관광통역안내사 종합본